Paenitentia: Reue und Bindung nach römischen Rechtsquellen

Europäische Hochschulschriften

Publications Universitaires Européennes
European University Studies

Reihe II
Rechtswissenschaft

Série II Series II
Droit
Law

Bd./Vol. 4103

PETER LANG
Frankfurt am Main · Berlin · Bern · Bruxelles · New York · Oxford · Wien

Axel Riechelmann

Paenitentia: Reue und Bindung nach römischen Rechtsquellen

Voraussetzungen und Wirkungen einseitiger Willensänderungen

PETER LANG
Europäischer Verlag der Wissenschaften

Bibliografische Information Der Deutschen Bibliothek
Die Deutsche Bibliothek verzeichnet diese Publikation in der Deutschen Nationalbibliografie; detaillierte bibliografische Daten sind im Internet über <http://dnb.ddb.de> abrufbar.

Zugl.: Köln, Univ., Diss., 2003

D 38
ISSN 0531-7312
ISBN 3-631-53522-8

www.peterlang.de

Für Kerstin

Vorwort

Diese Arbeit habe ich im Januar 2003 an der Rechtswissenschaftlichen Fakultät der Universität zu Köln als Dissertation eingereicht. Besonderer Dank gilt meinem Lehrer im römischen Recht, Prof. Dr. Dr. h. c. Andreas Wacke, LL. D. h. c. Er hat diese Arbeit angeregt, sehr intensiv betreut und hat mich vor großen Irrtümern bewahrt. Zu danken habe ich ferner dem Korreferenten Prof. Dr. Martin Avenarius für die von ihm gegebenen Anregungen. Weiterhin danke ich meinem Freund Willi Moderau, der mir bei der Beschaffung des Buches von Verney (Du jus poenitendi) sowie eines weiteren Buches behilflich war.

Großer Dank gilt auch nicht zuletzt meiner am 21.08.2004 im Alter von 29 Jahren verstorbenen Frau, Dipl.-Kffr. Kerstin Deier. Sie hat die Anfertigung dieser Arbeit neben unseren beruflichen Tätigkeiten durch ihre Liebe und Geduld und die unermüdliche, selbstlose Unterstützung im Alltag überhaupt erst möglich gemacht.

Köln, September 2004 — Axel Riechelmann

Inhalt

Literatur

BALDUS, CHRISTIAN, Regelhafte Vertragsauslegung nach Parteirollen im klassischen römischen Recht und in der modernen Völkerrechtswissenschaft: zur Rezeptionsfähigkeit des römischen Rechtsdenkens, 2 Bände, Frankfurt a. M.; Berlin; Bern; New York; Paris; Wien 1998, 930 S.

BALDUS, CHRISTIAN, Zur Klagenkonkurrenz bei Sachmängeln im römischen Kaufrecht, in: OIR 5 (1999), S. 20-83.

BAUMGÄRTEL, GOTTFRIED, Wesen und Begriff der Prozeßhandlung einer Partei im Zivilprozeß, Berlin, Frankfurt a. M. 1957, S.

BEHRENDS, OKKO, Die Prokuratur des klassischen römischen Zivilrechts, in: SZ 88 (1971), S. 215-299.

BEHRENDS, OKKO, Anthropologie juridique de la jurisprudence classique romaine, in: RH 68 (1990), S. 337-362.

BEHRENDS, OKKO; KNÜTEL, ROLF; KUPISCH, BERTHOLD; SEILER, HANS HERMANN, Corpus Iuris Civilis, Text und Übersetzung, Band II, Digesten 1-10, Heidelberg 1995, 862 S., Band III, Digesten 11-20, Heidelberg 1999, 661 S.

BEHRENDS, OKKO, Die condictio causa data causa non secuta. Ihr familienrechtlicher Tatbestand im klassischen Bereicherungssystem und ihre Erweiterung zur Kondiktion wegen Zweckverfehlung unter vorklassischem Einfluß, in: Status familiae: Festschrift für Andreas Wacke / hrsg. von Hans-Georg Knothe und Jürgen Kohler, München 2001, S. 15-64.

BENKE, NIKOLAUS, Exemplum contra legem, in: TR 57 (1989), S. 275-312.

BELOW, KARL-HEINZ, Die Haftung für lucrum cessans im römischen Recht, München 1974, 132 S.

BENDIXEN, JULIUS, Das jus poenitendi, Hamburg 1889, 30 S.

BENÖHR, HANS-PETER, Rezension zu Berthold Kupisch, In integrum restitutio und vindicatio utilis bei Eigentumsübertragungen im klassischen römischen Recht, in: AcP 176 (1976), S. 247-255.

BERGER, ADOLF, Encyclopedic Dictionary of Roman law, Philadelphia 1951, 809 S.

BESELER, GERHARD VON, Beiträge zur Kritik der römischen Rechtsquellen, Drittes Heft, Tübingen 1913, 212 S.

BRETONE, MARIO, Geschichte des römischen Rechts, 2. Aufl., München 1998, 471 S.

BRUCK, EBERHARD FRIEDRICH, Die Schenkung auf den Todesfall im griechischen und römischen Recht, Erster Teil, Breslau 1909, 161 S.

BÜRGE, ALFONS, Der mercennarius und die Lohnarbeit, in: SZ 107 (1990), S. 80-136.

BÜRGE, ALFONS, Occupantis melior est condicio, in: SZ 106 (1989), S. 248-291.

BÜRGE, ALFONS, Römisches Privatrecht, Darmstadt 1999, 248 S.

BUND, ELMAR, Untersuchungen zur Methode Julians, Köln, Graz 1965, 206 S.

CANARIS, KLAUS-WILHELM, Wandlungen des Schuldvertragsrechts, in: AcP 200 (2000), S. 273-364.

CERVENCA, G., Studi vari sulla restitutio in integrum, Mailand 1965, 199 S.

CHAUDET, FRANCOIS, Condictio causa data causa non secuta – critique historique de l‘ action en enrichessement illégitime de l'art. 62 al. 2 CO. Diss., Lausanne 1973, 325 S.

DAUBE, DAVID, Roman Law, Linguistic, social and philosophical aspects, Edinburgh 1969, 205 S.

DAUNER-LIEB, BARBARA; HEIDEL, THOMAS; LEPA, MANFRED; RING, GERHARD, Anwaltkommentar Schuldrecht: Erläuterungen der Neuregelungen zum Verjährungsrecht, Schuldrecht, Schadensersatzrecht und Mietrecht, Bonn 2002, 1031 S.

DAUNER-LIEB, BARBARA; HEIDEL, THOMAS; LEPA, MANFRED; RING, GERHARD, Das neue Schuldrecht in der anwaltlichen Praxis, Bonn 2002, 452 S.

DETTE, HANS WALTER, Venire contra factum proprium nulli conceditur, Berlin 1985, 117 S.

D' ORS, ALVARO, Las quaestiones de Africano, Rom 1997, 478 S.

DÜLL, RUDOLF, Der Gütegedanke im römischen Zivilprozeßrecht, München 1931, 230 S.

DULCKEIT, GERHARD; SCHWARZ, FRITZ; WALDSTEIN, WOLFGANG, Römische Rechtsgeschichte, 9. Auflage, München 1995, 371 S.

ERBE, WALTER, Die Fiduzia im römischen Recht, Weimar 1940, 212 S.

FELGENTRAEGER, WILHELM, Antikes Lösungsrecht, Berlin, Leipzig 1933, 133 S.

FLUME, WERNER, Der Wegfall der Bereicherung in der Entwicklung vom römischen zum geltenden Recht, in: Festschrift für Hans Niedermeyer, Göttingen 1953, S. 103-176.

FREUDENBERGER, HANS, Das Verhalten der römischen Behörden gegen die Christen im 2. Jahrhundert dargestellt am Brief des Plinius an Trajan und den Reskripten Trajans und Hadrians, München 1967, 258 S.

GADE, GUNTHER DIETRICH, Donationes inter virum et uxorem, Jena 2001, 123 S.

GAUDEMET, JEAN, Perseverantia voluntatis, in: Mélanges Philippe Meylan, Volume I, Droit romain, Lausanne 1963, S. 139-157.

GEORGES, KARL ERNST; GEORGES, HEINRICH, Lateinisch-deutsches Handwörterbuch, 2. Band, 11. Auflage, Hannover 1962, 3576 Sp.

GRADENWITZ, OTTO, Interpolationen in den Pandekten, Berlin 1887, 246 S.

GRADENWITZ, OTTO, Textcritisches, in: SZ 14 (1893), S. 115-134.

HAAS, HANS; KIENLE, RICHARD VON, Lateinisch-Deutsches Wörterbuch, Wiesbaden.

HACKL, KARL, Die Feststellung der Vaterschaft und der väterlichen Gewalt, in: SZ 90 (1973), S. 105-149.

HÄRTEL, GOTTFRIED; HUCHTHAUSEN, LISELOT, Römisches Recht, Berlin, Weimar 1989, 524 S.

HARDER, MANFRED, Zuwendungen unter Lebenden auf den Todesfall, Berlin 1968, 185 S.

HARDER, MANFRED, Zum transmortalen und postmortalen Auftrag nach römischem und nach geltendem Recht, in: Sein und Werden im Recht: Festschrift für Ulrich von Lübtow / hrsg. von Walter G. Becker und Schnorr von Carolsfeld, Berlin 1970, S. 515-535.

HARDER, MANFRED, Die historische Entwicklung der Anfechtbarkeit von Willenserklärungen, in: AcP 173 (1973), S. 209-226.

HAYMANN, FRANZ, Zur lex 42 pr. D. de mortis causa donationibus, 39, 6, in: SZ Bd. 38 (1917), S. 209-244.

HAYMANN, FRANZ, Freilassungspflicht und Reurecht, Berlin 1905, 62 S.

HEUMANN, H. G.; SECKEL, E., Heumanns Handlexikon zu den Quellen des römischen Rechts, 9. Aufl., Jena 1907.

HONSELL, HEINRICH, Die Rückabwicklung sittenwidriger oder verbotener Geschäfte, München 1974, 166 S.

HONSELL, HEINRICH, Rezension zu Francois Chaudet, Condictio causa data causa non secuta, in: SZ 93 (1976), S. 550-551.

HONSELL, HEINRICH; MAYER-MALY, THEO; SELB, WALTER, Römisches Recht, 4. Auflage, Berlin, Heidelberg, New York, London, Paris, Tokyo 1987, 626 S.

HONSELL, HEINRICH, Teleologische Reduktion versus Rechtsmißbrauch, in: Gerechtigkeitsanspruch des Rechts, Festschrift für Theo Mayer-Maly, Wien, New York 1997, S. 369-387.

HUBER, JOSEF, Der Ehekonsens im römischen Recht, Rom 1977, 176 S.

JAKAB, ÉVA, Praedicere und cavere beim Marktkauf. Sachmängel im griechischen und römischen Recht, München 1997, S.

KADEN, ERICH-HANS, Rezension zu Pascal Simonius, Die donatio mortis causa im klassischen römischen Recht, in: SZ 76 (1959), S. 621-628.

KADEN, ERICH-HANS, Rezension zu Rolf Knütel, Contrarius consensus, in: SZ 86 (1969), S. 523-526.

KASER, MAX, Rezension zu Di Paola P., Donatio mortis causa, in: Iura 2 (1951), S. 243-253.

KASER, MAX, Rezension zu Pascal Simonius, Die donatio mortis causa im klassischen römischen Recht, Basel 1958, in: TR 27 (1959), S. 212-220.

KASER, MAX, Studi sulla in integrum restitutio, in: Labeo 12 (1966), S. 235-250.

KASER, MAX, Das Römische Privatrecht, 1. Abschnitt: Das altrömische, das vorklassische und klassische Recht, 2. Auflage, München 1971, 833 S., 2. Abschnitt: Die nachklassichen Entwicklungen, 2. Auflage, München 1975, 680 S.

KASER, MAX, Zur Methodologie der römischen Rechtsquellenforschung, Wien 1972, 117 S.

KASER, MAX, Zur in integrum restitutio, besonders wegen metus und dolus, in: SZ 94 (1977), S. 101-183.

KASER, MAX, Zum römischen Grabrecht, in: SZ 95 (1978), S. 15-92.

KASER, MAX, Besitzpfand und „besitzloses" Pfand (Studien zum römischen Pfandrecht III), in: SDHI 1979, S. 1-92.

KASER, MAX, „Unmittelbare Vollstreckbarkeit" im Bürgenregreß, in: SZ 100 (1983), S. 80-135.

KASER, MAX, „Ius publicum" und „ius privatum", in: SZ 103 (1986), S. 1-92.

KASER, MAX, Römisches Privatrecht, 16. Auflage, München 1992, 434 S.

KASER, MAX; HACKL, KARL, Das Römische Zivilprozeßrecht, 2. Auflage, München 1996, 712 S.

KLINGENBERG, GEORG, Die dissimulatio der iniuria, in: Iurisprudentia universalis, Festschrift für Theo Mayer-Maly / hrsg. von Martin J. Schermaier, J. Michael Rainer, Laurens C. Winkel, Köln, Weimar, Wien 2002, S. 318-336.

KNÜTEL, CHRISTIAN, Tätige Reue im Zivilrecht, Berlin 2000, 202 S.

KNÜTEL, ROLF, Contrarius consensus, Köln, Graz 1968, 146 S.

KNÜTEL, ROLF, Stipulatio poenae: Studien zur römischen Vertragsstrafe, Köln, Wien 1976, 385 S.

KOCH, HANS, Culpa – paenitentia – venia in den Darstellungen der römischen deditio bei republikanischen und augusteischen Historikern, Erlangen 1955, 231 S.

KOSCHAKER, PAUL, Rez. zu Emilio Albertario, Studi di diritto Romano, Vol. III, V, Milano 1936 und 1937, in: SZ 58 (1938), S. 427-438.

KRELLER, HANS, Juristenarbeit am postliminium, in: SZ 69 (1952), S. 172-210.

KROPPENBERG, INGE, Die Insolvenz im klassischen römischen Recht, Köln, Weimar, Wien 2001, 536 S.

KRÜCKMANN, PAUL, Periculum emptoris, in: SZ 60 (1940), S. 1-79.

KRÜGER, HUGO, Captivus redemptus, in: SZ 51 (1931), S. 203-222.

KRÜGER, HUGO, Die einem Hauskind angefallene Erbschaft eines Dritten, in: SZ 64 (1944), S. 394-416.

KUPISCH, BERTHOLD, In integrum restitutio und vindicatio utilis bei Eigentumsübertragungen im klassischen römischen Recht, Berlin, New York 1974, 270 S.

LAUTNER, JULIUS GEORG, Zur interrogatio in iure nach klassischem Rechte, in: Festschrift für Gustav Hanausek, Neudruck der Ausgabe Graz 1925, Aalen 1979, S. 52-88.

LENEL, OTTO, Das Edictum perpetuum, Ein Versuch zu seiner Wiederherstellung, 2. Neudruck der 3. Auflage Leipzig 1927, Aalen 1974, 550 S.

LENEL, OTTO, Über Ursprung und Wirkung der Exceptionen, Heidelberg 1876, 151 S.

LENEL, OTTO, Rezension zu: Gradenwitz, Interpolationen in den Pandekten. 1887, in: SZ 9 (1888), S. 177-183.

LENEL, OTTO, Palingenesia iuris civilis, 2 Bände, Leipzig 1889, 1307 S., 1263 S.

LENEL, OTTO, Textkritische Miszellen, in: SZ 39 (1918), S. 119-171.

LENEL, OTTO, Afrikans Quästionen, in: SZ 51 (1931), 1-53.

LEUBA, JEAN-FRANÇOIS, Origine et nature du legs per praecetionem, Lausanne 1962, 187 S.

LEVY, ERNST, Zur Lehre von den sogenannten actiones arbitrariae, in: SZ 36 (1915), S. 1-82.

LEVY, ERNST, Die Konkurrenz der Aktionen und Personen im klassischen römischen Recht, Band I, Berlin 1918, 531 S.

LEVY, ERNST, Miszellen, in: SZ 43 (1922), 530-535.

LEVY, ERNST, Der Hergang der römischen Ehescheidung, Weimar 1925, 159 S.

LEVY, ERNST, Captivus redemptus, in: Gesammelte Schriften, Band II, Köln, Graz 1963, S. 25-45.

LIEBS, DETLEF, Hermogenians iuris epitomae, Göttingen 1964, 137 S.

LIEBS, DETLEF, Die Klagenkonkurrenz im römischen Recht, Göttingen 1972, 294 S.

LIEBS, DETLEF, Bereicherungsanspruch wegen Mißerfolgs und Wegfall der Geschäftsgrundlage, in: JZ 1978, S. 697-703.

LIEBS, DETLEF, Rhythmische Rechtssätze, in: JZ 1981, S. 160-164.

LIEBS, DETLEF, Lateinische Rechtsregeln und Rechtssprichwörter, München 1982, 276 S.

LIEBS, DETLEF, Römisches Recht, 5. Auflage, Göttingen 1999, 311 S.

LOTMAR, PH., Marc Aurels Erlaß über die Freilassungsauflage, in: SZ 33 (1912), S. 304-382.

LÜBTOW, ULRICH VON, Die Entwicklung des Darlehensbegriffs im römischen und im geltenden Recht, Berlin 1965, 181 S.

MANNS, FERDINAND, Das Poenitenzrecht, 2. Auflage, Berlin 1880, 132 S.

MANTHE, ULRICH, Das senatus consultum Pegasianum, Berlin 1989, 228 S.

MANTOVANI, DARIO, Le formule del processo privato romano, 2. Aufl., Milano 1999, 241 S.

MAYER-MALY, THEO, Der rechtsgeschichtliche Gehalt der „Christenbriefe" von Plinius und Trajan, in: SDHI 22 (1956), S. 311-328.

MECKE, BERNHARD, Die Entwicklung des ‚procurator ad litem', in: SDHI 28 (1962), S. 100-161.

MEDICUS, DIETER, Id quod interest, Studien zum römischen Recht des Schadensersatzes, Köln, Graz 1962, 362 S.

MEFFERT, KLAUS, Die Streitgenossenschaft im klassischen römischen Recht, Berlin 1974, 118 S.

MEINHART, MARIANNE, Die Senatusconsulta Tertullianum und Orfitianum in ihrer Bedeutung für das klassische römische Erbrecht, Graz, Wien, Köln 1967, 353 S.

MICKLITZ, HANS-W., Perspektiven eines Europäischen Privatrechts, in: ZEuP 1998, S. 253-276.

MISERA, KARLHEINZ, Der Bereicherungsgedanke bei der Schenkung unter Ehegatten, Köln, Wien 1974, 309 S.

MITTEIS, LUDWIG, Reichsrecht und Volksrecht in den östlichen Provinzen des römischen Kaiserreichs, Leipzig 1891, 560 S.

MOLNÁR, IMRE, Rechte und Pflichten der Parteien bei der „locatio conductio rei", in: Index 12 (1983/1984), S. 157-188.

MOMMSEN, THEODOR, Römisches Strafrecht, Leipzig 1899, Neudruck Graz 1955, 1078 S.

MOMMSEN, THEODOR, Zur Lehre von den römischen Korporationen, in: SZ 25 (1904), S. 33-51.

MÜLLER-EISELT, KLAUS PETER, Divus Pius constituit, Berlin 1982, 349 S.

MÜNTZER, DÉSIRÉ, Rechtsgeschichtliche Beiträge zur Lehre vom freiwilligen Rücktritt und der tätigen Reue, Straßburg 1912, 76 S.

NICOSIA, GIOVANNI, Exceptio utilis, in: SZ 75 (1958), S. 251-301.

NIEDERLÄNDER, HUBERT, Die Bereicherungshaftung im klassischen römischen Recht, Weimar 1953, 185 S.

NÖRR, DIETER, Rechtskritik in der römischen Antike, München 1974, 167 S.

NÖRR, KNUT WOLFGANG, Das Streitprogramm: eine historisch-vergleichende Skizze, in: Festschrift für Fritz Baur, Tübingen 1981, S. 537-547.

PALANDT, OTTO, Bürgerliches Gesetzbuch, 63. Aufl., München 2004, 2915 S.

PENNTIZ, MARTIN, Das Periculum venditae: ein Beitrag zum „aktionenrechtlichen Denken" im römischen Privatrecht, Wien, Köln, Weimar 2000, 512 S.

PERNICE, ALFRED, Labeo, Römisches Privatrecht im ersten Jahrhunderte der Kaiserzeit, 3. Band, 1. Abteilung, Halle 1892, 309 S.

PESCATORE, GUSTAV, Die sogenannte alternative Obligation, Marburg 1880, 286 S.

PEZZANA, ALDO, Contributi allo studio del legato sinendi modo, Mailand 1958, 109 S.

POHLMANN, PETRA, Die Heilung formnichtiger Verpflichtungsgeschäfte durch Erfüllung, Berlin 1992, 229 S.

PÓLAY, ELEMÉR, Iniuria types in roman law, Budapest 1986, 227 S.

PRINGSHEIM, FRITZ, Bonum et aequum, in: SZ 52 (1932), S. 78-155.

PRINGSHEIM, FRITZ, Römische aequitas der christlichen Kaiser, Rom 1935.

PUGSLEY, DAVID, Damni injuria, in: TR 36 (1968), S. 371-386.

RABER, FRITZ, Grundlagen klassischer Injurienansprüche, Wien, Köln, Graz 1969, 179 S.

RAINER, J. MICHAEL, Zu den Abbruchbestimmungen in den Stadtrechten, in: SZ 108 (1991), S. 325-329.

RAINER, J. MICHAEL, Probleme der Stadterhaltung in der Spätantike, in: TR 59 (1991), S. 259-267.

RIEZLER, ERWIN, Venire contra factum proprium, Studien im römischen, englischen und deutschen Civilrecht, Leipzig 1912, 187 S.

ROTH, HERBERT, Die Einrede des bürgerlichen Rechts, München 1988, 352 S.

ROTH, HERBERT, EG-Richtlinien und Bürgerliches Recht, in: JZ 1999, S. 529-538.

ROTH, HERBERT, Das Fernabsatzgesetz, in: JZ 2000, S. 1013-1019.

RUGULLIS, SVEN, Die Barbaren in den spätrömischen Gesetzen, Frankfurt am Main, Bern, New York, Paris 1992, 208 S.

SALKOWSKI, CARL, Lehre von der Novation, Leipzig 1866, 496 S.

SALPIUS, BOTHO VON, Novation und Delegation, Berlin 1864, 518 S.

SAMPER, FRANCISCO POLO, La disposicion mortis causa en el derecho romano vulgar, in: ADHE, 38 (1968), S. 137 ff.

SAMTER, RICHARD, Probatio operis, in: SZ 26 (1905), S. 125-144.

SANNA, MARIA VIRGINIA, Ricerche in tema di redemptio ad hostibus, Cagliari 1998, 160 S.

SCHERMAIER, MARTIN JOSEF, Auslegung und Konsensbestimmung, in: SZ 115 (1998), S. 235-288.

SCHIEMANN, GOTTFRIED, Pendenz und Rückwirkung der Bedingung, Köln, Wien 1973, 168 S.

SCHILLING, BRUNO; OTTO, CARL EDUARD; SINTENIS, CARL FRIEDRICH FERDINAND, Das Corpus iuris civilis in's Deutsche übersetzt, Band I, Institutionen, Pandekten Buch 1-11, Leipzig 1839, Neudruck Aalen 1984, 934 S., Band II, Pandekten Buch 12-27, Leipzig 1831, Neudruck Aalen 1984, 1004 S., Band III, Pandekten Buch 28-38, Leipzig 1831, Neudruck Aalen 1984, 1014 S., Band IV, Pandekten Buch 39-50, Leipzig 1832, Neudruck Aalen 1984, 1286 S., Band V, Codex Buch 1-6, Leipzig 1832, Neudruck Aalen 1984, 1104 S., Band VI, Codex Buch 7-12, Leipzig 1832, Neudruck Aalen 1985, 852 S.

SCHLEI, HENRIKE, Schenkungen unter Ehegatten, Göttingen 1993, 217 S.

SCHMIDLIN, BRUNO, Rez. zu Karl Heinz Ziegler, Das private Schiedsgericht im antiken römischen Recht, München 1971, 302 S., in: SZ 91 (1974), S. 435-443.

SCHNEBELT, GÜNTER, Die Reskripte der Soldatenkaiser, Karlsruhe 1974, 211 S.

SCHULZ, FRITZ, Einführung in das Studium der Digesten, Tübingen 1916, 136 S.

SELB, WALTER, Formulare Analogien in „actiones utiles“ und „actiones in factum“ am Beispiel Julians, in: Studi in onore di Arnaldo Biscardi III, S. 315-350, Mailand 1982

SIMONIUS, PASCAL, Die donatio mortis causa im klassischen römischen Recht, Basel 1958, 312 S.

SLAPNICAR, KLAUS, Gratis habitare, Berlin 1981, 223 S.

SÖLLNER, ALFRED, Der Bereicherungsanspruch wegen Nicheintritts des mit einer Leistung bezweckten Erfolges, in: AcP 163 (1963), S. 20-45.

SÖLLNER, ALFRED, Zur Vorgeschichte und Funktion der actio rei uxoriae, Köln, Wien 1969, 167 S.

SPENGLER, HANS-DIETER, Studien zur interrogatio in iure, München 1994, 177 S.

SPERANDIO, MARCO URBANO, Dolus pro facto, Neapel 1998, 268 S.

STEIN, URSULA, Rezension zu Christian Knütel, Tätige Reue im Zivilrecht, Berlin 2000, in: AcP 201 (2001), S. 622-628.

STOLL, HEINRICH, Rez. zu Emilio Albertario, „Honor matrimonii" e „affectio maritalis" – D. 41,2,8 e la perdita del possesso nella dottrina giustinianea – I problemi possessori relativi al servus fugitivus – Miscellanea critica – Sulla „libera administratio peculii" – La pollicitatio, in: SZ 51 (1931), S. 487-494.

STOWASSER, JOSEF M., Der kleine Stowasser, München 1980, 507 S.

TALAMANCA, MARIO, Ricerche in tema di compromissum, Mailand 1958, 157 S.

TEICHMANN, ARNDT, Venire contra factum proprium – Ein Teilaspekt rechtsmißbräuchlichen Handelns, in: JA 1985, S. 497-502.

TRÖNDLE, HERBERT; FISCHER, THOMAS, Strafgesetzbuch und Nebengesetze, 52. Auflage, München 2004, 2433 S.

URBANEK, JAKUB noch nicht veröffentlichte Dissertation zur Thematik „esigenze formali del divorzio"

VALIÑO, EMILIO, Actiones utiles, Pamplona 1974, 428 S.

VAN DE WOUW, J. A. C. J., Papinians libri duo de adulteriis, in: TR 41 (1973), S. 311-324.

VANGEROW, KARL ADOLPH VON, Pandekten, 3. Band, 7. Auflage, Marburg, Leipzig 1869, 740 S.

VERNEY, NOËL, Du jus poenitendi, Lyon 1890, 326 S.

WACKE, ANDREAS, Zur Geschichte und Dogmatik der Gläubigeranfechtung, in: ZZP 83 (1970), S. 418-435.

WACKE, ANDREAS, Der Erlaß oder Vergleich mit einem Gesamtschuldner, in: AcP 170 (1970), S. 42-75.

WACKE, ANDREAS, Zur causa der Stipulation, in: TR 40 (1972), 231-261.

WACKE, ANDREAS, Zur Lehre vom pactum tacitum und zur Aushilfsfunktion der exceptio doli. Stillschweigender Verzicht und Verwirkung nach klassischem Recht, in: SZ 90 (1973), S. 220-261 und SZ 90 (1973), S. 251-284.

WACKE, ANDREAS, Die Rechtswirkungen der lex Falcidia, in: Studien im römischen Recht. Max Kaser zum 65. Geburtstag gewidmet von seinen Hamburger Schülern. Hrsg. von Dieter Medicus und Hans Hermann Seiler, Berlin 1973, S. 209-251.

WACKE, ANDREAS, Das Besitzkonstitut als Übergabesurrogat in Rechtsgeschichte und Rechtsdogmatik, Köln 1974, 118 S.

WACKE, ANDREAS, Dig. 19,2,33: Afrikans Verhältnis zu Julian und die Haftung für höhere Gewalt, in: Aufstieg und Niedergang der römischen Welt II, Band 15, Berlin, New York 1976, S. 455-496.

WACKE, ANDREAS, Rezension zu Ziegler, Karl-Heinz, Das private Schiedsgericht im antiken Rom, München 1971, in: ZZP 90 (1977), S. 216-221.

WACKE, ANDREAS, Circumscribere, gerechter Preis und die Arten der List, in: SZ 94 (1977), S. 184-246.

WACKE, ANDREAS, Rezension zu Cesare Bertolini, La ratifica degli atti giuridici nel diritto privato romano, vol. I und II. Ristampa anastica dell'edizione Roma 1889/1891, in: SZ 94 (1977), S. 516-518.

WACKE, ANDREAS, Rezension zu Wolfgang Wiegand, Plus petitio, Berlin 1974, in: AcP 177 (1977), S. 262-264.

WACKE, ANDREAS, Rezension zu Josef Huber, Der Ehekonsens im römischen Recht, Rom 1977, in: FamRZ 1979, S. 546-547, auch in: Index 10 (1981), 331-334.

WACKE, ANDREAS, Zum dolus-Begriff der actio de dolo, in: RIDA 27 (1980), S. 349-361.

WACKE, ANDREAS, Zum Rechtsschutz Minderjähriger gegen geschäftliche Übervorteilungen, in: TR 48 (1980), S. 203-225.

WACKE, ANDREAS, Gefahrerhöhung als Besitzerverschulden, in: Festschrift für Heinz Hübner, Berlin, New York 1984, S. 669-695.

WACKE, ANDREAS, Der alte Vater und die Keule, oder die Mär vom Undank der Kinder. Zum Rechtsschutz gegen lebzeitige Vermögensübertragung, in: Forschungen zur Rechtsarchäologie und rechtlichen Volkskunde, hrsg. von Louis Carlen, Bd. 10, Zürich 1988, S. 15-46.

WACKE, ANDREAS, Einmal ist keinmal, in: JA (Referendarausgabe) 1991, S. 107-108.

WACKE, ANDREAS, Peculium non ademptum videtur tacite donatum. Zum Schicksal des Sonderguts nach der Gewaltentlassung, in: Iura 42 (1991), S. 43-95.

WACKE, ANDREAS, Der favor libertatis: Skizze eines Forschungsvorhabens, in: P. Nève/C. Coppens (Hrsg.), Vorträge gehalten auf dem 28. Deutschen Rechtshistorikertag in Nimwegen (Gerard Noodt-Instituut Nimwegen 1992), S. 21 f.

WACKE, ANDREAS, Zur Beweislast im klassischen Zivilprozeß, Giovanni Pugliese versus Ernst Levy, in: SZ 109 (1992), S. 411-449.

WACKE, ANDREAS, Audiatur et altera pars, Zum rechtlichen Gehör im römischen Zivil- und Strafprozeß, in: Festschrift für Wolfgang Waldstein zum 65. Geburtstag, Stuttgart 1993, S. 369-399.

WACKE, ANDREAS, „Errantis voluntas nulla est“ Grenzen der Konkludenz stillschweigender Willenserklärungen, in: Index 22 (1994), S. 267-292.

WACKE, ANDREAS, Pönalisierung des untauglichen Versuchs? in: Collatio iuris romani, études dédiées à Hans Ankum à l'occasion de son 65e anniversaire, Band II, Amsterdam 1995, S. 593-602.

WACKE, ANDREAS, Rezension zu Petra Pohlmann: Die Heilung formnichtiger Verpflichtungsgeschäfte durch Erfüllung, Berlin 1992, in: AcP 195 (1995), S. 212-219.

WACKE, ANDREAS, Antikes im modernen Zivilprozeß, in: OIR 3 (1997), S. 68-97.

WACKE, ANDREAS, „Ne occasio sit maioris tumultus faciendi“: Absurditätsargument und Folgenberücksichtigung in römischen Rechtsquellen, in: Een Rijk Gerecht, Opstellen aangeboden aan prof. mr. P. L. Nève, Hrsg. B. C. M. Jacobs, E. C. Coppens, Nijmegen 1998, S. 585-602.

WACKE, ANDREAS, Sprichwörtliche Rechtsprinzipien und europäische Rechtsangleichung, in: OIR 5 (1999), S. 174-213.

WACKE, ANDREAS, Zur Folgen-Berücksichtigung bei der Entscheidungsfindung, besonders mittels deductio ad absurdum, in: Mélanges Fritz Sturm, Band I, Lüttich 1999, S. 547-568.

WACKE, ANDREAS, Ex post facto convalescere im römischen und im modernen Recht, in: Au delà des frontières: Mélanges offerts à Witold Wolodkiewicz II, Warschau 2000, S. 1025-1052.

WACKE, ANDREAS, Die Menschenwürde von Sklaven im Spiegel des Umgehungsgeschäfts nach Sextus Pedius, in: Iurisprudentia universalis, Festschrift für Theo Mayer-Maly / hrsg. von Martin J. Schermaier, J. Michael Rainer, Laurens C. Winkel, Köln, Weimar, Wien 2002, S. 811-836.

WALDSTEIN, WOLFGANG, Untersuchungen zum römischen Begnadigungsrecht, Innsbruck 1964, 240 S.

WALDSTEIN, WOLFGANG, Zur Beachtlichkeit der tätigen Reue im römischen und im modernen Strafrecht, in: Festschrift für Hans R. Klecatsky, Wien 1986, S. 993-1011.

WATSON, ALAN, Contract of mandat in roman law, Oxford 1961, 223 S.

WATSON, ALAN, Private law in the rescripts of Carus, Carinus and Numerianus, in: TR 41 (1973), S. 19-34.

WENDT, OTTO, Reurecht und Gebundenheit bei Rechtsgeschäften, Heft 1: Die condictio ex poenitentia, Erlangen 1878, 108 S.

WESENER, GUNTER, Rezension zu Ziegler K.-H., Das private Schiedsgericht im antiken römischen Recht (München 1971) pp. XVIII+303, in: Iura 23 (1972), S. 211-217.

WIELING, HANS-JOSEF, Rezension zu Hans Walter Dette, Venire contra factum proprium nulla conceditur, Berlin 1985, in: AcP 187 (1987), S. 95-102.

WILLVONSEDER, REINHARD, Roms Juristen und der Wein, in: Iurisprudentia universalis, Festschrift für Theo Mayer-Maly / hrsg. von Martin J. Schermaier, J. Michael Rainer, Laurens C. Winkel, Köln, Weimar, Wien 2002.

WINDSCHEID, BERNHARD; KIPP, THEODOR, Lehrbuch des Pandektenrechts, 2. Band, 9. Auflage, Frankfurt a. M. 1906, 846 S.

WITTMANN, ROLAND, Die Entwicklungslinien der klassischen Injurienklage, in: SZ 91 (1974), S. 285-359.

WOLFF, HANS JULIUS, Zur Stellung der Frau im klassischen römischen Dotalrecht, in: SZ 53 (1933), S. 297-371.

YARON, REUVEN, Some remarks on „donatio mortis causa“, in: RIDA 3 (1956), S. 493-512.

YARON, REUVEN, De divortio varia, in: TR 32 (1964), S. 533-557.

ZIEGLER, KARL-HEINZ, Das private Schiedsgericht im antiken Rom, München 1971, 302 S.

ZIEGLER, KARL-HEINZ, Die Wertlosigkeit der allgemeinen Regeln des BGB über die sog. Wahlschuld (§§ 262-265 BGB), in: AcP 171 (1971), S. 193-217.

ZIEGLER, KARL-HEINZ, Lösegeld-Probleme im römischen Privatrecht, in: Iuris professio, Festgabe für Max Kaser, Wien, Köln, Graz 1986, S. 381-393.

ZIMMERN, S., Über den nach des Mandators Tode zu vollziehenden Auftrag, in: AcP 4 (1821), S. 235-243.

ZÖLLER, RICHARD, Zivilprozessordnung, 24. Auflage, Köln 2004, 2871 S.

Einleitung

§ 1. Gegenstand der Untersuchung und Aufgabenstellung

I. Aufgabenstellung

Die vorliegende Darstellung befasst sich mit der Analyse des Ausdrucks *paenitentia* (=*poenitentia*) bzw. *paenitere* (=*poenitere*) in den Quellen des römischen Rechts. Der Ausdruck, der mit Reue bzw. bereuen ins Deutsche zu übersetzen ist[1], findet sich auch in Texten, die nicht zu den juristischen Quellen zählen, wie beispielsweise Livius[2], Ovid ex Ponto epistulae[3], Plinius epistulae[4], Tacitus Agricola[5] oder Tertullianus de paenitentia, um nur einige zu nennen.

Entsprechend vielfältig sind die Zusammenhänge, in denen der Ausdruck der *paenitentia*, sei es als Substantiv oder als Verb, auftaucht. In ganz unterschiedlichen Rechtsgebieten und Zusammenhängen ist der Ausdruck *paenitentia* anzutreffen, der mitunter nicht mit dem geläufigen Ausdruck „Reue" bzw. „bereuen", „Missfallen finden"[6], „unzufrieden mit etwas sein"[7], „Schamgefühl"[8] ins Deutsche übersetzt wird. So existieren beispielsweise Übersetzungen wie „wenn er es als Fehler erkennt" (*paeniteat*)[9], „seinen Unwillen abgelegt hat" (*paenituit*)[10], „davon abgelassen hat" (*paenitentiam agit*)[11] oder „widerrufen" (*paenitere*) und „Widerruf" (*paenitentia*)[12].

In den Übersetzungen des Ausdrucks *paenitentia*, die von der eigentlichen Bedeutung des Wortes, Reue bzw. bereuen, abweichen, liegt bereits eine Textinterpretation. Um jedoch die Interpretation gerade in Bezug auf den im Mittelpunkt dieser Untersuchung stehenden Ausdruck nicht vorweg zu nehmen, wer-

---

[1] HEUMANN/SECKEL; Der kleine Stowasser; GEORGES; HAAS/V. KIENLE; Langenscheidts Großes Schulwörterbuch.
[2] Z. B. 3,67,5; 6,26,7; 28,29,7; 36,22,3.
[3] Z. B. 1,1,59.
[4] Z. B. 10,96,2; 10,97,1.
[5] 19,3.
[6] Der kleine Stowasser.
[7] HAAS/V. KIENLE; Langenscheidts Großes Schulwörterbuch.
[8] Langenscheidts Großes Schulwörterbuch.
[9] BEHRENDS/KNÜTEL/KUPISCH/SEILER zu D. 9,4,4,3.
[10] SCHILLING/OTTO/SINTENIS zu D. 34,4,4.
[11] SCHILLING/OTTO/SINTENIS zu D. 19,2,24,4.
[12] BEHRENDS/KNÜTEL/KUPISCH/SEILER zu D. 11,1,11,12.

den *paenitentia* und *paenitere* hier nur mit Reue und bereuen übersetzt. Die Bedeutung im Einzelfall ist in der Exegese herauszuarbeiten.

Aufgabe dieser auf die juristischen Texte konzentrierten Betrachtung soll es im folgenden sein, die jeweilige Bedeutung und Rechtsnatur des Ausdrucks *paenitentia* in den unterschiedlichen Quellen und Zusammenhängen zu bestimmen. Auch ist zu klären, ob es sich bei dem Ausdruck *paenitentia* um einen *terminus technicus* handelt. Dabei sind die Texte als originaler Bestandteil der Schriften der juristischen Klassiker und der Kaiserkonstitutionen der Prinzipatszeit bis einschließlich Diokletian zu behandeln, um deren Rekonstruktion die Forschung im zentralen Bereich der Wissenschaft vom römischen Recht bemüht ist[13].

Ferner ist der geschichtliche Ursprung des Ausdrucks *paenitentia* herauszuarbeiten. Das Augenmerk ist auch darauf zu richten, ob *paenitentia* im Einzelfall interpoliert wurde, also nachklassischen Ursprungs ist. Zum Teil wird im so genannten Pönitenzrecht der Versuch einer bedeutenden Änderung des klassischen Rechts erblickt[14]. Hinsichtlich der Annahme einer Interpolation ist allerdings Zurückhaltung geboten. Die textkritische Bewegung, die die erste Hälfte des letzten Jahrhunderts beherrscht hat und die daran glaubte, dass alle grundlegenden Quellenwidersprüche daher stammen, dass ein im wesentlichen homogenes, einer ursprünglichen Rechtsbegabung des römischen Volkes entsprungenes Recht von gräzisierenden Byzantinern und Nachklassikern verfälscht worden sei, gilt als überholt[15].

II. Der Ausdruck Reue

Nach dem aktuellen Sprachgebrauch wird unter Reue der Schmerz über das eigene Tun verstanden[16] bzw. das tiefe Bedauern über etwas, was man getan oder unterlassen hat[17] und von dem man wünschte, man könnte es ungeschehen ma-

[13] KASER, Methodologie, S. 7 f.
[14] So MANNS, Poenitenzrecht, S. 126 (bei dieser Monographie handelt es sich um eines der für die vorliegende Darstellung zentralen Werke, das in der einschlägigen Literatur regelmäßig zitiert ist; das Buch wurde mir von der Bibliothek für Rechtswissenschaft der Albert-Ludwigs-Universität Freiburg zur Verfügung gestellt).
[15] KASER, Methodologie, S. 13; BEHRENDS, in: FS f. Wacke, S. 15.
[16] Der Brockhaus in einem Band, S. 809.
[17] KOCH, Culpa - paenitentia - venia, S. 34.

chen, weil man es nachträglich als Unrecht, als falsch o. ä. empfindet[18]. Mit anderen Worten ist Reue die eigene Erkenntnis, dass man einen vorangegangenen Willensentschluss nicht hätte treffen und somit nicht oder anders hätte handeln sollen. Oder aber, man bereut, nicht gehandelt zu haben. Der Ausdruck *paenitentia* wird mitunter definiert als „a change of one's mind concerning a transaction already concluded or concerning the omission of the performance of a legal act within a fixed term“[19].

Kurz gesagt, bezeichnet das Wort Reue eine Willens- bzw. Meinungsänderung. Bereuen bedeutet, von einem einmal gefassten Entschluss wieder abzugehen, eine Absicht aufzugeben.

III. Bereiche, in denen der Ausdruck *paenitentia* anzutreffen ist und Erscheinungsformen

Der Ausdruck *paenitentia* erscheint in einem juristischen Text erstmals bei Gaius (120-180 n. Chr.)[20] und findet sich, wie eingangs dargestellt, in ganz unterschiedlichen Zusammenhängen bzw. Rechtsgebieten. Namentlich handelt es sich um den Bereich der Rechtsgeschäfte, um das Prozessrecht und das Strafrecht. Der Bereich der Rechtsgeschäfte ist sehr vielfältig und umfasst Quellen, die dem Obligationen-, dem Sachen-, dem Familien- und dem Erbrecht zuzuordnen sind. In dem den rechtsgeschäftlichen Bereich betreffenden Schrifttum ist verbreitet von einem Reurecht[21] oder Pönitenzrecht[22] die Rede, der *licentia poenitendi*[23] bzw. dem *ius poenitendi*[24]. Letztere beiden Ausdrücke entstammen

---

[18] Duden.

[19] BERGER, An Encyclopaedic Dictionary of Roman law.

[20] Die *paenitentia*-Stellen in den Digesten stammen von Gaius, Papinian (160-212 n. Chr.), Paulus (ca. 160- nach 224 n. Chr.), Ulpian (170-228 n. Chr.), Afrikan (Schüler Julians; Julian lebte von 100-nach 150 n. Chr.), Tryphonin (Zeitgenosse Papinians) und Hermogenian (Zeitgenosse Diokletians, 284-305).

[21] So WENDT, Reurecht und Gebundenheit, S. 1; HAYMANN, Freilassungspflicht und Reurecht; HAYMANN, SZ 38 (1917), 209 ff.; FELGENTRAEGER, Antikes Lösungsrecht, S. 27; KASER, RP, § 274 V, Fn. 72;.

[22] So MANNS, Poenitenzrecht.

[23] WENDT, Reurecht und Gebundenheit, S. 1.

[24] VERNEY, Du jus poenitendi (diese aus dem Jahr 1890 stammende Pariser Dissertation befindet sich seit 1939 im juristischen Seminar der Humboldt-Universität in Berlin unter der Signatur C 5612 und enthält eine handschriftliche Widmung des Autors an Otto Gradenwitz); BENDIXEN, Das jus poenitendi (diese Dissertation aus dem Jahr 1889 wurde mir von der Uni-

nicht den Quellen, sondern sind eine Schöpfung der jeweils zitierten Autoren, die lediglich an die Begrifflichkeit der Quellen angelehnt ist[25]. Nach einer in der Literatur anzutreffenden Definition des Ausdrucks Reurecht ist darunter die nicht vertraglich eingeräumte Befugnis zu verstehen, von einem Vertrag einseitig und willkürlich, also ohne besonderen Grund, zurückzutreten[26]. Auch wird das Reurecht als eine selbstverständliche, nicht ausdrücklich vorbehaltene Befugnis zu widerrufen definiert[27]. Zu finden ist auch eine Qualifizierung des Reurechts als Erlöschensgrund[28]. Teilweise wird ein Reurecht im Sinne eines nicht im Vertrag vorbehaltenen Rücktrittsrechtes als eine der römischen Ordnung fremde Erscheinung angesehen[29]. Demgegenüber wird die Auffassung vertreten, das Reurecht sei auf das innerste Wesen einer *causa futura* zurückzuführen, und es sei lediglich in Frage zu stellen, wieweit etwa aus besonderer Berücksichtigung einzelner Fälle das Reurecht auszuschließen sei[30].

Auch im Prozessrecht findet sich der Ausdruck *paenitentia*. Dort hat ihm die Literatur jedoch kaum Aufmerksamkeit geschenkt. Mitunter wird die *paenitentia* in diesem Bereich als Abhilfe gegen Irrtümer eines Prozessbeteiligten angesehen[31]. Bei „Bereuen" seines Irrtums kann dieser eine Wiedereinsetzung in den vorigen Stand erhalten[32].

In den strafrechtlichen Quellen erscheint die *paenitentia* nicht häufig. Dort liegt die Bedeutung in der Befreiung des seine Tat bereuenden Täters von Strafe.

---

versität Göttingen zur Verfügung gestellt); HONSELL, Die Rückabwicklung sittenwidriger oder verbotener Geschäfte, S. 74 Fn. 1.

[25] Vgl. z. B. D. 12,4,5pr. (*liceat paenitere*).

[26] FELGENTRAEGER, Antikes Lösungsrecht, S. 27.

[27] ERBE, Die Fiduzia im römischen Recht, S. 155.

[28] KASER, RP II, § 274 V, Fn. 72.

[29] FELGENTRAEGER, Antikes Lösungsrecht, S. 27; KASER, RP II, § 274 V, Fn. 72.

[30] WENDT, Reurecht und Gebundenheit, S. 5 f.

[31] KASER/HACKL, RZ, § 34 Fn. 11.

[32] SPENGLER, Studien zur interrogatio in iure, S. 71.

§ 2. Stand der Forschung und Plan der eigenen Darstellung

I. Stand der Forschung

Ausführliche Abhandlungen speziell über „das Pönitenzrecht“ und die *condictio ex poenitentia*[1] finden sich zuletzt in der Literatur des 19. Jahrhunderts[2]. Das Reurecht wurde seinerzeit kontrovers diskutiert. Allerdings beschränkt sich diese Literatur auf die Betrachtung der D. 12,4,3,2 f.; eod. 5pr.-4; 17,1,27,1, die *donatio mortis causa* und die Schenkung unter Ehegatten.

Nach Ansicht von WENDT handelt es sich bei der *condictio ex poenitentia* um eine *condictio sine causa*[3]. In den Fällen der *datio ob rem* bilde die Gegenleistung eine *causa futura*[4]. Eine Zuwendung, deren Veranlassungsursache in der Zukunft erwartet werde, bestehe zunächst bis auf weiteres *sine causa*[5]. Daher sei das Reurecht der *datio ob rem* aus dem Wesen der *causa futura* eigentümlich und bedürfe keiner besonderen Rechtfertigung[6]. Auch die *donatio mortis causa* sei ein Beispiel der *causa futura* und zeige, dass das Widerrufsrecht aus keinem anderen Grunde zustehe als *causa non secuta*[7].

MANNS (1880) war der Meinung, die das Pönitenzrecht enthaltenden Stellen seien flüchtige, oberflächliche und widerspruchsvolle Kompilationen[8].

Auch GRADENWITZ (1887) meinte, die *condictio propter poenitentiam* gehe auf die Kompilatoren zurück[9] und stelle eine fundamentale Änderung des Kondiktionensystems dar[10]. Seine Echtheitskritik stützte er auf die vermeintliche Widersprüchlichkeit des Reurechts zum übrigen Quelleninhalt[11].

---

[1] Der in der Literatur gebrauchte Ausdruck *condictio ex paenitentia* leitet sich vermutlich aus der Formulierung von D. 12,4,3,2 f.; eod. 5pr.-4 ab (*si me paeniteat, condicere possum*), vgl. SCHWARZ, Grundlage der condictio, S. 267.

[2] Es handelt sich insbesondere um WENDT, Reurecht und Gebundenheit (1878); MANNS, Das Poenitenzrecht (1880); GRADENWITZ, Interpolationen in den Pandekten (1887); BENDIXEN, Das jus poenitendi (1889); VERNEY, Du jus poenitendi (1890), jeweils mwN.

[3] WENDT, Reurecht und Gebundenheit, S. 6.

[4] WENDT, Reurecht und Gebundenheit, S. 28.

[5] WENDT, Reurecht und Gebundenheit, S. 32.

[6] WENDT, Reurecht und Gebundenheit, S. 39.

[7] WENDT, Reurecht und Gebundenheit, S. 51 f.

[8] MANNS, Das Poenitenzrecht, S. 124.

[9] GRADENWITZ, Interpolationen in den Pandekten, S. 146.

[10] GRADENWITZ, Interpolationen in den Pandekten, S. 153.

[11] GRADENWITZ, Interpolationen in den Pandekten, S. 150 f.

BENDIXEN (1889) vertrat die Ansicht, das *ius poenitendi* stelle einen Ausnahmefall dar, und es lasse sich nur von Fall zu Fall entscheiden, ob es begründet sei[12]. Das Reurecht erkläre sich nicht aus der Natur der Innominatkontrakte[13]. Vielmehr sei das *ius poenitendi* in den Fällen begründet, in denen der Empfänger kein Interesse an der Ausführung des Vertrages habe[14].

VERNEY (1890) nahm an, die *actio propter poenitentiam* in D. 12,4,5,1 und die *condictio ex poenitentia* in D. 39,6,30 hätten die *actio fiduciae* ersetzt, die in der justinianischen Epoche veraltet gewesen sei[15]. In den anderen Texten sei das *ius poenitendi* das Ergebnis der Vorstellung der Kompilatoren, die es ohne Vernunft interpoliert (D. 12,4,3, §§ 2 und 3) oder es als eine Hypothese des Mandats eingeschoben hätten (D. 12,4,5,2)[16].

In der Literatur, vor allem der ersten Hälfte des 20. Jahrhunderts, findet das Reurecht zwar Erwähnung, indessen steht das Reurecht dort selbst nicht mehr im Vordergrund, sondern wird als Teil einer anderen Thematik behandelt. Namentlich handelt es sich um die Werke von HAYMANN[17], ERBE[18] und SCHWARZ[19], die KASER zur *condictio ex paenitentia* in seinem zweibändigen Handbuch zitiert[20]. Die *paenitentia* wird von den von KASER zitierten Verfassern unter Bezugnahme auf die ältere Literatur als abschließend erforscht behandelt. Der nachklassische Ursprung des Reurechts wird nicht in Zweifel gezogen, sondern als erwiesen betrachtet. Nach SCHWARZ soll feststehen, dass die *condictio ex paenitentia* bei D. 12,4,3,2 f.; eod. 5pr.-4; 17,1,27,1 interpoliert ist[21]. KASER führt die *condictio ex paenitentia* sogar als bekanntes Beispiel für eine Textgestaltung durch die Kompilatoren an[22]. LEVY spricht in Bezug auf den Ausdruck *paenitentia* – sehr charakteristisch – von dem „berüchtigten Reurecht"[23]. Erst in neuerer Zeit tauchen Formulierungen auf, die dieser Meinung zurückhaltend

---

12 BENDIXEN, Das jus poenitendi, S. 25.
13 BENDIXEN, Das jus poenitendi, S. 24.
14 BENDIXEN, Das jus poenitendi, S. 24.
15 VERNEY, Du jus poenitendi, S. 149 f.
16 VERNEY, Du jus poenitendi, S. 150.
17 HAYMANN, Freilassungspflicht und Reurecht, zitiert auf S. 35, Fn. 1, MANNS, Das Poenitenzrecht, als herrschende Meinung.
18 ERBE, Die Fiduzia im römischen Recht, zitiert auf S. 146 Fn. 3, S. 152 Fn. 3 MANNS als Vertreter der herrschenden Meinung.
19 SCHWARZ, Grundlage der condictio, S. 267.
20 KASER, RP II, § 270 Fn. 16.
21 SCHWARZ, Grundlage der condictio, S. 267.
22 KASER, Methodologie, S. 93.
23 LEVY, Der Hergang der römischen Ehescheidung, S. 61.

begegnen. So heißt es etwa bei KASER bezüglich der bekannten Katene D. 12,4,3,2 f.; eod. 5pr.-4, diese seien „wohl teilw. itp., aber vermutlich nach klassischen Ansätzen“[24]. Weit darüber hinaus geht HONSELL, der die Ansicht äußert, das Reurecht werde „zu Unrecht bestritten“, ohne dies jedoch zu begründen[25].

Die im Jahr 2000 erschienene Dissertation von CHRISTIAN KNÜTEL[26] mit dem vielversprechenden Titel „Tätige Reue im Zivilrecht“ befasst sich indessen nicht mit dem Reurecht als dem Recht, seinen Willen zu ändern und eine Zuwendung zurückzufordern oder eine Erklärung zu widerrufen. Die modernrechtliche Arbeit befasst sich mit der Frage, wann und wie sich bei einem zivilrechtlich relevanten Fehlverhalten nachträgliches Wohlverhalten auswirkt.

Bei den strafrechtlichen Quellen spielen die vorhandenen *paenitentia*-Stellen eine zahlenmäßig geringe Rolle, obwohl gerade im Strafrecht tätige Reue ein festliegender Ausdruck ist. Mit den zahlreichen übrigen *paenitentia*-Stellen hat man sich im Hinblick auf die *paenitentia* nicht auseinandergesetzt[27].

II. Plan der eigenen Darstellung

Da die letzte ausführliche Erörterung bekannter *paenitentia*-Stellen gerade im Hinblick auf das sog. Reurecht im 19. Jahrhundert stattfand und im übrigen der größte Teil der *paenitentia*-Stellen noch überhaupt nicht im Hinblick auf die *paenitentia* behandelt worden ist, ist das erneute Aufgreifen der Thematik geboten.

Im folgenden sollen daher alle *paenitentia*-Quellen bis zum Ende des dritten Jahrhunderts untersucht werden[28]. Bei der Betrachtung der bereits umfassend erörterten *paenitentia*-Stellen hat eine kritische Auseinandersetzung mit den dazu vertretenen Auffassungen stattzufinden. Im Mittelpunkt der Untersuchung steht der Ausdruck *paenitentia* bzw. *paenitere*, dessen Funktion und Bedeutung sowie sein historischer Ursprung im jeweiligen Zusammenhang zu erforschen ist. Der Aufbau der Darstellung orientiert sich an der Einteilung in Sachgebiete.

---

[24] KASER, Kurzlehrbuch, § 48 III 2 b.
[25] HONSELL, SZ 93 (1976), 550, 551; HONSELL, Die Rückabwicklung sittenwidriger oder verbotener Geschäfte, S. 74 Fn. 1.
[26] Rezensiert von URSULA STEIN, AcP 201 (2001), 622 ff.
[27] Mit Ausnahme von D. 11,1,11,12; vgl. SPENGLER, Studien zur interrogatio in iure, S. 71.
[28] Mit Ausnahme von C. 3,28,20, der eine eindeutig nachklassische Tendenz zeigt, vgl. KASER, RP II, § 226 I 1.

Für den vorliegenden Kontext bietet sich eine Einteilung in den rechtsgeschäftlichen Bereich, das Prozessrecht und das Strafrecht an. Funktion und Bedeutung der *paenitentia* variieren abhängig davon, ob ein Rechtsgeschäft, eine Prozesshandlung oder eine Straftat „bereut" bzw. widerrufen (Rechtsgeschäft), zurückgenommen (Prozesshandlung) oder aufgegeben (Straftat) wird. Weiterhin ist danach zu unterscheiden, ob sich die *paenitentia* auf eine rechtsgeschäftliche Erklärung oder aber auf eine Leistung bzw. Zuwendung beziehen kann. Die ursprünglich angedachte innerhalb der großen Abschnitte übergeordnete Sortierung danach, ob jeweils „Reue" möglich ist oder nicht, erwies sich jedoch als zu ungenau und hätte thematisch zusammengehörende Stellen auseinandergerissen. Ob es möglich ist, von einem Geschäft wieder abzugehen (es zu bereuen), oder ob man gebunden ist, hängt auch damit zusammen, um welchen „Geschäftstypus" es sich handelt. Daher erfolgt im ersten Abschnitt eine Unterteilung nach „Geschäftstypen".

Die Exegese der *paenitentia*-Stellen wird ergänzt durch die Untersuchung einer Auswahl von Quellen, die die Wendungen *mutare voluntatem* und *mutare sententiam* gebrauchen. Diese Ausdrücke kommen in ihrer Bedeutung dem Ausdruck *paenitentia* gleich, der, wie dargelegt, eine Willens- bzw. Meinungsänderung umschreibt.

Erster Abschnitt. Die rechtsgeschäftlichen Quellen

A. Gegenstand der Quellen zu Rechtsgeschäften

§ 3. Definition des Rechtsgeschäfts und Unterteilung

Die Ausdrücke Rechtsgeschäft und Willenserklärung sind den antiken römischen Rechtsquellen zwar fremd, sie haben jedoch ihre Wurzeln in der umfangreichen antiken Kasuistik[1]. Der Ausdruck Rechtsgeschäft steht nach heutigem Verständnis für rechtlich relevante Willenserklärungen, die auf den Eintritt einer gewollten Rechtsfolge gerichtet sind.

Die zu untersuchenden rechtsgeschäftlichen Quellen lassen sich in verschiedene Gruppen unterteilen. Zum einen gibt es die kraft Willensübereinstimmung bindenden Rechtsgeschäfte, wie den Konsensualkontrakt, den Verbalkontrakt und das *pactum* (§ 4). Eine weitere Gruppe bilden die Geschäfte, die erst durch ihren Vollzug Bindungswirkung erlangen (§ 5). Es handelt sich um den Realkontrakt, die *datio ob rem*, die Schenkung sowie die Stiftung an eine Gemeinde. Des weiteren erfolgt eine Unterteilung in einseitige Willensbetätigungen mit Bindungswirkung (§ 6), Verfügungen von Todes wegen (§ 7), Annahme und Nichtantretung einer Erbschaft (§ 8), Rechtsgeschäfte unter Eheleuten (§ 9) sowie das *precarium* (§ 10).

---

[1] KASER, RP I, § 56 I.

B. Die Quellen zu Rechtsgeschäften

§ 4. Kraft Willensübereinstimmung bindende Rechtsgeschäfte

I. Konsensualkontrakte

1. Kaufvertrag

a) C. 4,38,12

C. 4,38,12pr. und eod. § 1 (Diocletian et Maximian *Aurelio Paciano*): *Non idcirco minus emptio perfecta est, quod emptor fideiussorem non accepit vel instrumentum testationis vacuae possessionis omissum est; nam secundum consensum auctoris in possessionem ingressus recte possidet. § 1 Pretium sane, si eo nomine satisfactum non probetur, peti potest. nec enim licet in continenti facta paenitentiae contestatio consensu finita rescindit.* (sine anno)

Diokletian und Maximian an Aurelius Pacianus: *Ein Kauf ist nicht deswegen weniger wirksam, weil der Käufer keinen Bürgen annahm, oder weil keine Urkunde über den freien Besitz ausgestellt wurde. Zog er nämlich mit Willen des Verkäufers ein, so besitzt er zu Recht. § 1 Der Preis freilich kann gefordert werden, wenn die Befriedigung deswegen nicht bewiesen wird. Denn es ist nicht erlaubt, eine abgeschlossene Übereinkunft wegen darin enthaltener Tatsachen aus Reue aufzuheben.*

Der Adressat des Reskripts hat bereut, sein Grundstück verkauft zu haben und will die Rückübertragung. Er sucht daher nach Vorwänden, um vom Vertrag wieder loszukommen. Die Kanzlei des Kaisers entscheidet jedoch, dass weder die Nichtannahme eines Bürgen für die Übertragung des Grundstücks durch den Käufer noch das Fehlen einer Besitzurkunde für die Übertragung des Grundstücks die Wirksamkeit des zwischen den Parteien abgeschlossenen Kaufvertrages beeinträchtigen.

Der Name des Verkäufers, Aurelius, lässt vermuten, dass es sich um einen unter Mark Aurel eingebürgerten Peregriner handelt. Die Menschen, die des römischen Bürgerrechts nicht teilhaftig waren, lebten nach dem angestammten Recht ihres eigenen Bürgerverbandes (Personalitätsprinzip). Nach der Einbürgerung galt für den eingebürgerten Peregriner somit das römische *ius civile*. Hier kann der Hintergrund der Anfrage liegen, die durch dieses Reskript Diokletians beantwortet wird. Nach griechischen Vorstellungen etwa war der Konsens allein nicht bindend[1]. Der ehemalige Peregriner, der solche Vorstellungen hat, könnte sich daher zu einer Anfrage bei der kaiserlichen Kanzlei veranlasst gesehen haben, an welche Voraussetzungen das Zustandekommen und die Wirksamkeit eines Kaufvertrages geknüpft sind.

Ein Kaufvertrag kommt bereits mit dem Konsens zustande. Die *emptio perfecta* ist bereits im Vorfeld eines rechtswirksam erfolgten Besitzüberganges anzunehmen[2]. Neben dem Konsens der Parteien bedarf es weder einer Bürgenstellung noch einer Urkunde über die Übertragung des freien Besitzes und die Gewährleistung. Dies stellt das *principium* klar. Wenn aber die Erfüllung nicht bewiesen ist, so kann der Gläubiger weiterhin Zahlung verlangen. Dies wird mit der Bindungswirkung der zugrundeliegenden Vereinbarung begründet, die nicht aus Reue beliebig aufgehoben werden kann.

Die Aufhebung eines Kaufvertrages ist nur durch *contrarius consensus* möglich und nur solange *re integra* ist[3]. Für die Übertragung des Grundstückes kommt es nur auf die Übergabe (*traditio*), nicht auf die Beurkundung an[4]. Hier ist entscheidend, dass der Käufer mit dem Willen des Verkäufers einzog („Auflassung" im ursprünglichen Sinne des Wortes).

b) Freikauf eines *captivus*

C. 8,50,17 (Diocletian et Maximian *Diogeniae*): *Liber captus ab hostibus et commercio redemptus tunc demum pretium solverit vel hoc ei qualiqumque remittatur indicio, statum pristinum recipit. § 1 Quo genere matre filium redimente, cum huiusmodi contractus non de mercede, sed de tristitia repudianda cogitatur, voti recipiendi filium cogitatio cum optabili condicione filium ilico matri restituit, ita ut et civilium obsequio munerum propter casum praeteritum non excusetur. § 2 Pro pietatis itaque ratione ab hostibus redempto filio facti te paenitere ac de pretio quicquam tractare non convenit. dotem tamen ab eo debitam iure concesso reddi postulas.* (anno 294)

[1] MITTEIS, Reichsrecht und Volksrecht, S. 506.
[2] PENNITZ, Das Periculum rei venditae, S. 229 Fn. 144.
[3] D. 18,5,3 (Paulus lib. 33 ad ed.); KNÜTEL, Contrarius consensus, S. 28 ff.; KADEN, SZ 86 (1969), 523 ff.
[4] KASER, RP II, § 242 III 1 a.

Diokletian und Maximian an Diogenia: *Der von den Feinden gefangene Freie und anschließend durch den Handel Freigekaufte erreicht den früheren Zustand, wenn er den Preis erstattet hat oder dieser nachgelassen wird. § 1 Hat die Mutter ihren Sohn freigekauft, hat sie es aus keinem anderen Interesse getan, als die Traurigkeit zu verscheuchen, der Gedanke, dass der Sohn sofort den Preis erstattet, ist wegen des in der Vergangenheit vom Sohn erlittenen Schicksals nicht gerechtfertigt. § 2 Hast du daher den Sohn aus Mutterliebe von den Feinden losgekauft, kannst du den ausgehandelten Preis nicht bereuen und vom Preis etwas abhandeln. Trotzdem forderst du die von ihm geschuldete Mitgift zu Recht zurück.*

Die Mutter hat ihren in Kriegsgefangenschaft geratenen Sohn von den Feinden losgekauft und führt offenbar anschließend mit dem Sohn einen Rechtsstreit über die Erstattung des Preises[5]. Unter Berufung auf die *pietas* erlassen die Kaiser dem *redemptus* jedoch die Erstattung des Preises, weil es unanständig ist, das sittlich gebotene Handeln zu bereuen und um die Erstattung des Lösegeldes zu streiten[6]. Die Mutter hat aber das Recht, die von dem *captivus redemptus* geschuldete Mitgift zurückzufordern.

Der Kriegsgefangene wird mit seiner Ergreifung Sklave[7]. Dies gilt auch für römische Bürger, die in fremde Gefangenschaft geraten[8]. Sie sind Sklaven nach römischem Recht[9], d. h. sie sind rechtlos und unfähig, in anerkannten Familienbeziehungen zu stehen[10]. Dem aus Kriegsgefangenschaft zurückgekehrten Römer kam aber das *ius postliminii* zugute, d. h. seine Rechte sind während der Gefangenschaft *in pendenti*: Kehrt er zurück, hat er seine Rechte auch in der Zwischenzeit immer behalten[11]; stirbt er in Gefangenschaft, gelten sie als bereits mit seiner Gefangennahme erloschen[12].

Das *principium* bezieht sich auf die severische *constitutio de redemptis*[13]. Der *captivus redemptus* muss dem Loskäufer den ausgelegten Kaufpreis ersetzen[14].

---

[5] ZIEGLER, in: Iuris professio, FS f. Kaser, S. 386; vgl. auch JAKAB, Praedicere und cavere beim Marktkauf, S. 29, allgemein zum Verkauf von Gefangenen.
[6] KRÜGER, SZ 51 (1931), 203, 212; ZIEGLER, in: Iuris professio, FS f. Kaser, S. 386.
[7] KRÜGER, SZ 51 (1931), 203, 205.
[8] KRÜGER, SZ 51 (1931), 203, 205; KASER, RP I § 68 II 2.
[9] KRÜGER, SZ 51 (1931), 203, 206.
[10] KASER, RP I, § 67 II 1.
[11] RUGULLIS, Die Barbaren in den spätrömischen Gesetzen, S. 99 f.
[12] KASER, RP I, § 68 II 2.
[13] KASER, RP I, § 68 II 2 Fn. 22; ZIEGLER, in: Iuris professio, FS f. Kaser, S. 386.

Die *constitutio de redemptis* gibt dem Loskäufer ein Zurückbehaltungsrecht an dem losgekauften einstigen Freien, bis ihm das Lösegeld erstattet wird[15]. Er steht in der als *ius pignus* bezeichneten Gewalt des Lösers, bis ihm die Lösungssumme, der ausgehandelte Preis, erstattet wird[16]. Allerdings strebt C. 8,50,17 den Schutz des Gelösten gegen den Missbrauch der Gewalt des Lösers an, wenn jener den Lösungsbetrag nicht aufzubringen vermag[17]. Bei der *pietas*, auf die sich die Kaiser zur Begründung ihrer einen Erstattungsanspruch versagenden Entscheidung stützen, handelt es sich um einen Leitbegriff wie etwa *benevolentia* oder *humanitas*[18]. Die Versagung eines Erstattungsanspruchs der Mutter findet eine modernrechtliche Parallele in § 685 Abs. 2 BGB.

Der Anspruch gegen den Sohn auf Rückforderung der *dos* wird der Mutter hingegen nicht versagt. Es ist zu vermuten, dass der Sohn den Vater beerbt hatte[19]. Bei Beendigung der Ehe ist die *dos* zurückzuzahlen. Endet die Ehe durch den Tod des Mannes, richtet sich der Rückzahlungsanspruch gegen den Erben. Somit schuldete der Sohn der Mutter die *dos*.

Die Reue der Mutter bezieht sich auf den (Los-) Kaufvertrag mit den Feinden, den sie nicht rückgängig machen kann. Eine Möglichkeit, den Freikauf rückgängig zu machen ließe den von C. 8,50,17 gewährten Schutz des *redemptus* leerlaufen.

c) Die Nichtdurchführung einer bewilligten Wiedereinsetzung in den vorigen Stand

D. 4,4,41 (Iulian libro 45. dig.): *Si iudex circumvento in venditione adulescenti iussit fundum restitui eumque pretium emptori reddere, et hic nolit uti hac in integrum restitutione paenitentia acta, exceptionem utilem adversus petentem pretium quasi ex causa iudicati adulescens habere poterit, quia unicuique licet contemnere haec, quae pro se introducta sunt. Nec queri poterit venditor, si re-*

---

[14] KRELLER, SZ 69 (1951), 172, 206; RUGULLIS, Die Barbaren in den spätrömischen Gesetzen, S. 102.
[15] KASER, RP I, § 68 II 2; ZIEGLER, in: Iuris professio, FS f. Kaser, S. 385.
[16] KASER, RP I, § 68 II 2 Fn. 22; WACKE, in: FS f. Mayer-Maly, S. 835 Fn. 112.
[17] KASER, RP I, § 68 II 2 Fn. 22.
[18] BRETONE, Geschichte des römischen Rechts, S. 163.
[19] SANNA, Ricerche in tema di redemptio ad hostibus, S. 152; ZIEGLER, in: Iuris professio, FS f. Kaser, S. 386 Fn. 32.

stitutus fuerit in eam causam, in qua se ipse constituit et quam mutare non potuisset, si minor auxilium praetoris non implorasset.

Julian im 45. Buch seiner Digesten: *Wenn der Richter angeordnet hat, dass dem beim Grundstücksverkauf hintergangenen Heranwachsenden das Grundstück zurückzugeben ist und dieser dem Käufer den Preis zurückzugeben habe, und wenn dieser von der Wiedereinsetzung in den vorigen Stand aus erklärter Reue nicht Gebrauch machen will, so kann er eine exceptio utilis gegen den erhalten, der den Kaufpreis mit der actio quasi ex causa iudicati zurückfordert, weil es jedermann erlaubt ist, das zu verschmähen, was zu seinen Gunsten eingeführt worden ist. Der Käufer*[20] *kann sich nicht einmal beklagen, wenn er in die Lage versetzt wird, in die er sich selbst gebracht hat, und die er nicht hätte verändern können, wenn der Minderjährige den prätorischen Rechtsbehelf nicht erbeten hätte.*

Ein Heranwachsender hat ein Grundstück verkauft und ist dabei übervorteilt worden. Daraufhin hat er auf Restitution geklagt. Der Richter hat dann beiden Parteien das *iussum de restituendo* erteilt, also dem beklagten Käufer aufgegeben, das Grundstück zurückzugeben, dem klagenden *minor* die Rückgewähr des Kaufpreises. Der Minderjährige, dem vom Richter die Befugnis zur Rückabwicklung zugesprochen worden ist, will dann aber doch lieber am Vertrag festhalten und folgt dem *iussum* nicht. Der Käufer, der an der Rückabwicklung des Kaufes festhalten will, klagt sodann mit einer *actio quasi ex causa iudicati* seinerseits auf Rückzahlung des Kaufpreises. Gegen diese Klage wird dem Minderjährigen eine *exceptio utilis* gegeben, weil es ihm freistehe, von seinem Schutz keinen Gebrauch zu machen, da sich der klagende Käufer dadurch nicht schlechter steht, als hätte der Minderjährige den prätorischen Rechtsbehelf nicht eingelegt.

Fraglich ist, welche Motive der mit dem Ausdruck *paenitentia* zum Ausdruck gebrachten Sinnesänderung des Minderjährigen zugrunde liegen, und warum dem Minderjährigen eine *exceptio utilis* gegen die Klage des Käufers auf Rückzahlung des Kaufpreises erteilt wurde[21].

Denkbar ist, dass der Minderjährige das Grundstück, dessen Rückgabe angeordnet ist, nicht zurückhaben will, weil zwischenzeitlich eine Verschlechterung

---

[20] Im Schlußsatz ist *venditor* für *emptor* verschrieben, vgl. KASER, SZ 94 (1977), 101, 162 Fn. 230; nach Meinung von KUPISCH, In integrum restitutio, S. 119, lässt sich *venditor* ein Sinn abgewinnen, wenn man die Restitution des *fundus* analog dem Kauf betrachtet.

[21] KASER, SZ 94 (1977), 101, 163 Fn. 234.

des verkauften Grundstücks (z. B. ein Brand) eingetreten ist. Aus diesem Grund hat aber der Käufer ein nachhaltiges Interesse an einer Durchführung der Restitution und Rückzahlung des Kaufpreises.

Die *in integrum restitutio* umfasst im Bereich des Formularprozesses hauptsächlich zwei Rechtsbehelfe, mit denen in bestimmten Fällen missbilligte Rechtsgeschäfte beseitigt, fehlgeschlagene Rechtswirkungen aufgehoben, oder frühere tatsächliche Zustände wiederhergestellt werden[22]. Einer der Restitutionsgründe ist die Veräußerung durch einen Minderjährigen, die ihn übervorteilt[23]. Bei der *in integrum restitutio* sind die prätorische und die judiziale Restitution zu unterscheiden. Prätorische Restitution bedeutet Wiederherstellung des früheren Zustandes unmittelbar durch den Prätor im Wege rückwirkender Vernichtung des bestehenden Zustandes und Rückgängigmachung von Veränderungen in der Rechtssphäre mittels *decretum*[24]. Dieser Vorgang ist für rechtliche, nicht aber für tatsächliche Veränderungen denkbar, wie für die mit einer Eigentumsübertragung verbundene Besitzübertragung, die nicht allein durch ein Machtwort aus der Welt geschafft wird[25]. Die judiziale Restitution geht im *iudicium* vor sich. Eine für die bewilligte Klageformel charakterischtische Restitutionsklausel ermächtigt den *iudex*, dem Beklagten aufzugeben, die für die Rückübereignung und Besitzverschaffung erforderlichen Handlungen mit dem Kläger vorzunehmen (befohlene Restitution)[26].

NICOSIA und CERVENCA vertreten die Auffassung, in unserer Stelle handele es sich um einen Fall prätorischer Restitution, das Wort *iudex* sei anstelle von *praetor* interpoliert worden[27]. Nach Ansicht von LEVY, KASER und KUPISCH handelt es sich hingegen um eine judiziale Restitution[28]. Zwar fiel bereits im klassischen Kognitionsverfahren die notwendige Verfahrensteilung weg, prätorische und judiziale Restitution verschmolzen miteinander[29], und es gab eine nachklassische Tendenz, *praetor* durch *iudex* zu ersetzen[30]. Allerdings spricht

---

[22] KASER/HACKL, RZ, § 64 I.
[23] HARDER, AcP 173 (1973), 209, 221; BENÖHR, AcP 176 (1976), 247, 248; KASER/HACKL, RZ, § 64 II 2.
[24] KUPISCH, In integrum restitutio, S. 2 f.
[25] KUPISCH, In integrum restitutio, S. 4.
[26] KUPISCH, In integrum restitutio, S. 2.
[27] NICOSIA, SZ 75 (1958), 251, 272, 273 f. Fn. 64; CERVENCA, Restitutio, S. 35.
[28] LEVY, SZ 68 (1958), 360, 368; KASER, Labeo 12 (1966), 235, 238; KUPISCH, In integrum restitutio, S. 112; KASER, SZ 94 (1977), 100, 162.
[29] KASER/HACKL, RZ, § 73 V.
[30] KUPISCH, In integrum restitutio, S. 112.

hier die *actio quasi ex causa iudicati* für die Sentenz eines *iudex*. Bei der *actio quasi ex causa iudicati* handelt es sich um eine *actio in factum*, deren Grundlage in spezifischer Weise mit dem Judikat (die im Reszissorium ergangene *pronunciatio*[31]) verknüpft ist[32]. Das *iudicatum* sagt über die zum Gegenstand des Prozesses gemachte Frage verbindlich aus, was rechtens ist[33].

Gegen die sich auf das *iussum de restituendo* stützende Klage des Käufers auf Rückzahlung des Kaufpreises erhält der Minderjährige, der seinen Entschluss bereut hat und auf die *in integrum restitutio* verzichten will, eine *exceptio utilis*, die ihn vor der Verurteilung zur Rückzahlung des Kaufpreises schützt. Allerdings beseitigt die Klage des Käufers seine Ungewissheit: Da der beim Kauf übervorteilte *minor* es in der Hand hat, den Verkauf bestehen zu lassen oder zu verwerfen, kann der an den Vertrag einseitig gebundene Käufer die für ihn missliche Ungewissheit über die Vertragsdurchführung beenden[34].

Trotz Richterspruchs wird dem Minderjährigen der zu seinen Gunsten erteilte Rechtsbehelf nicht aufgedrängt (*beneficia non obtruduntur*). Dies entspricht den Rechtsregeln *cuique licet his quae pro se intrducta sunt renuntiare*[35] und *quisque potest renuntiare juri suo*[36] sowie *invito beneficium non datur*[37]. Im modernen Recht findet sich ein vergleichbarer Fall in § 1829 BGB: Trotz einer Genehmigung des Vormundschaftsgerichts ist der Wille des Mündels wandelbar.

Die Formulierung *paenitentia acta*, die nach Ansicht von MANNS ein Rechtsinstitut zu charakterisieren scheint[38], drückt aus, dass die Reue erklärt worden sein muss, und die bloße durch Reue motivierte Untätigkeit des Bereuenden nicht hinreichend ist. Gegenüber der anderen Partei ist ein ausdrücklicher Widerruf erforderlich[39]. Durch das Erfordernis einer Erklärung bekommt das „Reurecht" den Charakter eines Gestaltungsrechtes, das ausgeübt werden muss. Die (verbindliche) Wirkung des *iussum de restituendo* wird erst durch die gestaltende Erklärung des *minor* außer Kraft gesetzt.

---

[31] KASER, Labeo 12 (1966), 235, 238; KASER, SZ 94 (1977), 100, 162.
[32] KUPISCH, In integrum restitutio, S. 118.
[33] KASER/HACKL, RZ, § 54 II.
[34] Vgl. WACKE, TR 48 (1980), 203, 217.
[35] LIEBS, Lateinische Rechtsregeln und Rechtssprichwörter, C 106.
[36] LIEBS, Lateinische Rechtsregeln und Rechtssprichwörter, Q 79.
[37] D. 50,17,69.
[38] MANNS, Poenitenzrecht, S. 92.
[39] VOIGT, Nachweis bei WENDT, Reurecht und Gebundenheit, S. 104.

2. Mandat (*datio ut Stichus ematur et manumittetur / condictio ex paenitentia*)

D. 12,4,5,2 (Ulpian libro 2 disputationes): *Item si quis dederit Titio decem, ut servum emat et manumittat, deinde paeniteat, si quidem nondum emptus est, paenitentia dabit condictionem, si hoc ei manifestum fecerit, ne si postea emat, damno adficietur. si vero iam sit emptus, paenitentia non facit iniuriam ei qui redemit, sed pro decem quae accepit ipsum servum quem emit restituet aut, si ante decessisse proponatur, nihil praestabit, si modo per eum factum non est. Quod si fugit nec culpa eius contigit qui redemit, nihil praestabit: plane repromittere eum oportet, si in potestatem suam pervenerit, restitutum iri.*

D. 12,4,5,2 (Ulpian im 2. Buch seiner Disputationen): *Ebenso wenn jemand dem Titius zehn gegeben habe, damit er einen Sklaven kaufe und freilasse, es danach bereuen sollte, wenn er noch nicht gekauft worden ist, wird ihm die Reue eine Kondiktion eröffnen, wenn er ihm dies deutlich gemacht habe, damit er nicht, wenn er nachher kaufen sollte, Schaden erleide. Wenn er aber schon gekauft sein sollte, so fügt die Reue dem Käufer kein Unrecht zu, sondern er wird für die Zehn, die er empfangen hat, den gekauften Sklaven selbst zurückerstatten. Wenn vorgetragen wird, dass er vorher verstorben sei, so wird er nichts leisten, wenn er nur dafür nicht verantwortlich ist. Wenn aber der Sklave geflohen ist und ihm dies nicht durch die Schuld des Käufers gelungen ist, so wird er nichts leisten. Allerdings muss er versprechen, dass der Sklave, wenn er in seine Gewalt zurückgekommen ist, zurückerstattet werde.*

Jemand hat dem Titius einen Geldbetrag gegeben, damit dieser dafür einen Sklaven kaufe und ihn freilasse. Allerdings kann der Geber den gegebenen Geldbetrag aus Reue kondizieren. Dabei wird unterschieden, ob der Geber vor oder nach dem Ankauf des Sklaven bereut (widerruft). Die Kondiktion steht ihm zu, sobald dem Titius die Reue mitgeteilt worden ist, auch wenn er später dennoch den Sklaven kauft. Wurde der Sklave gekauft, bevor der Geber widerrufen hat, so hat die Kondiktion die Herausgabe des Sklaven zum Inhalt, da die Reue dem Käufer kein Unrecht zufügen soll. Ist aber der Sklave ohne ein Verschulden des Titius verstorben oder geflohen, so entfällt ein Anspruch. Bei Rückkehr des geflohenen Sklaven lebt die Kondiktion allerdings wieder auf. Der Auftrag, einen Sklaven zu kaufen und freizulassen, ist ein *mandatum*[40]. Der Grund für die

[40] KNÜTEL, in: Nörr/Nishimura, Mandatum und Verwandtes, S. 353 ff.

Erteilung eines Freilassungsmandats könnte in den Beschränkungen der *lex Aelia Sentia* liegen, die sich auf dem Weg über einen beauftragten Dritten überwinden lassen[41]. Das Reurecht ist auf die freie Widerruflichkeit des Mandats zurückzuführen. Das Mandat konnte widerrufen werden, solange die Ausführung noch nicht begonnen ist[42]. Ist der Sklave im Zeitpunkt der Reue bereits gekauft, kann der Käufer dem Geber den bereits gekauften Sklaven (dieser ist sozusagen das stellvertretende *commodum* bzw. Surrogat für den Geldbetrag) geben und muss nicht den empfangenen Geldbetrag zurückerstatten, damit dem Empfänger dadurch kein Nachteil entstehe (*paenitentia non facit iniuriam ei qui redemit*).

FLUME vertritt die Ansicht, im Falle der *datio ob rem* (um eine solche handelt es sich seiner Meinung nach hier[43]) liege das Risiko der Aufwendungen bis zur Perfektion der *res* beim Geber, der allgemein die Gefahr für die Leistungen des Empfängers, die dieser aufgrund der *datio ob rem* mache, wenn der Eintritt des Erfolges aus einem Grund unmöglich werde, den der Empfänger nicht zu vertreten habe[44]. Gleichwohl befreit der zufällige Untergang der Sache den Empfänger bei der *condictio certae rei*[45]. Die Grenze der Kondiktion aus Reue verläuft also dort, wo Nachteile für den Empfänger entstehen.

Zu bemerken ist, dass der *favor libertatis* nicht etwa dazu führt, das Freilassungsmandat für unwiderruflich zu erklären. Bei dem *favor libertatis* handelt es sich um eine Auslegungsregel, die angibt, was im Zweifel gelten soll[46]. Bei eindeutig erklärter Reue ist jedoch kein Raum für Auslegung.

Fraglich ist allerdings, ob die Formulierung *si hoc ei manifestum fecerit* echt ist, die inhaltlich der Formulierung *et super hoc eum certioraverit* in D. 12,4,5,1 entspricht, die das Erfordernis der Mitteilung der Reue an den Empfänger betont. Bei den übrigen *paenitentia*-Stellen findet sich diese Formulierung nicht. Nach WÖLFFLIN haben die Kompilatoren Ausdrücke wie *manifestum*, *notum facere* oder *manifestare* gebraucht[47]. Gegen die Annahme, dass die Kompilatoren insoweit eine inhaltliche Änderung bzw. Erweiterung vorgenommen haben, spricht jedoch die Tatsache, dass Ulpian im selben Buch seiner Disputationen

---

[41] KNÜTEL, in: Nörr/Nishimura, Mandatum und Verwandtes, S. 353, 356.
[42] KASER, RP I, § 134 III.
[43] FLUME, FS f. Niedermeyer, S. 112.
[44] FLUME, FS f. Niedermeyer, S. 114.
[45] NIEDERLÄNDER, Bereicherungshaftung, S. 2.
[46] WACKE, Favor libertatis, S. 22.
[47] Nachweis bei VERNEY, Du jus poenitendi, S. 95.

(eod. § 1), ebenfalls im Zusammenhang mit einer Freilassung durch den Empfänger nach erklärter Reue, das Erfordernis der Mitteilung aufgreift. Wie im Falle der Parallelstelle D. 12,4,5,1 sprechen sprachliche Gesichtspunkte gegen eine Interpolation.

3. Kurzfristige Vertragsaufsage bei der Landpacht

D. 19,2,24,4 (Paulus libro 34 ad edictum): *Colonus, si ei frui non liceat, totius quinqennii nomine statim recte aget, etsi reliquis annis dominus fundi frui patiatur. nec enim semper liberabitur dominus eo quod secundo vel tertio anno patietur fundo frui. nam et qui expulsus a conductione in aliam se coloniam contulit, non suffecturus duabus neque ipse pensionum nomine obligatus erit et quantum per singulos annos compendii facturus erat, consequetur. sera est enim patientia fruendi, quae offertur eo tempore, quo frui colonus aliis rebus illigatus non potest. quod si paucis diebus prohibuit, deinde paenitentiam agit omniaque colono in integro sunt, nihil ex obligatione paucorum dierum mora minuet. item utiliter ex conducto agit is, cui secundum conventionem non praestantur quae convenerant, sive prohibeatur frui a domino vel ab extraneo quem dominus prohibere potest.*

D. 19,2,24,4 (Paulus in seinem 34. Buch zum Edikt): *Ist der Pächter an der Nutzung gehindert, so kann er sogleich im Hinblick auf den gesamten Fünf-Jahres-Zeitraum Klage erheben, selbst wenn ihm der Eigentümer des Grundstücks für die verbleibenden Jahre den Fruchtgenuss gewährt. Der Eigentümer wird nämlich nicht immer befreit, wenn er die Nutzung des Grundes im zweiten oder dritten Jahr gewähren will. Denn wer aus der Pacht vertrieben wurde und eine andere Pacht angetreten hat, ist nicht verpflichtet, zweifach Pachtzins zu zahlen und kann sogar den Gewinn verlangen, den er in den einzelnen Jahren gemacht hätte. Zu spät ist nämlich die Gewährung der Nutzung, die zu einer Zeit angeboten wird, zu der der Pächter sie nicht mehr nutzen kann, weil er andere Verbindungen eingegangen ist. Wenn er ihn aber nur wenige Tage gehindert hat, darauf Reue tätigt und für den Pächter noch alles im selben Zustand ist, so vermindert ein Verzug von wenigen Tagen die Verbindlichkeit nicht. Auch derjenige kann aus der Pacht klagen, dem aus einer anderen Vereinbarung nicht das Versprochene geleistet wird, oder wenn er vom Eigentümer oder einem dazu ermächtigten Dritten an der Nutzung gehindert wird.*

Der Pächter, dem vom Verpächter aus nicht näher bezeichnetem Grund die Nutzung des für fünf Jahre gepachteten Landes für einen Teil dieses Zeitraumes vorenthalten wird, kann wegen des gesamten Zeitraumes klagen. Seine Pflicht zur Pachtzinszahlung an den bisherigen Verpächter, von dem der Pächter zudem den entgangenen Gewinn fordern kann, entfällt. Dem liegt die Erwägung zugrunde, dass, jedenfalls wenn der Pächter bereits ein anderes Grundstück gepachtet hat, von ihm nicht die Fortführung des bisherigen Vertrages erwartet werden kann. Bereut der Verpächter, den Pächter an der Nutzung gehindert zu haben und gewährt ihm wieder die Nutzung innerhalb eines Zeitraums, der so kurz ist, dass dies für den Pächter keine nachteiligen Auswirkungen hat, so ändert dies nichts am Fortbestand der Verbindlichkeit des Pächters.

Bei einem Vertragsbruch des Verpächters endet jede Verpflichtung des Pächters zur Gegenleistung[48]. Hat der Pächter anderswo eine Pacht angetreten, wird er vergebens vom Verpächter zurückgerufen, weil der Pächter nicht verpflichtet ist, zwei Böden zu stellen[49].

Nach Meinung von BELOW ändert sich an dem *factum* einer vom *dominus* herbeigeführten Nichterfüllung nichts dadurch, dass sich der Eigentümer nach wenigen Tagen anders besinnt[50]. In dem *paenitenita*-Satz sieht BELOW einen Widerspruch zur Einleitung des Fragments, das daher nicht klassisch sein könne[51].

Der *paenitenita*-Satz stellt aber keinen Widerspruch zum ersten Satz der Stelle dar. Vielmehr wird die Regel des ersten Satzes durch den *paenitenita*-Satz auf Fälle begrenzt, in denen dem Pächter ein Nachteil entstanden ist. Damit der Pachtvertrag bestehen bleibt, muss immerhin alles noch im selben Zustand sein[52]. Umgekehrt endet die Möglichkeit des Verpächters, sein Verhalten tätig zu bereuen, dort, wo es für den Vertragspartner nachteilige Wirkungen zeitigt.

Die Stelle ist ein singulärer Sonderfall für das Dauerschuldverhältnis der Landpacht. Der Verpächter schuldete eigentlich das Erfüllungsinteresse. Er kann dies abwenden durch Naturalrestitution, solange für den Pächter kein wesentlicher Schaden eingetrat, also gewissermaßen noch der vorherige Stand fortbe-

---

[48] BELOW, Die Haftung für lucrum cessans im römischen Recht, S. 106.
[49] MOLNÁR, Index 12 (1983/1984), 157, 160.
[50] BELOW, Die Haftung für lucrum cessans im römischen Recht, S. 108.
[51] BELOW, Die Haftung für lucrum cessans im römischen Recht, S. 108.
[52] MOLNÁR, Index 12 (1983/1984), 157, 160.

steht[53]. Der Pächter handelte treuwidrig, falls er sich auf dieses Angebot des Verpächters nicht einlassen würde (Übermaßverbot, folgt aus der *bona fides*). Im öffentlichen Interesse ist es besser, wenn der Pächter bleibt: *quieta non movere*. Wer Kleinigkeiten auf die Spitze treibt, ist ein Rechtsverdreher (*minima non curat praetor*).

Mit dieser Stelle lässt sich die von CHRISTIAN KNÜTEL behandelte Thematik wie auch das von ihm ermittelte Ergebnis assoziieren. Die tätige Reue desjenigen, der seine Pflichten oder Obliegenheiten verletzt hat, durch nachträgliches pflicht- oder obliegenheitsgerechtes Verhalten verlangt regelmäßig dann Beachtung, wenn berechtigte Interessen des geschützten Personenkreises nicht beeinträchtigt sind[54].

II. Verbalkontrakte (Stipulation)

C. 4,2,10 (Diocletian et Maximian *Egi Crispino*): *Eo, quod a multis proprii debiti singulorum obligationis uno tantum instrumento probatio continetur, exactio non interpelletur. nam si pro pecunia quam mutuo dedisti tibi vinum stipulanti qui debuerant spoponderunt, negotii gesti paenitentia contractum habitum recte non constituit irritum.* (sine anno)

Diokletian und Maximian an Egi Crispinus: *Dadurch, dass der Beweis von einzelnen Schulden mehrerer Schuldner in einer Urkunde enthalten ist, wird die Beitreibung nicht gehindert. Aber*[55] *wenn für das Geld, das du als Darlehen gegeben hast, dir von deinen Schuldnern Wein förmlich versprochen wurde, so macht das Bereuen des ausgeführten Geschäftes den geschlossenen Kontrakt nicht ungültig.*

Ein Gläubiger hat mehrere Forderungen gegen unterschiedliche Schuldner. Diese Forderungen rühren daher, dass der Gläubiger den Schuldnern Geld geliehen hat. Die Forderungen sind sämtlich in einer einzigen Urkunde enthalten. Dieser Umstand steht der Beitreibung der einzelnen Forderungen nicht entgegen.

---

[53] Parallele: Ein kurzfristiger Streit unter Eheleuten beendet nicht den Dauerkonsens (s. u. § 9 II).

[54] CHRISTIAN KNÜTEL, Tätige Reue im Zivilrecht, S. 184; STEIN, AcP 201 (2001), 622, 623.

[55] Das Wort „*nam*" wird oft als Ausdruck für einen Gegensatz gebraucht und ist dann mit „aber" oder „jedoch" zu übersetzen, WACKE, in: FS f. Mayer-Maly, S. 813 Fn. 10, S. 816 Fn. 26.

Für das ihnen vom Gläubiger gegebene Geld versprechen die Schuldner dem Gläubiger Wein. Der geschlossene Kontrakt wird durch das Bereuen des früheren Geschäftes nicht ungültig.

Da die besagten Forderungen darauf zurückzuführen sind, dass der Gläubiger den Schuldnern Geld geliehen hat, handelt es sich bei den beurkundeten Forderungen um eine Darlehensschuld[56]. Dafür spricht die Formulierung *pecunia quam mutuo dedisti*: Das formfreie Darlehen wird *mutuum* genannt. Das *mutuum* ist ein Realkontrakt, der in der Hingabe einer Geldsumme besteht. Durch die Hingabe des Geldbetrages entsteht die Verpflichtung des Empfängers zur Rückerstattung der gleichen Summe.

Urkunden, in denen die Verpflichtung eines Schuldners enthalten ist, dienen als Beweismittel[57]. Die Urkunde wird auf mehreren mit Wachs überzogenen Holztäfelchen errichtet, die aufeinandergelegt und mit Schnüren zusammengebunden werden. Der Urkundentext wird zweimal geschrieben. Beim Verschnüren der Täfelchen wird einer der Texte verschlossen, der andere bleibt sichtbar. Auf den Enden der Schnüre bringen der Aussteller und die hinzugezogenen Zeugen ihre Siegel an. Im Prozess lässt man die Zeugen ihre Siegel anerkennen und öffnet die Verschnürungen, um festzustellen, ob die Außenschrift noch mit der Innenschrift übereinstimmt oder verfälscht ist[58]. Vor dem Hintergrund einer solchen Vorgehensweise stellt sich die in unserer Stelle positiv beantwortete Frage, ob mit einer mehrere Schulden enthaltenden Urkunde überhaupt sämtliche Forderungen beigetrieben werden können, weil die verschlossene und versiegelte Urkunde nur einmal geöffnet werden, dieses Procedere also nicht in mehreren Prozessen gegen die unterschiedlichen Schuldner erfolgen kann.

Fraglich ist, auf welches Geschäft sich die Reue bezieht, auf das Darlehen oder auf die Vereinbarung, dass der Gläubiger Wein statt einer Rückzahlung erhält. KRÜCKMANN meint, der Wein sei im Wert gestiegen, der Gläubiger weigere sich aber sich daraufhin etwas anrechnen zu lassen, entsprechend dem Grundsatz, dass auch ein Umschlagen nach dem Erwerb den Käufer treffen müsse[59]. Nach der Sichtweise von KRÜCKMANN ist also der Gläubiger derjenige, der ein abgeschlossenes Geschäft bereut, nämlich hier die Stipulation einer Sache um eine Geldsumme zu ersetzen (*promissio in solutum*).

---

[56] KRÜCKMANN, SZ 60 (1940), 1, 30.
[57] KASER/HACKL, RZ, § 53 IV; BÜRGE, RP, S. 116.
[58] KASER, RP I, § 57 IV 1.
[59] KRÜCKMANN, SZ 60 (1940), 1, 30.

Das Versprechen der Schuldner gegenüber dem Gläubiger, ihm anstelle des geschuldeten Geldes Wein zu geben, begründet eine neue Schuld und hebt die alte (Geld-)Schuld auf, wenn das Versprechen der Schuldner in unserem Fall eine Novation darstellt. Eine Novation ist die Aufhebung einer Obligation durch den Abschluss einer Stipulation durch die zugleich eine neue Obligation begründet wird, die an die Stelle der bisherigen tritt[60]. Eine Schuld kann auch sicherheits- oder erfüllungshalber übernommen werden, was sich unabhängig von der Fassung der Stipulation nach dem Parteiwillen richtet[61]. Die Darlehensschuldner haben kein Geld, aber sie haben Wein gekeltert. Den Wein müssten sie erst verkaufen, um das Darlehen zu tilgen. Somit bot es sich an, dem Gläubiger anstelle einer Zahlung die Lieferung eines Grundnahrungsmittels[62] zu versprechen.

Die Stipulation der Schuldner gegenüber dem Gläubiger, ihm anstelle des geschuldeten Geldes Wein zu geben, begründet somit ein neues Schuldverhältnis, von dem man nicht mehr zurücktreten kann. Daran ist der Gläubiger gebunden und kann daher nicht mehr aus der Urkunde gegen die Schuldner vorgehen.

III. *Pacta*

1. Erlass*pactum* über die Sicherheitsleistung des Erben beim Damnationslegat

D. 2,14,46 (Tryphoninus libro 2. disputationum): *Pactum inter heredem et legatarium factum, ne ab eo satis accipiatur, cum in semestribus relata est constitutio divi Marci servari in hoc quoque defuncti voluntatem, validum esse constat. Nec a legatario remissa heredi satisdatio per pactionem ex paenitentia revocari debet, cum liceat sui iuris persecutionem aut spem futurae perceptionis deteriorem constituere.*

Tryphonin im zweiten Buch seiner Erörterungen: *Eine zwischen dem Erben und dem Vermächtnisnehmer getroffene Abmachung, der Vermächtnisnehmer*

---

[60] SALPIUS, Novation und Delegation, S. 1; SALKOWSKI, Lehre von der Novation, S. 39; VON LÜBTOW, Die Entwicklung des Darlehensbegriffs, S. 108; KASER, RP I, § 152 I 1.

[61] WACKE, TR 40 (1972), 231, 237.

[62] Wein war in Rom eine Selbstverständlichkeit des täglichen Lebens und gehörte nach Ansicht römischer Juristen zu den Grundnahrungsmitteln, WILLVONSEDER, in: FS f. Mayer-Maly, S. 877.

solle keine Sicherheitsleistung empfangen, ist, zumal da in der halbjährlichen Konstitutionensammlung eine Konstitution des vergöttlichten Mark Aurel[63] *überliefert ist, auch im entsprechenden Falle solle der Wille des Verstorbenen befolgt werden, gültig. Der Erlass der Sicherheitsleistung, der dem Erben durch Abmachung mit dem Vermächtnisnehmer gewährt wurde, kann nicht aus Reue widerrufen werden, weil es jedem erlaubt ist, die Verfolgung seiner Rechte oder die Hoffnung auf künftige Befriedigung ungünstiger zu gestalten.*

In der Textstelle geht es um eine Vereinbarung zwischen dem Erben und dem Vermächtnisnehmer, mit der dem Erben die Sicherheitsleistung für die Erfüllung des Legats erlassen wurde. Bei der in Rede stehenden Sicherheitsleistung dürfte es sich um die Sicherheitsleistung handeln, zu der der Prätor den Erben im Falle eines bedingt oder befristet erteilten Damationslegats zwingt, um den Legatar gegen die Insolvenz des Erben zu sichern[64]. Tryphonin stellt sich auf den Standpunkt, eine solche Vereinbarung sei gültig. Dabei beruft er sich auf eine Konstitution des Kaisers Mark Aurel, wonach auch der vom Testator angeordnete Erlass der Sicherheitsleistung seine Gültigkeit habe (Analogieschluss). Zur Frage der Bindungskraft dieser Abmachung führt Tryphonin aus, dass ein solches *pactum* nicht aus Reue widerrufen werden könne.

Bei einem *pactum* handelt es sich um eine nicht klagbare Vereinbarung, die kraft *exceptio pacti* geltend gemacht werden konnte[65]. Bei einer klageweisen Einforderung der Sicherheitsleistung durch den Legatar hätte sich der Erbe demnach einredeweise auf die Abmachung über den Erlass der Sicherheitsleistung berufen können.

In Bezug auf den Verzicht auf die Sicherheitsleistung des Erben bedurfte es allerdings einer Klarstellung. Denn in Fällen eines bedingten oder befristeten Damationslegats zwang der Prätor den Erben, dem Legatar Sicherheit zu leisten, um ihn gegen die Insolvenz des Erben zu sichern[66]. Um den Erben nicht dem beschämenden Verdacht gegenwärtiger oder künftiger Insolvenz auszusetzen, haben einige Erblasser die Sicherheitsleistung im Testament verboten[67]. Ein solcher Kautionserlass wurde zunächst als unwirksam behandelt, bis Mark Aurel

---

[63] BEHRENDS/KNÜTEL/KUPISCH/SEILER.
[64] KASER, RP I, § 184 II 2; BEHRENDS/KNÜTEL/KUPISCH/SEILER zu D. 2,14,46.
[65] LIEBS, JZ 1981, 160, 161.
[66] KASER, RP I, § 184 II 2.
[67] KASER, SZ 103 (1986), 1, 46.

diese Remission, zunächst in Einzelfällen, später für alle Fälle verbindlich festgesetzt hat[68].

Kann der Vermächtnisnehmer von dem gültigen *pactum* nicht aus Reue zurücktreten, weil es jedem freistehe, zu seinem eigenen Nachteil zu handeln, hat er das Insolvenzrisiko des Erben gleichermaßen zu tragen, so wie er regelmäßig das Insolvenzrisiko seines Vertragspartners bei sonstigen obligatorischen Zuwendungen trägt[69].

Wahrscheinlich hat der Vermächtnisnehmer nach Abschluss des *pactum* eine Sicherheitsleistung von dem Erben gefordert. Hintergrund könnte eine Änderung der Sachlage gewesen sein. Vielleicht hat sich die finanzielle Lage des Erben verschlechtert. Die finanzielle Situation des Erben könnte aber auch bereits zum Zeitpunkt des Erlassvertrages schlecht gewesen sein, der Legatar jedoch irrig angenommen haben, bei dem Erben seien gefestigte finanzielle Verhältnisse gegeben. Wenn der Vermächtnisnehmer später von seinem diesbezüglichen Irrtum erfährt, bereut er, gegenüber dem Erben auf die Sicherheitsleistung verzichtet zu haben. Ein Irrtum kann im Ergebnis zur Nichtigkeit des Vertrages führen[70], wenn der Wille der Parteien auseinandergeht, so dass es am Konsens über den Vertragsgegenstand fehlt[71]. Darauf könnte sich der Vermächtnisnehmer berufen haben. Ist nämlich der Erlassvertrag nichtig, so ist er berechtigt, eine Sicherheit zu fordern.

Anlass zur Diskussion dieses Falles bietet dabei der folgende Aspekt. Der Vermächtnisnehmer ging von einer verfehlten Einschätzung der Wirklichkeit aus (so genannter Motivirrtum[72]). Dieser Irrtum ist allerdings nur dann von Relevanz, wenn er wesentliche Eigenschaften der Person oder Sache betrifft[73]. Ein Irrtum über einen Nebenpunkt hindert den vertragsbildenden Konsens nicht[74]. Die Vermögenssituation des Erben ist, jedenfalls aus Sicht des Legatars, als wesentlich anzusehen. Allerdings ist die Relevanz des Irrtums gleichwohl nicht ge-

---

[68] KASER, SZ 103 (1986), 1, 46; SCHULZ, Einführung, S. 125; a. A. BESELER, Beiträge III, S. 25, der meint, Marcus habe gerade umgekehrt den testamentarischen Kautionserlass für ungültig erklärt. BESELER hält es für wahrscheinlicher, dass Marcus die Nichterlassbarkeit mit einer *publica utilitas* begründet hat.
[69] KASER, SZ 103 (1986), 1, 47.
[70] HONSELL/MAYER-MALY, Röm. R., § 53, 3; SCHERMEIER, SZ 115 (1998), 235, 239.
[71] WACKE, Index 22 (1994), 267, 287.
[72] HONSELL/MAYER-MALY, Röm. R., § 53, 3.
[73] KASER, RP I, § 58 II 1.
[74] WACKE, SZ 94 (1977), 184, 241.

geben, weil die Vermögenssituation des Erben nicht zu den für das Erlass*pactum* typischen *essentialia* zählt. Nur darauf braucht sich die Einigung zu beziehen[75]. Essentiell im Sinne notwendiger Bestandteile des *pactums* sind nur die Parteien und der Gegenstand, also der Verzicht auf eine bestimmte Sicherheitsleistung. Die Unbeachtlichkeit des Irrtums bringt Tryphonin auch mit der Formulierung zum Ausdruck, es sei jedem gestattet, die Verfolgung seiner Rechte ungünstiger zu gestalten. Der Legatar hätte also besser aufpassen bzw. bedachter handeln sollen.

In einem Widerruf des Verzichtes durch den Legatar läge zudem ein *venire contra factum proprium*. Der Gedanke, dass man sich nicht mit seinen eigenen Handlungen in Widerspruch setzen darf, wenn dadurch die Interessen anderer berührt werden, war den Römern bereits bekannt[76].

2. *Pactum de servis exportandis*

Fragmenta Vaticana 6: *Mulier servam ea lege vendidit, ut, si redisset in eam civitatem, unde placuit exportari, manus iniectio esset. manente vinculo servitutis si redierit, quae vendidit manum iniciet et ex iure concesso mancipium abducet. post manumissionem autem si redierit, in perpetuam servitutem sub eadem lege publice distrahetur. quae vendidit si manum iniecerit non liberatae, mancipium retinere poterit ac manumittere. adimi quippe libertatem et publice venditionem ita fieri placuit propter pericula venditorum, qui vel metuentes servis suis offensam vel duritiam possunt paenitendo remittere.*

Eine Frau verkaufte eine Sklavin mit der Nebenbestimmung, dass, falls sie in die Stadt zurückkehren würde, von wo es ihr gefallen hat, dass sie fortgeschafft wird, sie von ihr gewaltsam Besitz ergreifen könne. Wenn sie, während die Fessel der Sklaverei noch besteht, zurückkehren sollte, kann sie wieder in Besitz genommen werden und in die Gewalt zurückgeführt werden, aus der sie veräußert wurde. Wenn sie aber nach ihrer Freilassung zurückkehren sollte, wird sie unter derselben Bestimmung öffentlich in immerwährende Sklaverei verkauft werden. Wenn die Verkäuferin die Nicht-Freigelassene in ihren Besitz genommen haben sollte, dann wird sie diese ebenso in ihrer Gewalt behalten wie freilassen können. Es gefiel, dass freilich die Freiheit entzogen werden könne, und

---

[75] WACKE, SZ 94 (1977), 184, 241.

[76] RIEZLER, Venire contra factum proprium, S. 2.

der Verkauf öffentlich so geschehen könne wegen der Gefahren für die Verkäufer, die, weil sie entweder die Ungunst ihrer Sklaven oder die harte Auseinandersetzung mit diesen fürchteten, den Sklaven durch Bereuen zurückzugeben.

Eine Sklavin wurde von ihrer Herrin mit der Abrede verkauft, sie außerhalb der Stadt zu halten, und hat die Verkäuferin sich das Recht der Handanlegung (*manus iniectio*) ausbedungen, falls der Erwerber dieser Verpflichtung nicht nachkommt. Kommt die Sklavin in das verbotene Gebiet, kann die Veräußerin sie sich wieder aneignen. Dies gilt auch dann, wenn die Sklavin vor ihrer Rückkehr in das verbotene Gebiet von dem Erwerber freigelassen worden ist. Nach dieser Aneignung ist die Verkäuferin wieder uneingeschränkt verfügungsbefugte Eigentümerin. Sie kann die Sklavin behalten, sie freilassen oder sie öffentlich verkaufen. Bereut die Verkäuferin aber, sich die veräußerte Sklavin wieder angeeignet zu haben, weil sie sich vor der Sklavin fürchtet, so hat sie die Möglichkeit, sie wieder zurückzugeben.

Bei der Abrede, die gekaufte Sklavin fortzubringen und ihr die Rückkehr zu verbieten, handelt es sich um eine Nebenabrede zum Kaufvertrag[77], die ihrerseits ein *pactum* (*de servis exportandis*) darstellt[78]. Eine solche Vereinbarung wurde getroffen, weil der Verkäufer befürchtete, der Sklave werde ihm nach dem Leben trachten oder andere Vergeltungsakte verüben[79]. Die *manus iniectio*, die sich der Verkäufer für den Fall vorbehalten hat, dass der Käufer abredewidrig mit der Sklavin verfährt, hat dingliche Wirkung[80]. Es handelt sich um ein dingliches Zugriffsrecht des Verkäufers, das ihm das Eigentum wiederverschafft[81]. Dieses Zugriffsrecht hat sogar nach einer Freilassung weiterhin Gültigkeit.

An die Ausübung dieses durch *pactum* eingeräumten Zugriffsrechtes ist der Verkäufer jedoch nicht gebunden, sondern er kann, wenn er die *manus iniectio* bereut, die in Besitz genommene Sklavin wieder zurückgeben. Auf das in seinem Interesse[82] bestimmte Zugriffsrecht kann der Verkäufer also verzichten, *quia unicuique licet contemnere haec, quae pro se introducta sunt* (D. 4,4,41).

---

77 KASER, RP I, § 131 III.

78 HAYMANN, Freilassungspflicht und Reurecht, S. 1.

79 HAYMANN, Freilassungspflicht und Reurecht, S. 1; KASER, RP I, § 131 III 2; KNÜTEL, in: Nörr/ Nishimura (Hrsg.), Mandatum und Verwandtes, S. 355; DE FILIPPI, Fragmenta Vaticana, S. 302.

80 HAYMANN, Freilassungspflicht und Reurecht, S. 2; KASER, RP I, § 131 III 2.

81 KASER, RP I, § 131 III 2.

82 WIEACKER, Textstufen klassischer Juristen, S. 353.

III. Zusammenfassung

1. Konsensualkontrakte

Bei den Konsensualkontrakten wird durch den formfrei erklärten *consensus*, die Willenseinigung, eine Verpflichtung erzeugt[83]. Der freie, durch Reue motivierte Widerruf eines Konsensualkontraktes ist daher regelmäßig nicht möglich. Lediglich das Mandat kann grundsätzlich frei widerrufen werden, solange die Ausführung noch möglich, aber noch nicht begonnen ist[84].

Die grundsätzliche Unwiderruflichkeit eines Kaufvertrages kommt sowohl in C. 4,38,12 als auch in C. 8,50,17 zum Ausdruck und wird auch nicht in Frage gestellt. Anlass zur Diskussion ist in C. 4,38,12 die Wirksamkeit des Kaufvertrages und nicht die Frage, ob der wirksam geschlossene Kaufvertrag bindend oder frei widerruflich ist. Diese Frage wird auch in C. 8,50,17 nicht gestellt.

In D. 4,4,41 geht es um einen Ausnahmefall, in dem unter besonderen Voraussetzungen (*in integrum restitutio*) von einem *minor* die Rückgängigmachung des Kaufvertrages erreicht werden kann. Anlass zur Diskussion bietet dem Juristen dort die Frage, ob der restituierte minderjährige Verkäufer sein auf Rückgängigmachung des Vertrages gerichtetes Handeln „bereuen" kann, oder ob er an den eingeschlagenen Weg gebunden ist. Dass jemand von einer ihm gewährten Rechtswohltat keinen Gebrauch machen müsse, ist die ausschlaggebende Erwägung um dem Verkäufer zu gestatten, von der ursprünglich beabsichtigten Rückabwicklung wieder abzustehen.

In der vom Mandat handelnden Stelle D. 12,4,5,2 diskutiert Ulpian die Grenzen der Kondiktion einer Zuwendung im Falle eines beim Mandat regelmäßig möglichen Widerrufs. Die Leitlinie ist, dass dem Zuwendungsempfänger (Mandatar) durch den beliebigen Widerruf und die daraus resultierende Kondiktion kein Nachteil erwachsen darf.

D. 19,2,24,4 handelt von der Landpacht. Es geht um die kurzzeitige Vorenthaltung der Nutzung durch den Verpächter, die gewöhnlich das Ende der Verpflichtung des Pächters zur Folge hat. Die Reue bezieht sich auf die grundsätzlich Rechtswirkungen auslösende Vorenthaltung der Nutzung und ist möglich, solange dem Pächter noch kein Nachteil entstanden ist.

---

[83] Gaius 3,135 f.

[84] KASER, RP I, § 134 III.

2. Verbalkontrakte (Stipulation)

Der Stipulator ist an eine novierende Stipulation gebunden und kann sich nicht mehr auf seine ursprüngliche Forderung berufen.

3. *Pacta*

Auch ein *pactum* ist bindend und kann daher regelmäßig nicht aus Reue einseitig frei widerrufen werden. In diesem Sinne spricht sich Tryphonin in D. 2,14,46 gegen das Ansinnen eines Legatars, der dem Erben die Sicherheitsleistung erlassen hat, diesen Erlass nachträglich zu widerrufen.

Frag. Vat. 6 handelt nicht vom Widerruf eines *pactums*, sondern von der Rückgängigmachung der (Rechts-)Folge einer auf der Grundlage eines *pactums* ausgeübten Befugnis. Dies kommt dem Widerruf des *pactums* jedoch sehr nahe. Hier bejaht der Jurist das „Reurecht“, ohne allerdings die maßgebliche Erwägung anzugeben. Wie im Fall von D. 4,4,41 mag ausschlaggebend gewesen sein, dass die Befugnis ausschließlich zum Vorteil desjenigen wirkte, der ihre Ausübung – seinen Vorteil – rückgängig machen möchte.

§ 5. Kraft Vollzuges bindende Rechtsgeschäfte

I. Realkontrakte

Beim Realkontrakt (*re contrahi*) entsteht eine Verbindlichkeit erst, wenn schon ein Akt des ganzen Geschäftes vollzogen, eine Leistung erbracht ist[1]. Obligierungsgrund *re* ist zunächst die Geldzahlung, die kontraktliche Einigung tritt erst hinzu[2]. Durch die vorherige bloße Leistungszusage entsteht keine Verbindlichkeit. Der Realkontrakt erklärt demnach das Wirksamwerden anfangs klagloser Verbindlichkeiten mit Erfüllung[3].

1. *Depositum*

D. 16,3,1,45 (Ulpian lib. 30. ad edictum): *Si deposuero apud te, ut post mortem tuam reddas, et tecum et cum herede tuo possum depositi agere. possum enim mutare voluntatem et ante mortem tuam depositum repetere.*

Ulpian in seinem 30. Buch zum Edikt: *Wenn ich dir etwas in Verwahrung gegeben haben werde, damit es nach deinem Tod zurückgegeben werde, so kann ich sowohl gegen dich wie auch gegen deine Erben aus Verwahrung klagen. Ich kann nämlich meinen Willen ändern und das Verwahrte schon vor deinem Tod zurückfordern.*

Jemand übergibt eine Sache in die unentgeltliche Obhut eines anderen mit der Maßgabe, dass er seine Sache nach dem Tod des Verwahrers zurückerhalte. Die Frage, ob es sich der Deponent anders überlegen kann und die hinterlegte Sache schon früher zurückfordern kann, bejaht Ulpian. Der Depositar hat die verwahrte Sache zurückzugeben, sobald es der Hinterleger verlangt, auch vor dem vereinbarten Termin[4].

---

[1] LIEBS, Römisches Recht, S. 244.
[2] KASER, RP I, § 122 II 1.
[3] WACKE, AcP 195 (1995), 212, 215.
[4] KASER, RP I, § 126 I 1.

2. Freilassungstreuhand (*fiducia cum amico contracta*)

Die nachfolgend unter a) und b) sowie unter II 1 behandelten Stellen, die die Freilassung eines Sklaven betreffen, hängen thematisch mit dem unter § 4 I 2 erörterten Disputationentext von Ulpian (lib. 2 disp., D. 12,4,5,1) zusammen. Aufgrund der gewählten Einteilung dieser Arbeit nach Typen von Rechtsgeschäften konnte der das Mandat betreffende Text (D. 12,4,5,1) nicht zusammen mit den folgenden Stellen erörtert werden.

a) D. 12,4,5,1 (*actio propter paenitentiam*)

D. 12,4,5,1 (Ulpian libro 2 disputationes): *Si servum quis tradiderit alicui ita, ut ab eo intra certum tempus manumitteretur, si paenituerit eum qui tradiderit et super hoc eum certioraverit et fuerit manumissus post paenitentiam, attamen actio propter paenitentiam competit ei qui dedit. Plane si non manumiserit, constitutio succedit facitque eum liberum, si nondum paenituerat eum qui in hoc dedit.*

D. 12,4,5,1 (Ulpian im 2. Buch seiner Disputationen): *Wenn jemand einen Sklaven übergeben haben sollte, damit er von diesem innerhalb einer bestimmten Zeit freigelassen werden sollte, und der, welcher ihn übergeben hat, dies bereut und darüber den anderen in Kenntnis gesetzt hat, und der Sklave nach erklärter Reue freigelassen worden sein sollte, so hat der, der den Sklaven gegeben hat, dennoch eine Klage wegen der Reue. Gewiss, wenn er nicht freigelassen worden sein sollte, so greift die Konstitution ein und bewirkt die Freiheit des Sklaven, wenn der, der ihn dafür gegeben hat, noch nicht bereut hat.*

Ein Sklave ist manzipiert worden, damit ihn der Empfänger innerhalb einer bestimmten Zeit freilasse. Bereut der Geber, so kann er den Sklaven zurückfordern. Hat der Geber seine Reue dem Empfänger gegenüber erklärt und hat dieser den Sklaven gleichwohl freigelassen, so habe der Geber dennoch eine Klage wegen der Reue. Lässt ihn der Empfänger nicht innerhalb dieser Frist frei, so wird der Sklave nach einer Konstitution *ipso iure* frei, es sei denn, der Geber hat vor Fristablauf bereut. Bei dieser Konstitution handelt es sich um die Verordnung des Kaisers Marc Aurel aus den Jahren 177 bis 180 an den Aufidicus Victorinus, wonach an die Nichterfüllung einer dem Sklavenerwerb beigefügten Freilassungsmaßgabe als Rechtsfolge der *ipso iure*-Erwerb der Freiheit des

Sklaven geknüpft war[5]. Trotz der Formulierung *tradiderit* handelt es sich um eine Manzipation und keine *traditio*: Die *mancipatio* verschafft dem römischen Bürger das quiritische Eigentum an *res mancipi*, wozu auch Sklaven zählen; mit der *traditio* wird das Eigentum nur an *res nec mancipi* erworben. Zwar kann Eigentum an *res mancipi* auch mittels *traditio* erworben werden. Allerdings handelt es sich dann nicht um quiritisches, sondern um prätorisches Eigentum. Die Übertragung des Eigentums ist dem prätorischen Eigentümer allerdings versagt. Denn die *usucapio* einer tradierten *res mancipi* setzt voraus, dass die *res mancipi* vom quiritischen Eigentümer tradiert worden ist. Die wirksame Freilassung setzte gleichermaßen quiritisches Eigentum des Freilassers voraus. Der Empfänger kann also nur freilassen, wenn die Übertragung durch *mancipatio* erfolgt ist[6]. Der prätorische Eigentümer kann nur eine prätorische Freilassung, keine *iusta ac legitima manumissio* vornehmen[7]. Mit der Formulierung *tradiderit* anstatt *mancipio dederit* haben die Kompilatoren den Text durch ersetzen der Vokabel an die justinianische Epoche angepasst, in der die *traditio* die *mancipatio* vollständig ersetzt hat[8].

Der Grund dafür, dass die Freilassung nicht vom Herrn selbst vorgenommen wird, sondern durch einen Treuhänder erfolgen soll, könnte in einem Freilassungsverbot liegen. Die *lex Aelia Sentia* verbietet Freilassungen in jeder Form, wenn der Herr nicht mindestens 20, der Sklave nicht mindestens 30 Jahre alt ist[9]. Ferner sind nach der *lex Aelia Sentia* Freilassungen nichtig, die ein Überschuldeter zur Benachteiligung seiner Gläubiger oder zur Verkürzung des Pflichtteilsrechts seines Patrons vollzieht, wenn sie geeignet sind, diesen Erfolg herbeizuführen[10].

Das Recht des Treugebers, den manzipierten Sklaven aus Reue zurückzufordern, erklärt LOTMAR mit der Einseitigkeit des Zwecks der Veräußerung, der die Möglichkeit des Verzichtes auf diesen Zweck und somit ein Rückforderungs-

---

[5] ERBE, Die Fiduzia im römischen Recht, S. 147; KASER, RP I, § 69 I 1; BEHRENDS/KNÜTEL/KUPISCH/SEILER zu D. 12,4,5,1; a. A. HAYMANN, Freilassungspflicht und Reurecht, S. 36 ff.

[6] WATSON, Contract of mandate in roman law, S. 139.

[7] LOTMAR, SZ 33 (1912), 304, 325.

[8] VERNEY, Du jus poenitendi, S. 93, 133; GRADENWITZ, SZ 14 (1893), 115, 124.

[9] KASER, RP I, § 69 II 4.

[10] KASER, RP I, § 60 III 2.

recht beinhalte[11]. HAYMANN meinte, eine Rückforderung sei nur ausgeschlossen, wenn der Empfänger mehr als ein Treuhänder sei[12] (ein eigenes Interesse des Treunehmers könnte darin bestehen, dass es dem Treunehmer darauf ankommt, den Vorteil der Patronstellung zu erwerben). Im Falle der fiduziarischen Manzipation diene das Geschäft nur dem Interesse des Veräußerers, der aus irgendeiner rechtlichen oder tatsächlichen Ursache die *legis actio* nicht vornehmen könne oder wolle und darum den Erwerber beauftrage, statt seiner tätig zu werden[13]. Auch nach Meinung von ERBE sei der beliebige Widerruf nur dann versagt, wenn ein eigenes Interesse des Treunehmers hereinspiele[14].

Teilweise wird angenommen, bei dem in D. 12,4,5,1 beschriebenen Fall sei eine Ähnlichkeit mit dem Mandat gegeben[15], zum Teil auch, es handele sich um ein reines Mandatsverhältnis[16]. Ein Mandat kann jeder Teil ohne weiteres widerrufen, solange die Ausführung noch nicht begonnen ist[17]. Aus der Unentgeltlichkeit des Mandats folge, dass in der Übereignung eines Sklaven des Mandanten an den Mandatar keine Leistung zu sehen sei, weil die Gabe des Mandanten dann Entgelt wäre[18]. Es komme aber nicht darauf an, ob ein solcher Tatbestand *mandatum* oder *fiducia* genannt werde[19]. Die Manzipation des Sklaven spricht gegen ein Mandat.

Eine Art des Treuhandverhältnisses ist die sogenannte *fiducia cum amico contracta*, bei der eine Sache einem Vertrauensmann zu einem bestimmten Zweck manzipiert wird, also zum Beispiel zum Zwecke einer Freilassung[20]. Mit der *mancipatio* ist die Treuabrede (*pactum fiduciae*) verbunden. Im Gegensatz zu einem aus *mandatum* verpflichteten Vermögensverwalter verfügt der Treu-

---

11 LOTMAR, SZ 33 (1912), 304, 320 f.; vgl. auch ERXLEBEN, Nachweis bei VON VANGEROW, § 599, S. 242.

12 HAYMANN, SZ 38 (1917), 209, 237.

13 HAYMANN, Freilassungspflicht und Reurecht, S. 37.

14 ERBE, Die Fiduzia im römischen Recht, S. 156, unter Hinweis darauf, dass ganz entsprechend im heutigen deutschen Recht eine Vollmacht unwiderruflich sei, wenn sie im Interesse des Bevollmächtigten erteilt worden sei.

15 Vgl. die Nachweise bei VON VANGEROW, § 599, S. 242.

16 Vgl. die Nachweise bei VON VANGEROW, § 599, S. 242 und bei BENDIXEN, Das jus poenitendi, S. 18; LOTMAR, SZ 33 (1912), 304, 319 f.

17 KASER, RP I, § 134 III.

18 LOTMAR, SZ 33 (1912), 304, 320.

19 LOTMAR, SZ 33 (1912), 304, 320 f.

20 KASER, RP I, §§ 69 I 1; 100 II 2.

nehmer über das Treugut als vollberechtigter Eigentümer[21]. Die Unterscheidung zwischen Treuhänderschaft und Mandat ergibt sich auch aus der Existenz unterschiedlicher Rechtsbehelfe (*actio fiduciae* und *actio mandati*). Ein Beispiel für ein Mandat zur Sklavenfreilassung enthält der unter § 4 I 2 behandelte § 2 des Fragments. Den dort von Ulpian behandelten Fall und eod. § 1 kann man als eine von Ulpian vorgenommene Gegenüberstellung unterschiedlicher Varianten einer Freilassung durch einen Dritten begreifen.

Gegen die Echtheit der Stelle wird eingewandt, alle Stellen, die die *constitutio divi Marci* beträfen, hätten als Veräußerung einen Kauf oder eine Schenkung zum Gegenstand, wovon nur D. 12,4,5,1, der von einer *fiducia amico contracta* handele, eine Ausnahme mache[22]. In den übrigen von der Freilassungsauflage handelnden Stellen, die weder einen Kauf noch eine Schenkung betreffen, sei keine Bezugnahme auf die *constitutio divi Marci* und deren Ordnung enthalten[23]. Nur im Falle eines Kaufes oder einer Schenkung sei der automatische Eintritt der Freiheit ein Bedürfnis gewesen, da der Geber bei der Schenkung gar nicht und beim Kauf nur auf das Interesse am Vollzug der Freilassungsauflage habe klagen können, er im Falle des Mandats, der *fiducia* und *datio ob manumissionem* hingegen die Möglichkeit der Rückforderung habe[24]. Als Beleg für die Interpolationsannahme des § 1 wird auch der Vergleich mit D. 39,5,18,1[25] angesehen, der ergebe, dass Ulpian die *constitutio divi Marci* nicht auf den Fall der Freilassungsfiduzia erstreckt habe[26]. Im Fall des D. 39,5,18,1 hätte etwa der Geber nach Ablauf der Freilassungsfrist, des *quinquennium*, nicht mit der *actio fiduciae* klagen können, wenn die Freilassungsabrede unter dem Schutz der *constitutio divi Marci* gestanden hätte, so dass der Sklave nach Ablauf dieser Zeitspanne ohne weiteres frei geworden wäre[27].

---

[21] KASER, RP I, § 62 V 2, VI; teilweise wurde ein Eigentumserwerb mittels *traditio* durch den *procurator* zugelassen, KASER, RP I, § 62 V 2 und § 95 II 4.
[22] LOTMAR, SZ 33 (1912), 304, 323.
[23] LOTMAR, SZ 33 (1912), 304, 323.
[24] LOTMAR, SZ 33 (1912), 304, 322.
[25] D. 39,5,18,1 (Ulpian libro 71 ad edictum): *Denique (scil. Pomponius) refert Aristonem putare, si servum tibi tradiero ad hoc, ut eum post quinquennium manumittas, non posse ante quinquennium agi, quia donatio aliqua inesse videtur. aliter atque, inquit, si ob hoc tibi tradidissem, ut continuo manumittas. hic enim nec donationi locum esse et ideo esse obligtionem. sed et superiore casu quid acti sit, inspiciendum Pomponius ait. potest enim quinquennium non ad hoc esse positum, ut aliquid donetur.*
[26] HAYMANN, SZ 38 (1917), 209, 238; HAYMANN, Freilassungspflicht und Reurecht, S. 38.
[27] HAYMANN, Freilassungspflicht und Reurecht, S. 38.

Gegen die sich auf D. 39,5,18,1 stützende Argumentation wendet ERBE ein, die Erfüllungsklage scheide für diese Stelle aus, da nachweislich nur die Klage aus dem Reurecht zur Erörterung gestanden habe[28]. Im übrigen gehe es in D. 39,5,18,1 lediglich darum, in welchem Zeitpunkt die *actio fiduciae* angestellt werden könne, nachdem der Fiduziant, innerhalb des *quinquennium* das Treuhandgeschäft widerrufen habe. Sei aber einmal der Widerruf ausgesprochen, sei für die Konstitution kein Platz mehr, was Ulpian in D. 12,4,5,1 gerade sage[29].

Die Schlussfolgerung auf eine Interpolation ergibt sich keineswegs zwingend daraus, dass D. 12,4,5,1 die einzige von der *fiducia cum amico contracta* handelnde Stelle ist, die auf die *constitutio divi Marci* Bezug nimmt, von der ansonsten nur Kauf oder Schenkung betreffende Stellen handeln. Denn bei dieser Ulpian-Stelle handelt es sich um einen Disputationentext. Bei *dispuationes* handelt es sich um kasuistische Werke, in denen der Jurist seine Auffassung über die Rechtslage des konkreten Falles näher begründet und ihn gegen Einwendungen verteidigt, und sie enthalten infolgedessen häufiger theoretische Erörterungen und angenommene Fallbeispiele[30]. Schon aus diesem Grunde kann es nicht verwundern, dass Ulpian über die *constitutio divi Marci* im Zusammenhang mit der *fiducia cum amico contracta* schreibt. Auch kann nicht von einem fehlenden Bedürfnis, die *constitutio* auch auf die *fiducia* anzuwenden, die Rede sein. Wenn der Geber nicht in der Lage ist, die Freilassung selbst vorzunehmen, besteht dieses Bedürfnis durchaus.

Fraglich ist allerdings, ob die Formulierung *et super hoc eum certioraverit* echt ist. GRADENWITZ sieht sowohl die Worte *super hoc* wie auch das Verb *certiorare* als Anzeichen einer Interpolation an[31]. Nach WÖLFFLIN war aber das Wort *certiorare* den Kompilatoren nicht vertraut, die statt dessen Ausdrücke wie *manifestum, notum facere* oder *manifestare* gebraucht haben[32] (was allerdings für eine Interpolation von D. 12,4,5,2 – dort die Worte *si hoc ei manifestum fecerit* – spräche). Der Ausdruck *certiorare* findet sich in diversen Digestenstellen[33], die bis auf eine von Ulpian stammen, weshalb anzunehmen ist, dass Ulpian dieser Ausdruck vertraut war[34]. In inhaltlicher Hinsicht fällt die Formulie-

---

[28] ERBE, Die Fiduzia im römischen Recht, S. 149.
[29] ERBE, Die Fiduzia im römischen Recht, S. 150.
[30] DULCKEIT/SCHWARZ/WALDSTEIN, § 33 III b.
[31] GRADENWITZ, Interpolationen in den Pandekten, S. 162 f.
[32] Nachweis bei VERNEY, Du jus poenitendi, S. 95.
[33] Nachweise bei VERNEY, Du jus poenitendi, S. 95.
[34] VERNEY, Du jus poenitendi, S. 96.

rung *et super hoc eum certioraverit* insofern auf, als dass sie das Erfordernis der Mitteilung der Reue an den Empfänger betont. Bei den übrigen *paenitentia*-Stellen ist eine derartige Formulierung nicht zu finden. In einigen Quellen ist von erklärter Reue (*paenitentia acta* und *paenitentia actus*) die Rede[35] (s. o. § 4 I 1 c und u. b sowie § 8 II).

b) D. 17,1,27,1

D. 17,1,27,1 (Gaius libro 9. ad edictum provincale[36]): *Si servum ea lege tibi tradidero, ut eum post mortem meam manumitteres, constitit obligatio. potest autem et in mea quoque persona agendi causa intervenire, veluti si paenitentia acta servum reciperare velim.*

D. 17,1,27,1 (Gaius in seinem 9. Buch zum Provinzialedikt): *Wenn ich dir einen Sklaven mit der Bestimmung übergebe, ihn nach meinem Tode freizulassen, besteht eine Verpflichtung. Es kann aber auch in meiner Person ein Grund zu klagen dazwischen kommen, zum Beispiel, wenn ich nach erklärter Reue den Sklaven wiederbekommen will.*

Der Eigentümer eines Sklaven übergibt jemandem seinen Sklaven mit der Maßgabe, den Sklaven nach seinem (des ursprünglichen Eigentümers) Tod freizulassen. Dadurch wird eine Verpflichtung des Empfängers begründet, die der Erbe des Gebers nach dem Tod des Gebers einklagen kann. Einer solchen Klage des Erben kann indessen eine Klage des Gebers dazwischen kommen, der das Geschäft bereut hat und seinen Sklaven wiederhaben will.

Die Übergabe des Sklaven erfolgte erfolgte zur Übertragung des Eigentums an dem Sklaven. Wie bei D. 12,4,5,1 wird die Übereignung des Sklaven mit *tradidero* ausgedrückt. Auch hier dürften die Kompilatoren die Vokabel *mancipio dedero* ersetzt haben[37].

Obgleich die Stelle ausweislich des Digestentitels 17,1 vom Mandat handelt, ist sehr zweifelhaft, ob es in D. 17,1,27,1 wirklich um ein *mandatum* geht[38]. Die

---

[35] D. 4,4,41; 17,1,27,1; 47,12,3,10; Gaius 2,168; UE. 22,30.

[36] Die Inskription ist falsch. Das Fragment stammt aus dem 10. Buch; LENEL, Palingenesie I, Sp. 214 Fn. 2; WATSON, Contract of mandate in roman law, S. 142; HARDER, in: FS f. v. Lübtow, S. 525 Fn. 52.

[37] VERNEY, Du jus poenitendi, S. 133.

[38] HARDER, in: FS f. v. Lübtow, S. 525; a. A. WENDT, Reurecht und Gebundenheit, S. 50; BENDIXEN, Das jus poenitendi, S. 18; beide ohne nähere Begründung.

Wirksamkeit eines Auftrages für die Zeit *post mortem* des Auftraggebers ist für die klassische Zeit zu verneinen, auch das *post mortem* des Mandanten zu vollziehende Mandat[39]. Der Auftrag erlischt mit dem Tod eines der Beteiligten, weil er seinem Wesen nach auf einem persönlichen Vertrauensverhältnis zwischen den Parteien beruhte[40]. Auch ist nicht anzunehmen, dass es sich bei D. 17,1,27,1 um eine Sonderregel aufgrund des *favor libertatis* als einer Triebfeder für neue Rechtsregeln zwecks Korrektur des allgemeinen Strengrechts[41] handelt, da weitere Gesichtspunkte gegen ein Mandat sprechen. Eine Freilassung erfordert, dass der Sklave dem Empfänger manzipiert worden ist. Dieser Umstand spricht nach Auffassung WATSONS dafür, dass es sich um eine *fiducia* handelt: Gehe man davon aus, es handele sich um ein *mandatum*, so müsste man annehmen, der Sklave sei nur tradiert worden, wobei dann jedoch nicht klar sei, wie die Freilassung erfolgen solle[42].

Zudem hat der Geber eine *actio* (wie bei D. 12,4,5,1) und keine *condictio* (wie bei den vom Freilassungsmandat handelnden Stellen D. 12,4,3,2 und eod. 3). Wenn die Stelle von einer *fiducia* handelt, so ist die genannte Klage eine *actio fiduciae*, mit der unter anderem Rückübereignung verlangt werden kann[43].

Weitere Gesichtspunkte sprechen dafür, dass es sich bei dem beschriebenen Geschäft um eine *fiducia cum amico contracta* handelt. Mit der *mancipatio* wird die den Erwerber bindende Treuabrede verknüpft (*pactum fiduciae*), den manzipierten Sklaven freizulassen[44]. VERNEY nimmt an, dass der Sinn der Manzipation des Sklaven in diesem Fall in einer Umgehung der *lex Fufia Caninia* besteht[45]. Die *lex Fufia Caninia* bestimmte Quoten, die der Herr aus der Gesamtzahl seiner Sklaven testamentarisch freilassen darf[46]. Dagegen spricht das ausdrückliche gesetzliche Verbot, die *lex Fufia Caninia* zu umgehen[47].

Denkbar ist aber eine Abwesenheitspflegschaft. Die Abwesenheitspflegschaft ist ebenfalls ein Anwendungsfall der *fiducia cum amico contracta*[48]. Zieht der

---

[39] KASER, RP I, § 134 Fn. 22.
[40] KASER, RP I, § 134 III.
[41] WACKE, Favor libertatis, S. 22.
[42] WATSON, Contract of mandate in roman law, S. 139.
[43] KASER, RP I, § 109 III.
[44] KASER, RP I, § 100 II 2.
[45] VERNEY, Du jus poenitendi, S. 139.
[46] Gaius 1, 42.
[47] Gaius 1, 46.
[48] LIEBS, Römisches Recht, S. 32.

Herr in den Krieg, und hat er zu befürchten, in Kriegsgefangenschaft zu geraten und nicht mehr zurückzukehren[49], so ist die treuhänderische Übereignung eines Sklaven, dessen testamentarische Freilassung beabsichtigt ist, eine naheliegende Vorkehrung.

Wie im Falle von D. 12,4,5,1 beruht das Recht, den übereigneten Sklaven aus Reue zurückzufordern, auf nicht vorhandenem Eigeninteresse des Empfängers.

Die Stelle wird aus verschiedenen Gründen für interpoliert gehalten. Aufgrund der Unwirksamkeit des *mandatum post mortem* wollte ZIMMERN vor *constitit* ein *non* einfügen oder *post mortem meam* streichen[50]. Nach Ansicht von MANNS ergibt sich die Unechtheit aus einem Vergleich mit D. 39,5,18. Dort werde gelehrt, dass vor Ablauf des *quinquenniums* keine Obligation begründet werde; gleiches müsse für D. 17,1,27,1 auch gelten, mit dem Unterschied, dass der Zeitraum nicht ein *quinquennium*, sondern die Lebenszeit des Gebers sei[51].

Formulierungen, die von einer Wirksamkeit des *mandatum post mortem* sprechen, können sicher als interpoliert angesehen werden[52]. Gegen die von ZIMMERN angenommene Interpolation spricht allerdings die begründete Annahme, dass die Stelle gar nicht vom Mandat, sondern von der *fiducia* handelt. Anders als das Mandat kann die *fiducia* auch nach dem Tode des Fiduzianten vollzogen werden. Dies entkräftet auch die Argumentation von MANNS, die ebenfalls davon ausgeht, Gaius habe dort über das Mandat geschrieben.

II. Die *datio ob rem*

Bei den die *datio ob rem* behandelnden Quellen handelt es sich um den vielbeachteten kondiktionsrechtlichen Teil der einschlägigen Quellen, in dessen Zusammenhang im 19. Jahrhundert der Ausdruck *condictio ex paenitentia*[53] aufgekommen ist.

---

[49] Stirbt der in Kriegsgefangenschaft geratene Römer, so gelten seine Rechte – also auch sein Eigentum an seinen Sklaven – als mit seiner Gefangennahme erloschen.

[50] ZIMMERN, AcP 4 (1821), 235, 242.

[51] MANNS, Poenitenzrecht, S. 92.

[52] KASER, RP I, § 134 Fn. 22.

[53] WENDT, Reurecht und Gebundenheit, S. 1; KASER, Methodologie, S. 93; SCHWARZ, Grundlage der condictio, S. 267; KASER, RP II, § 270 Fn. 16; KASER, Kurzlehrbuch, § 48 III 2.

1. *Datio ut Stichus manumittetur* (sog. *condictio ex paenitentia*)

D. 12,4,3,§§ 2-3 (Ulpian libro 26 ad edictum): *§ 2 Sed si tibi dedero, ut Stichum manumittas: si non facis, possum condicere; aut si me paeniteat, condicere possum. – § 3 Quid si ita dedi, ut intra certum tempus manumittas? Si nondum tempus praeteriit, inhibenda erit repetitio, nisi paeniteat. Quod si praeteriit, condici poterit. Sed si Stichus decesserit, an repeti quod datum est possit? Proculus ait, si post id temporis decesserit, quo manumitti potuit, repetitionem esse, si minus, cessare.*

D. 12,4,3, §§ 2-3 (Ulpian in seinem 26. Buch zum Edikt) *§ 2: Aber wenn ich dir etwas gebe, damit du den Stichus freilässt und du es nicht tust, kann ich kondizieren; oder wenn es mich reut, kann ich kondizieren. – § 3: Was (gilt) wenn ich dir etwas gegeben habe, damit du den Stichus binnen einer bestimmten Zeit freilässt? Wenn diese Zeit noch nicht überschritten ist, wird die Rückforderung zu versagen sein, falls es mich nicht gereut hat. Wenn aber die Zeit überschritten ist, wird kondiziert werden können. Aber wenn Stichus gestorben ist, ob man das Gegebene wird zurückfordern können? Proculus sagt, wenn er nach dieser Zeit gestorben ist, in welcher er freigelassen werden konnte, ist zurückzuerstatten, wenn vorher, entfällt die Rückforderung.*

Jemand hat dem Eigentümer eines Sklaven etwas gegeben (vermutlich einen Geldbetrag), damit er den Sklaven freilasse. Nach § 2 kann der Geber kondizieren, wenn der Empfänger den Sklaven, den er freizulassen zugesagt hat, nicht freilässt. Außerdem soll die Kondiktion schon aufgrund bloßer Reue des Gebers möglich sein. In dem anschließenden § 3 führt Ulpian aus, dass vor Ablauf der vom Geber gesetzten Freilassungsfrist die Rückforderung einer zum Zwecke der Freilassung eines Sklaven erfolgten Gabe ausgeschlossen ist, es sei denn, dass es den Geber reut. Im Anschluss stellt Ulpian die Frage, was gilt, wenn der Sklave stirbt. Zur Beantwortung zitiert er Proculus. Nach Proculus ist danach zu differenzieren, ob Stichus nach der Zeit stirbt, innerhalb der er freizulassen war, und vor Ablauf jenes Zeitraumes. Stirbt Stichus nach Ablauf der Freilassungsfrist, so kann der – faktisch nicht mehr vorhandene – Wert kondiziert werden. Stirbt Stichus vor Erreichen des Freilassungszeitpunktes, ist eine Rückforderung ausgeschlossen. Die hier vorliegende *datio ob rem*[54] (= Leistung, die mit der Er-

[54] SCHWARZ, Grundlage der condictio, S. 257; SÖLLNER, AcP 163 (1963), 20, 25.

wartung einer Art „Gegenleistung“ verknüpft ist[55]), fassten die Römer nicht als Vertrag auf[56]. Dabei handelt es sich um die Fälle, in denen die Parteien mit der Leistung eine Zweckabrede verbinden. Der Empfänger soll künftig etwas tun oder unterlassen, wozu er nicht schon verpflichtet ist, oder es soll ein sonstiger erwarteter Umstand eintreten[57]. Die *datio ob rem* umfasste alle Fälle außerhalb der schon kraft Konsenses verbindlichen Geschäftstypen, in denen formlos eine Verpflichtung nicht begründet werden konnte, wie etwa bei der Leistung zu dem Zweck, einen Sklaven freizulassen[58]. Weil in diesen Fällen eine Verpflichtung (außer durch Stipulation) nicht begründet werden konnte, war die *datio* ein Handgeschäft. Sie konnte nur einen Anspruch auf Rückgabe des Geleisteten, nicht aber auf Erbringung der Gegenleistung begründen[59].

D. 12,4 steht unter der Titelüberschrift „*de condictione causa data causa non secuta*“ (Kondiktion wegen gegebenen, aber nicht verwirklichten Zwecks[60]). Die Rückforderung knüpfte an die *res non secuta*[61] an. Die erstrebte *res* konnte auch ein Tun sein, wie etwa die Freilassung eines Sklaven[62].

WENDT vertrat die Auffassung, das Reurecht bedürfe keiner Rechtfertigung, vielmehr sei eine unbeschränkte Zuständigkeit der *condictio ex poenitentia* bis zur späteren Verwirklichung der *causa* gegeben[63]. Die Rückforderung aus Reue wird von WENDT also bis zum späteren Eintritt des rechtlichen Grundes als etwas Selbstverständliches angesehen. Entsprechend dieser vom Grundsatz her anderen Ansicht wird auch in der in D. 12,4,3,3 zitierten Entscheidung des Proculus kein Widerspruch gesehen. Der Entscheidung des Proculus sei die Reserve *nisi paeniteat* hinzuzuziehen, die auch vorher gegenüber dem *inhibenda erit repetitio* gemacht worden sei[64]. Das Bestehen einer Pflicht des Gebers, das Zugewendete beim Empfänger zu belassen, verneinte WENDT mit der Begrün-

[55] SÖLLNER, AcP 163 (1963), 20, 25.
[56] HONSELL, Die Rückabwicklung sittenwidriger oder verbotener Geschäfte, S. 74; SÖLLNER, AcP 163 (1963), 20, 25.
[57] SCHWARZ, Grundlage der condictio, S. 118; KASER, RP I, § 139 III 3; BEHRENDS, in: FS f. Wacke, S. 48.
[58] HONSELL, Die Rückabwicklung sittenwidriger oder verbotener Geschäfte, S. 73.
[59] HONSELL, Die Rückabwicklung sittenwidriger oder verbotener Geschäfte, S. 74.
[60] BEHRENDS, in: FS f. Wacke, S. 63.
[61] Die Ausdrücke *res* und *causa* sind in diesem Zusammenhang im Sinne einer Gegenleistung zu verstehen, SÖLLNER, AcP 163 (1963), 20, 25.
[62] SÖLLNER, AcP 163 (1963), 20, 25; BEHRENDS, in: FS f. Wacke, S. 36.
[63] WENDT, Reurecht und Gebundenheit, S. 6.
[64] WENDT, Reurecht und Gebundenheit, S. 103, wo es heißt *inhibenda erit actio*, wobei es sich um einen Schreibfehler handeln dürfte.

dung, es sei ein Widerspruch, wenn man bei der *datio ob rem* einerseits von einer *causa futura* (z. B. die in der Zukunft erwartete Gegenleistung)[65] ausgehen müsse, anderseits aber während der Schwebezeit keine Rückforderung zulasse[66]. Dies liefe im Ergebnis darauf hinaus, dass sich die *condictio causa non secuta*[67] nicht von der *condictio sine causa* unterscheide[68].

Weil neben der Rückforderung wegen eines abredewidrigen Verhaltens (D. 12,4,3pr. und eod. 1) des Empfängers auch die Möglichkeit einer Rückforderung aus Reue besteht (also im Belieben des Gebers steht), folgerte MANNS, dass die Möglichkeit der Rückforderung aus Reue interpoliert worden ist, da das abredewidrige Verhalten des Empfängers neben dem Recht, das Zugewendete aus Reue zurück zu fordern seine selbständige Bedeutung als Rückforderungsgrund verliere und somit überflüssig sei[69]. Wenn der in D. 12,4,3,3 von Ulpian zitierte Proculus sage, dass vor fruchtlosem Ablauf einer bestimmten Frist nicht kondiziert werden könne, so stehe die gleichzeitige Aussage, wenn den Geber die Hingabe des Geldes reue, so könne er kondizieren dazu im Widerspruch[70].

Auch GRADENWITZ vertrat die Auffassung, das Recht des Gebers, das Zugewendete aus Reue zurück zu fordern, passe nicht zu den übrigen genannten Rückforderungsgründen und sei daher als interpoliert anzusehen[71].

Nach Meinung von BENDIXEN erkläre sich das *ius poenitendi* hier weder aus der Natur der Innominatkontrakte, noch lasse es sich aus der *datio ob rem* begründen[72]. Die Antwort sei in der wirtschaftlichen Natur des Geschäfts zu suchen, an dem der Empfänger kein eigenes Interesse habe. Derjenige, der durch die Rückforderung geschädigt werde, sei der Sklave. Er sei aber nicht im Stande, etwas zu beanspruchen. Er habe kein *ius quaesitum*[73].

VERNEY hält das „Reurecht“ in D. 12,4,3,2 und eod. 3 aus denselben Gründen wie MANNS und GRADENWITZ für interpoliert[74].

---

[65] WENDT, Reurecht und Gebundenheit, S. 27 ff.
[66] WENDT, Reurecht und Gebundenheit, S. 35.
[67] Dabei handelt es sich um einen Unterfall der *datio ob rem*, SCHWARZ, Grundlage der condictio, S. 137 ff.
[68] WENDT, Reurecht und Gebundenheit, S. 35 f.
[69] MANNS, Poenitenzrecht (1880), S. 100 f.
[70] MANNS, Poenitenzrecht, S. 101.
[71] GRADENWITZ, Interpolationen in den Pandekten (1887), S. 150 f.
[72] BENDIXEN, Das jus poenitendi (1889), S. 15.
[73] BENDIXEN, Das jus poenitendi, S. 16.
[74] VERNEY, Du jus poenitendi (1890), S. 100, 147.

Die Beurteilung des Reurechtes in D. 12,4,3,2 und eod. 3 hängt nach Auffassung von SCHWARZ letztlich davon ab, ob ein Rechtsgrund das Behalten des Empfängers rechtfertigt. Bei der *datio ob rem* handelt es sich um einen Fall, in dem anfänglich unentschieden ist, ob der Empfänger einen Kondiktionsausschließungsgrund hat, da zunächst nicht objektiv feststeht, ob der Geschäftszweck erfüllt werden kann[75]. Andererseits bedeutet das nach Ansicht von SCHWARZ nicht, dass nicht eine Belassungspflicht des Gebers während dieser Schwebezeit anzunehmen ist[76]. Nach Auffassung von SCHWARZ existiert in klassischer Zeit ein solches Reurecht nicht, und es ist von einer Belassungspflicht des Gebers auszugehen, obgleich eine solche Pflicht für den Vorleistenden bei der *ob rem datio* einstmals nicht bestanden habe[77]. Da sich die *ob rem datio* im klassischen Recht bereits auf dem Wege zum Kontrakt befinde, könne nicht zurückgefordert werden, solange die Gegenleistung noch zu erwarten sei[78].

HONSELL verweist darauf, bei der *datio* handele es sich um ein Handgeschäft, das dem Realkontrakt insofern verwandt sei, als durch die *datio* nur ein Anspruch auf Rückgabe des Geleisteten, nicht aber auf Erbringung der Gegenleistung begründet werden konnte. Aus der sich daraus ergebenden Freiheit des Empfängers, durch Herbeiführung des Erfolges die mögliche Kondiktion des Gebers auszuschließen, folgt zwangsläufig ein „Reurecht" des Gebers[79]. Ohne die Möglichkeit einer Rückforderung aus Reue hätte vor Einführung der *actio praescriptis verbis*[80] eine Ungleichheit zugunsten des Empfängers und zuungunsten des Gebers bestanden[81]. Der Geber hätte dem Empfänger die Leistung belassen müssen, der seinerseits, mangels einer klagbaren Vereinbarung, nicht zur Gegenleistung hätte gezwungen werden können. Nach Ansicht HONSELLS stellt die Rückforderung der eigenen Leistung die einzige und nur mittelbare Sanktion für die Erlangung der Gegenleistung dar[82].

---

[75] SCHWARZ, Grundlage der condictio, S. 254.
[76] SCHWARZ, Grundlage der condictio, S. 266.
[77] SCHWARZ, Grundlage der condictio, S. 266, 280.
[78] SCHWARZ, Grundlage der condictio, S.266.
[79] HONSELL, Die Rückabwicklung sittenwidriger oder verbotener Geschäfte, S. 74.
[80] Mit dieser Bezeichnung, die bereits in klassischer Zeit gebraucht wurde – NÖRR/ NISHIMURA, Mandatum und Verwandtes, S. 179 ff.; WACKE, Rez. Nörr/Nishimura, S. 110 –, verbindet die oströmische Schule die Ausbildung einer neuen Gruppe klagbarer Schuldverträge und die Möglichkeit nach erbrachter Leistung auf die Gegenleistung zu klagen; KASER, Kurzlehrbuch, § 45 I, II.
[81] WINDSCHEID/KIPP, § 321 Fn. 11.
[82] HONSELL, Die Rückabwicklung sittenwidriger oder verbotener Geschäfte, S. 74.

„Das Reurecht“ bietet also für den Geber die Möglichkeit, den Empfänger zur Erbringung der Gegenleistung zu bewegen.

BEHRENDS sieht die *datio ob rem* als eine Tauschleistung an, die der Leistende kondizieren konnte, wenn die erwartete Gegenleistung ausblieb. Nach Ansicht von BEHRENDS ist das Anhängsel *nisi paeniteat* in § 3 kein Interpolationsindiz. Damit habe Ulpian dem julianischen Willensprinzip Raum schaffen wollen[83]. Die zitierte Lehre des Proculus, nach der die *condictio* auch greife, wenn der Sklave nach Ablauf der Freilassungsfrist gestorben, also das Freilassungsinteresse des Gebers verletzt worden sei, deute darauf hin, dass das Interesseprinzip prokulianisch sei[84].

Die für die Annahme, das „Reurecht“ in D. 12,4,3,2 und eod. 3 sei nachträglich eingefügt worden, angeführten Argumente überzeugen nicht. Die Überlegung von MANNS, GRADENWITZ und VERNEY, die Formulierung der Stellen führe dazu, dass das abredewidrige Verhalten neben der *paenitentia* seine selbständige Bedeutung als Rückforderungsgrund verliere[85], überzeugt nicht. Zwar trifft es zu, dass die Nennung mehrerer Rückforderungsgründe zu einer inhaltlichen Überschneidung führt. Dieser Umstand gebietet jedoch keineswegs den von den genannten Autoren gezogenen Schluss. Der Vergleich mit vertrauten Vorschriften des geltenden Rechts, die ebenfalls das Phänomen einer inhaltlichen Überschneidung aufweisen, kann dies verdeutlichen. Man denke beispielsweise an die Formulierung „vorsätzlich oder fahrlässig“ in § 823 Abs. 1 BGB. Der Vorsatz ist dort eigentlich ohne eigenständige Bedeutung, da auch der vorsätzlich handelnde „die im Verkehr erforderliche Sorgfalt außer acht lässt“ (§ 276 Abs. 1 Satz 2 BGB). Des weiteren müsste man sich fragen, weshalb die Kompilatoren ein Reurecht hätten einführen sollen. Ein Motiv ist nicht erkennbar. Im Gegenteil spricht die Entwicklung im Bereich der Innominatkontrakte[86] gegen eine Einführung des Reurechts erst durch die Kompilatoren. Die außerhalb von Kauf und *locatio conductio* auf einen Austausch von Leistung und Gegenleistung ge-

---

[83] BEHRENDS, in: FS f. Wacke, S. 56 Fn. 101.

[84] BEHRENDS, in: FS f. Wacke, S. 56 Fn. 101.

[85] MANNS, Poenitenzrecht, S. 101; GRADENWITZ, Interpolationen in den Pandekten, S. 150 f.; VERNEY, Du jus poenitendi (1890), S. 100, 147.

[86] HONSELL, Die Rückabwicklung sittenwidriger oder verbotener Geschäfte, S. 75; die Klagbarkeit der Innominatkontrakte setzte voraus, dass eine Leistung bereits erbracht war, wobei der Leistende dann zwischen Erfüllungsklage und Kondiktion des Geleisteten wählen konnte, POHLMANN, Die Heilung formnichtiger Verpflichtungsgeschäfte durch Erfüllung, S. 70 f. Fn. 153.

richteten Vereinbarungen, die unbenannten Kontrakte, wurden in nachklassicher Zeit klagbar gemacht: Mit der *actio praescriptis verbis* erhielt der zuerst Leistende zusätzlich zu der *condictio causa data causa non secuta* eine Klage auf die Gegenleistung[87]. Damit ist der Empfänger durch die Annahme der Vorleistung an die zuvor getroffene Parteivereinbarung gebunden. In dieser Situation erscheint jedoch ein willkürliches Reurecht des Gebers unbillig[88], wenngleich Justinian daneben die *condictio ob causam datorum* (so ist die *condictio causa data causa non secuta* in der Titelüberschrift zu C. 4,6 bezeichnet) beibehält[89]. Jedenfalls wäre die Einführung eines bis dahin nicht dagewesenen „Reurechts" durch die Kompilatoren systemfremd gewesen und ohne nachvollziehbaren Anlass.

Das „Reurecht" ist die Konsequenz, die daraus folgt, dass es sich bei der *datio ob rem* nicht um einen Vertrag handelte, die Parteien also nicht durch einen Konsens gebunden waren. Wenn der Geber bereut, er also nicht mehr will, kann er mithin zurückfordern. Für die von SCHWARZ angenommene Belassungspflicht des Gebers gibt es keinen Anhaltspunkt. Für das *do ut facias* ist die freie Widerruflichkeit immanent. Sie ergibt sich aus dem römischen Kontraktsystem: Nicht jeder Konsens bindet. *Do ut facias* ist kein Vertrag[90] (Enumerativkatalog[91]). Somit kann sich nicht die Frage nach dem Bestehen eines Reurechts stellen. Man könnte höchstens umgekehrt fragen, woher denn eine Verbindlichkeit zu folgern ist. Weshalb sollte das *do ut facias* unwiderruflich sein? Es ist nun einmal widerruflich. Ein *sciens indebitum solvere* (Rechtsgedanke des § 814 BGB) liegt auch nicht vor, denn es ist nicht wissentlich auf eine Nichtschuld geleistet, solange die *condicio*, das *facere* nicht erfüllt ist.

Im Ergebnis bleibt in Bezug auf die Bedeutung von *paenitentia* in D. 12,4,3,2 und eod. 3 festzuhalten, dass es sich lediglich um die der *datio ob rem* und dem *do ut facias* immanente Widerruflichkeit handelt, die Ulpian dadurch zum Ausdruck bringt. Die Widerruflichkeit ist nur während eines zunächst bestehenden Schwebezustandes gegeben, der sich mit moderner juristischer Begrifflichkeit

[87] BENDIXEN, Das jus poenitendi, S. 10; SÖLLNER, AcP 163 (1963), 20, 25.
[88] BENDIXEN, Das jus poenitendi, S. 10.
[89] SÖLLNER, AcP 163 (1963), 20, 25 f.
[90] LIEBS, JZ 1978, 697, 698.
[91] Nach Aufgabe des *numerus clausus* typischer Verkehrsgeschäfte hat die moderne *condictio causa data causa non secuta* nach Meinung von CHAUDET, Condictio causa data causa non secuta, S. 112 ff. und HONSELL, SZ 93 (1976), 550, ihre Berechtigung verloren.

als „schwebende Unwirksamkeit"[92] charakterisieren lässt: Eine Bindung tritt erst ein, wenn das *facias* ausgeführt, ins Werk gesetzt ist und das Geschäft nicht vorher widerrufen wird.

2. Reise nach Capua

D. 12,4,5pr. (Ulpian libro 2 disputationes): *Si pecuniam ideo acceperis, ut Capuam eas, deinde parato tibi ad proficiscendum condicio temporis vel valetudinis impedimento fuerit, quo minus proficiscereris, an condici possit, videndum. et cum per te non steterit, potest dici repetitionem cessare. sed cum liceat paenitere ei qui dedit, procul dubio repetetur id quod datum est, nisi forte tua interest non accepisse te ob hanc causam pecuniam. Nam si ita se res habeat, ut, licet nondum profectus sis, ita tamen rem composueris, ut necesse habeas proficisci, vel sumptus, qui necessarii fuerunt ad profectionem, iam fecisti, ut manifestum sit te plus forte quam accepisti erogasse, condictio cessabit: sed si minus erogatum sit, locum haberit, ita tamen, ut indemnitas tibi praestetur eius quod expendisti.*

D. 12,4,5pr. (Ulpian im 2. Buch seiner Disputationen): *Wenn du Geld empfangen hast, damit du nach Capua reisest, dann als du bereit warst zu reisen, dir Sturm oder Krankheit ein Hindernis gewesen sein sollten, dass du nicht gereist bist, so ist zu überlegen, ob man kondizieren kann. Und da es nicht an dir gelegen hat, kann man sagen, dass eine Rückforderung wegfalle. Aber da es dem Geber erlaubt ist zu bereuen, wird ohne Zweifel das, was gegeben wurde, zurückgefordert werden, wenn es nicht dein Interesse gewesen sein sollte, das Geld nicht zu diesem Zweck empfangen zu haben. Denn wenn sich die Sache so verhalten sollte, dass du noch nicht aufgebrochen bist, du die Sache so eingerichtet hast, dass du eigentlich reisen müsstest, oder du sogar Ausgaben, welche zum Reisen notwendig waren, bereits gemacht hast, so dass offenbar ist, dass du vielleicht mehr, als du bekommen hast, ausgegeben hast, so wird diese Kondiktion wegfallen. Aber wenn weniger ausgegeben sein sollte, wird die Kondiktion Platz greifen, so jedoch, dass du wegen deiner Ausgaben entschädigt wirst.*

Ulpian diskutiert den Fall, ob ein Geldbetrag, den jemand erhalten hat, um eine bestimmte Reise anzutreten, vom Geber kondiziert werden kann, wenn der

---

[92] HEINRICHS, in: Palandt, BGB, Überblick vor § 104, Rdn. 31: Das Geschäft wird erst dann wirksam, wenn das fehlende Wirksamkeitserfordernis nachgeholt wird.

Empfänger die Reise schließlich aufgrund einer Erkrankung oder wegen widrigen Wetters nicht antreten kann. Zunächst meint Ulpian, das fehlende Verschulden des Erkrankten spreche gegen eine Rückforderung. Grundsätzlich soll es jedoch demjenigen, der den Geldbetrag hingegeben hat, erlaubt sein, zu bereuen, so dass das Geld zweifellos zurückgefordert werden könne. Für den Fall, dass der Empfänger des Geldes bereits Ausgaben für die geplante Reise getätigt hat, die den empfangenen Betrag der Höhe nach übersteigen, entfalle ein Rückforderungsanspruch. Bei darunter liegenden Ausgaben wird der Überschuss kondiziert.

Fraglich ist, aus welchem Grund der Geber dem Empfänger Geld für eine Reise (von Rom[93]?) nach Capua gibt. Darüber ist spekuliert worden. Möglicherweise hat ein römischer Bürger streitiges Eigentum in Capua, oder er benötigt Unterstützung bei einem Prozess in Capua an einem bestimmten Tag[94].

Auch hinsichtlich der Rechtsnatur der zugrundeliegenden Absprache besteht keine Einhelligkeit. BENDIXEN nahm an, es handele sich um einen Innominatkontrakt[95]. Das ist abzulehnen, da ein Innominatkontrakt eine versprochene Gegenleistung voraussetzt[96]. Ein Austausch von Leistung und Gegenleistung ist indessen nicht beabsichtigt. Vielmehr dient das empfangene Geld offenbar zur Deckung von Reisekosten[97].

VERNEY ging davon aus, es handele sich um ein *mandatum*[98]. Man könnte an ein *mandatum* denken, da Gegenstand des *mandatums* Tätigkeiten aller Art sein können[99]. Dagegen spricht jedoch, dass dann die *actiones mandati* zuständig wären und nicht eine *condictio*[100]. Der Empfänger kann, wenn er mehr ausgegeben als er bekommen hat, den Rest nicht mit der *actio mandati contraria* nachfordern. Gegen ein *mandatum* spricht ferner, dass der Mandatar abrechnen musste[101], was der Empfänger hier offenbar nicht machen muss.

---

[93] So LIEBS, JZ 1978, 697, 698.
[94] VERNEY, Du jus poenitendi, S. 80 f.
[95] BENDIXEN, Das jus poenitendi, S. 22.
[96] KASER, RP I, § 135 I.
[97] VERNEY, Du jus poenitendi, S. 81 („ ... une certaine somme, pour lui permettre de faire ses préparatifs de voyage.").
[98] VERNEY, Du jus poenitendi, S. 81 f.
[99] KASER, RP I, § 134 II.
[100] KASER, RP I, § 134 V.
[101] KASER, RP I, § 134 V 1.

Nach Meinung von FLUME handelt es sich hier um eine *datio ob rem*[102]. Dem ist zuzustimmen. Für eine *datio ob rem* spricht folgendes: Der mit der Leistung verbundene Umstand, der eintreten soll, ist die Reise des Empfängers nach Capua. Bis zum Erfolgseintitt und bei Ausbleiben des Erfolges (*re non secuta*) kann die gegebene Zuwendung kondiziert werden.

FLUME ist der Ansicht, für die *datio ob rem* werde in D. 12,4,5pr. die Frage behandelt, was aus der *condictio* wird, wenn der mit der Leistung bezweckte Erfolg nicht eintritt, der Empfänger aber für die Herbeiführung des Erfolges bereits Aufwendungen getätigt hat[103]. Die Entscheidung Ulpians gehe für den Fall der *paenitentia* des Gebers dahin, dass sich die *condictio* des Gebers um die Aufwendungen des Empfängers mindere. Aus D. 12,4,5pr. folge, dass das Risiko der Aufwendungen bis zur Perfektion des *re* im Falle der *datio ob rem* beim Geber liege. Gleichermaßen trage der Geber allgemein die Gefahr für die Leistungen des Empfängers, die dieser aufgrund der *datio ob rem* mache, wenn der Eintritt des Erfolges aus einem Grund unmöglich werde, den der Empfänger nicht zu vertreten habe[104].

Dem ist zuzustimmen. Die Kondiktionen der Römer gehen auf den seinerzeit empfangenen Vermögenswert und nicht auf den beim Bereicherten noch vorhandenen Vermögenswert (wie bei § 818 Abs. 3 BGB)[105]. Da der Geber gleichwohl nur den noch vorhandenen Geldbetrag mit der *condictio* fordern kann, muss diese Beschränkung auf den noch vorhandenen Vermögenswert einen anderen Grund haben. Angesichts der genannten Gründe, Krankheit und widriges Wetter, die außerhalb des Verantwortungsbereiches einer Partei liegen, ist das Kriterium der Risikozuweisung eine folgerichtige Erklärung.

Grundsätzlich hat der Geber bei einer *datio ob rem* in Bezug auf die gemachte Zuwendung das Recht der jederzeitigen Rückforderung bis zur Perfektion der *res* (die erstrebte *res* war insbesondere eine Tauschleistung, konnte aber auch ein Tun sein, z. B. die Freilassung eines Sklaven[106]). Demnach steht es im Belieben des Gebers, den Geldbetrag bis zur Zweckerreichung zurückzufordern. Für eine Geldzuwendung zum Zwecke einer Reise bedeutet das, dass die Rückforderung wegfällt, sobald und soweit mit der Ausführung begonnen wurde, et-

[102] FLUME, FS f. Niedermeyer, S.112 f.
[103] FLUME, FS f. Niedermeyer, S.112 f.
[104] FLUME, FS f. Niedermeyer, S.114.
[105] NIEDERLÄNDER, Die Bereicherungshaftung, S. 6 f.
[106] BEHRENDS, in: FS f. Wacke, S. 36.

wa Aufwendungen für die Reise gemacht wurden[107]. Die Einschränkung des Reurechts dahingehend, dass es nicht das Interesse des Empfängers „gewesen sein sollte, das Geld nicht zu diesem Zweck empfangen zu haben", konkretisiert diesen Grundsatz: Solange der vorgesehene Zweck, die Reise nach Capua, nicht erfüllt ist, besteht das „Reurecht". War jedoch der Zweck der Zuwendung ein anderer (... *nisi forte tua interest non accepisse te ob hanc causam pecuniam*), so gibt es kein „Reurecht" und damit auch keine Kondiktion. Denn der Zweck der Zuwendung kann zwischen den Parteien eines Prozesses, in dem es um die Rückforderung eines zugewendeten Geldbetrages geht, streitig sein.

Gegen die Echtheit der Stelle werden Bedenken erhoben. Die Entscheidung, dass bei einer unverschuldeten Verhinderung des Empfängers eine Kondiktion nicht stattfinde, stehe im Widerspruch zu der Möglichkeit des Gebers einer Rückforderung aus Reue. Es könne nicht einerseits gesagt werden, eine Rückforderung sei ausgeschlossen und gleich darauf, sie finde doch statt[108]. Existiere die *condictio ex poenitentia*, so sei die *condictio* aus Verzug und Zuwiderhandlung ohne selbständige Bedeutung[109]. Ferner wird angeführt, bei einem Unmöglichwerden der Reise nach Capua werde nach klassischer Jurisprudenz vermittels der materiellen Klage, der *actio praescriptis verbis*, soweit ein Vollzug der Abmachung nicht vorliege, die Abmachung revoziert, und der hingegebene Betrag zurückgenommen werden könne. Es bedürfe daher keines Pönitenzrechtes[110].

Dieser Auffassung ist nicht zu folgen. Der vermeintliche Widerspruch zwischen eingeschränkter Rückforderung einerseits und uneingeschränktem „Reurecht" andererseits besteht nicht, wenn man die Stelle so versteht, dass das Recht, die Zuwendung aus Reue zurückzufordern – wie dargelegt – bis zur jedenfalls teilweisen Zweckerfüllung besteht. Wurde ein Teil des zugewendeten Betrages für Reisevorbereitungen ausgegeben, so liegt darin eine teilweise Erfüllung des Zweckes der Zuwendung, die insoweit einer Rückforderung entgegensteht.

Bei der *actio praescriptis verbis* handelt es sich um eine Klage auf die Gegenleistung. Neben der *actio praescriptis verbis* bleibt die *condictio* (*ob causam*

---

[107] WENDT, Reurecht und Gebundenheit, S. 101.
[108] MANNS, Poenitenzrecht, S.115.
[109] MANNS, Poenitenzrecht, S.116.
[110] MANNS, Poenitenzrecht, S.119.

datorum) zur Rückforderung der erbrachten Leistung bestehen. Dementsprechend ist auch letztgenannter Einwand gegen die Echtheit nicht haltbar.

III. Schenkung

1. Schenkung der Großmutter an die Enkelin

C. 8,55,2 (Probus *Felici*): *Si apud provinciae praesidem aviam filiae tuae quasi paenitentia ductam subtracta instrumenta donationum igni exussisse constiterit, vereri te non oportet, ne id, quod iure vires acceperat, ex post facto possit in dubium revocari.* (anno 277)

Probus an Felix: *Wenn in der Verhandlung vor dem Provinzgouverneur als festgestellt erachtet werden sollte, dass die Großmutter deiner Tochter von Reue geleitet die Schenkungsurkunden fortgenommen und im Feuer verbrannt hat, so musst du nicht fürchten, dass das, was Rechtskraft erlangt hat, nachträglich in Zweifel gezogen werden könnte.*

Das Reskript nimmt zur Widerruflichkeit der Schenkung im allgemeinen Stellung. Die Großmutter hat an ihrer Enkelin schenkweise eine Zuwendung gemacht. Weil sie ihre Freigebigkeit reut, nimmt die Schenkerin kurzerhand die Schenkungsurkunden weg und verbrennt sie. Im 3. Jahrhundert ist es unter den Provinzialen der östlichen Reichshälfte üblich, eine Urkunde über die Schenkung zu errichten und sie dem Beschenkten zu übergeben, damit er sich bei Weiterveräußerung über den rechtmäßigen Erwerb legitimieren konnte[111]. Eine Schenkungsurkunde (*donatio per epistulam*) allein entfaltet keine rechtliche Wirkung, ohne dass ein Zuwendungsgeschäft wie die *traditio* hinzukäme[112]. Die Kanzlei des Kaisers Probus lehnt den einseitigen Rücktritt von einer Schenkung ab, die Rechtsgültigkeit erlangt hat, weil sie durch Übertragung des Eigentums vollzogen wurde.

---

[111] SCHNEBELT, Die Reskripte der Soldatenkaiser, S. 124.
[112] SCHNEBELT, Die Reskripte der Soldatenkaiser, S. 82.

2. Schenkung an ein emanzipiertes Hauskind

a) C. 8,55,3

C. 8,55,3 (Carus, Carinius, Numerianus *Ianuario et Felici*): *Possessionem, quam in vos emancipatos per donationem mater contulit, ex paenitentia sola alienare non potuit.* (anno 284)

(Carus, Carinius, Numerianus an Januarius und Felix): *Den Besitz, den eure emanzipierten Kinder durch Schenkung von der Mutter erhalten haben, hat sie aus Reue allein nicht veräußern können.*

Die Mutter hat ihren beiden emanzipierten Söhnen ein Geschenk gemacht. Weil sie diese Schenkung bereut, veräußert sie die Besitzung an Dritte. Die Kaiser erklären, sie könne den Besitz nicht später an eine andere Person übertragen, nur weil sie es sich anders überlegt hat. Mit dieser Verneinung der Zulässigkeit einer Weiterveräußerung lehnt das Reskript inzident die Auflösbarkeit der Schenkung ab[113].

Im Gegensatz zum Sprachgebrauch der klassischen Juristen erscheint das Wort Besitz in dem Reskript mit der Bedeutung von Eigentum, Sache oder vielleicht Inhaberschaft und nicht mit der technischen Bedeutung des Ausdrucks Besitz[114].

b) C. 8,53,17pr.

C. 8,53,17pr. (Diocletian et Maximian *Hermiae*): *Sive emancipatis filiis res donasti sive in potestate constitutis et sui iuris effectis ac tenentibus non ademisti, blandiri tibi non debes, velut res donatas ex paenitentia liceat aufferre.* (anno 293)

Diokletian und Maximian an Hermia: *Sei es, dass du deinen emanzipierten Kindern Sachen schenktest, sei es, dass sie noch unter elterlicher Gewalt standen, aber du ihnen bei der Gewalt-entlassung das Besessene nicht wegnahmst, so darfst du dir nicht einbilden, dass es dir erlaubt sei, sie wie geschenkte Sachen aus Reue zurückzuverlangen.*

---

[113] SCHNEBELT, Die Reskripte der Soldatenkaiser, S. 126.
[114] WATSON, TR 41 (1973), 19, 25.

Die Sachen, die die Mutter (Hermia) einem emanzipierten Kind noch vor seiner Gewaltentlassung geschenkt hat, darf sie dem Kind aus Reue über die Schenkung nicht wieder wegnehmen. Dies gilt gleichermaßen, wenn es sich um Sachen handelt, die dem Kind vor seiner Gewaltentlassung geschenkt und bei der Gewaltentlassung nicht wieder weggenommen worden sind.

Schenkungen und andere Zuwendungen des *pater familias* an gewaltunterworfene Kinder haben keine eigentumsübertragende Wirkung, da diese Kinder nicht selbständig vermögensfähig sind[115]. Aller Erwerb der Hauskinder von dritter Seite fällt deshalb an den *paterfamilias*[116] (in das *peculium* des Kindes). Somit sind auch Schenkungen der Mutter an ihre der Gewalt des Vaters stehenden Kinder ohne Wirkung[117]. Wenn das Hauskind gewaltfrei wird, kann es sein *peculium* jedoch erwerben. Ein spezifisches Rechtsinstitut der Sukzession in die Pekuliargegenstände gab es nicht[118]. Man ging daher von einem rechtsgeschäftlichen Erwerb aufgrund stillschweigend angenommener Schenkung aus[119]. Dies geht etwa aus C. 7,23,1, Fr. vat. 260 (Papinianus libro 12. responsorum), Fr. vat. 261 (Papinianus libro 12. responsorum) und aus D. 39,5,31,2 (Papinianus libro 12. responsorum) hervor[120]. Zwar verneinte Papinian das Vorliegen einer Einigungserklärung, weil er es ablehnte, aus dem puren Schweigen des Gewalthabers im Zeitpunkt der Gewaltentlassung seinen konkludenten Übereignungswillen herzuleiten[121]. Anderes galt jedoch bei Schenkungen, die der Gewalthaber dem Empfänger bei seiner Gewaltentlassung nicht entzog[122]. Der unterlassene Schenkungswiderruf anlässlich der Emanzipation des Kindes wird als Indiz für den fortdauernden Schenkungswillen gewertet[123]. Nach Ansicht von SCHNEBELT hat der Sohn im Falle seiner Gewaltentlassung eine *iusta causa usucapionis* und werde nach Ablauf der Ersitzungsfrist ziviler Eigentümer[124]. Bis dahin sei seine Position durch eine *exceptio Publiciana* oder eine Einrede entsprechend der *exceptio rei venditae et traditae* des bonitarischen Eigentümers geschützt[125].

---

[115] WACKE, Der alte Vater und die Keule, S. 39; WACKE, Iura 42 (1991), 43, 44.
[116] KASER, RP I, § 82 IV 1; WACKE, Iura 42 (1991), 43, 44.
[117] WACKE, Iura 42 (1991), 43, 44.
[118] WACKE, Iura 42 (1991), 43, 50.
[119] WACKE, Iura 42 (1991), 43, 50; WACKE, Ex post facto convalescere, S. 1044.
[120] WACKE, Iura 42 (1991), 43, 47 f., 75, 85.
[121] WACKE, Iura 42 (1991), 43, 76.
[122] WACKE, Iura 42 (1991), 43, 77.
[123] WACKE, Iura 42 (1991), 43, 86.
[124] SCHNEBELT, Die Reskripte der Soldatenkaiser, S. 104 f.
[125] SCHNEBELT, Die Reskripte der Soldatenkaiser, S. 105.

Die hier in Rede stehende unentgeltliche Zuwendung der Mutter fällt allerdings nicht in das *peculium* des bedachten unter der Gewalt des *paterfamilias* stehenden Kindes, da die Zuwendung am Verbot der Schenkung unter Ehegatten scheitert[126]. Aufgrund dessen handelt es sich um eine unwirksame Schenkung. Das geschenkte Gut könnte daher eigentlich jederzeit zurückgefordert werden. Dies erklärt den Passus a. E. der Stelle (*velut res donatas ex paenitentia liceat aufferre*), der sich demnach nur auf unwirksame Schenkungen bezöge. Denn eine wirksame Schenkung ist im allgemeinen unwiderruflich[127]. Das Reskript erklärt demnach, warum in diesem Fall das eigentlich unwirksam geschenkte Gut gleichwohl nicht zurückgefordert werden kann.

Die Schenkung der Mutter an das unter der Gewalt des *paterfamilias* stehende Hauskind weist eine Parallele zu der nicht widerrufenen Schenkung unter Ehegatten auf, die mit dem Tode des anderen Ehegatten konvaleszierte[128] oder aber wirksam werden konnte, wenn das Zugewandte dem Empfänger nach Auflösung der Ehe belassen wurde. Hieraus ergibt sich wiederum eine Parallele zur Belassung des Pekuliums beim Hauskind bei seiner Gewaltentlassung. Das dem Hauskind zunächst unwirksam zugewendete Gut wird ihm von der Mutter zu dem Zeitpunkt (Gewaltentlassung) belassen, in dem sie es ihm hätte wirksam zuwenden können. Darin ist ein rechtsgeschäftlicher Übergang aufgrund stillschweigend angenommener Schenkung zu sehen[129]. Das generelle rechtspolitische Bedenken, dass Schenkungen an sich nicht zu vermuten sind (*donatio non praesumitur*)[130], haben die Römer in spätklassischer Zeit überwunden[131].

3. Schenkung in *fraudem creditorum*

C. 8,55,4 (Diocletian et Maximian *Heracliae*): *Confiteri in fraudem te alterius donasse professionem inhonestam continere intellegas. itaque si donationem perfecisti, eam revocare non potes ex memorata adlegatione sub obtenu paenitentiae.* (anno 293)

---

[126] WACKE, Iura 42 (1991), 43, 44.
[127] FELGENTRAEGER, Antikes Lösungsrecht, S. 33; KASER, RP I, § 140 I 3 c.
[128] KASER, RP I, § 60 I 3; WACKE, Die Rechtswirkungen der lex Falcidia, S. 227.
[129] WACKE, SZ 91 (1974), 251, 254; WACKE, Iura 42 (1991), 43, 50.
[130] WACKE, AcP 191 (1991), 1ff.; WACKE, Iura 42 (1991), 43, 50.
[131] WACKE, Iura 42 (1991), 43, 50 f.

Diokletian und Maximian an Heraclia: *Dass deine unehrliche Deklaration das Anerkenntnis enthält, zum Nachteil eines anderen geschenkt zu haben, siehst du ein. Wenn du daher die Schenkung vollzogen hast, kannst du sie nicht mit der vorerwähnten Behauptung unter dem Vorwand der Reue widerrufen.*

Jemand hat eine Schenkung vorgenommen, um einen Dritten zu benachteiligen. Selbst wenn er dies später bekennt und behauptet zu bereuen, ist die bereits vollzogene Schenkung nicht widerrufbar.

Der Grund für ein solches Verhalten war eine drohende Zahlungsunfähigkeit des Schenkers. Benachteiligter Dritter war einer seiner Gläubiger, vor dessen Zugriff er den verschenkten Vermögensgegenstand verbergen wollte. Das Ansinnen des Schenkers, diese Schenkung zu widerrufen, ist auf ein nicht loyales Verhalten des Beschenkten zurückzuführen: Die Schenkung in Benachteiligungsabsicht erfolgt nicht, um dem Beschenkten etwas Gutes zu tun, sondern der zugewandte Vermögensgegenstand soll dem Gläubigerzugriff entzogen werden. Will der Schenker den Vermögenswert zurückfordern, hilft ihm auch sein Bekenntnis, *in fraudem creditorum* gehandelt zu haben, nicht weiter. Wäre die drittbenachteiligende Schenkung widerruflich, so würde der Schenker von seinem rechtlich nicht gebilligten (*inhonesta*) Verhalten (sonst gäbe es keine Rechtsmittel dagegen) auch noch profitieren. Er könnte den zugewandten Vermögenswert zurückfordern. Demgegenüber stellt die Unwiderruflichkeit der von ihm vollzogenen Schenkung eine Sanktion für sein Verhalten dar, weil eine Rückforderung damit ausgeschlossen ist (*turpitudinam suam allegans nemo auditur*).

Nicht der Schuldner, sondern nur der Gläubiger ist in Bezug auf die Schenkung anfechtungsberechtigt. Der Prätor verheißt dem Gläubiger zwei Rechtsmittel (*in integrum restitutio propter fraudem* und *interdictum fraudatorium*)[132]. Binnen Jahresfrist gewährt der Prätor auf Antrag des Gläubigervertreters die *in integrum restitutio* gegen Geschäfte, die der Vollstreckungsschuldner *fraudationis causa* mit einem, der *fraudem non ignoraverit* vorgenommen hat[133].

Das moderne Recht unterscheidet zwischen der Anfechtung nach dem AnfG und der Insolvenzanfechtung (InsO). Die Insolvenzanfechtung war dem römischen Recht noch unbekannt[134]. Bei der Gläubigeranfechtung ist nur der Gläubi-

---

[132] WACKE, ZZP 83 (1970), 418, 420 Fn. 8; KASER, RP I, § 60 III 1.
[133] KASER, RP I, § 60 III 1 a.
[134] WACKE, ZZP 83 (1970), 418, 422.

ger anfechtungsberechtigt (§§ 1 Abs. 1 und 2; 2; 14 AnfG). Im Falle der Insolvenzanfechtung entsteht das Anfechtungsrecht beim (1.) Regelinsolvenzverfahren für den Insolvenzverwalter (§ 129 Abs. 1 InsO), beim (2.) Insolvenzverfahren mit Eigenverwaltung für den Sachwalter (§ 270 Abs. 3 Satz 1 InsO). Im (3.) vereinfachten Insolvenzverfahren, in dem die Aufgaben des Insolvenzverwalters von einem Treuhänder wahrgenommen werden (§ 313 Abs. 1 Satz 1 InsO), ist nicht der Treuhänder, sondern jeder Insolvenzgläubiger berechtigt (§ 313 Abs. 2 Satz 1 InsO). Der Schenker kann die Schenkung nicht ohne besonderen Grund widerrufen.

4. Durch *vacuam possessionem tradere* vollzogene Schenkung

C. 5,16,23 (Diocletian et Maximian *Caecilianae*): *Si te in vacuam possessionem praedii socrus tua titulo donationis ante matrimonium vel post induxit, ad rescindendam donationem paenitentia nihil proficit.* (anno 294)

Diokletian und Maximian an Caeciliana: *Wenn deine Schwiegermutter dich vor der Ehe schenkweise mit einem freien Besitz ausgestattet oder sie dich nach Eheschließung eingeführt hat, nützt ihr die Reue nichts zum Widerruf der Schenkung.*

Die Schwiegermutter hat ihrer Schwiegertochter ein Grundstück geschenkt. Im Nachhinein bereut sie diese Schenkung. Die Schenkung ist jedoch deshalb nicht widerrufbar.

Ein Recht zum Widerruf einer vollzogenen Schenkung gibt es grundsätzlich nicht[135]. Allerdings stellt ein Schenkungsversprechen ohne Stipulation für sich genommen keinen selbständigen Obligierungsgrund dar, sondern ist lediglich ein Rechtsgrund (*causa donandi*), der den Zuwendungsvorgang rechtfertigt[136]. Ein „Reurecht" in Bezug auf die Schenkung besteht also solange, bis das Schenkungsversprechen vollzogen ist. Im vorliegenden Fall übertrug die Schwiegermutter der Schwiegertochter den freien Besitz (*vacuam possessionem*). Unter *vacuam possessionem tradere* versteht man eine Besitzübergabe in der Weise, dass der Vorbesitzer dem Erwerber das geräumte Grundstück überlässt und der

[135] KASER, RP I, § 140 I 3 c.
[136] KASER, RP I, § 140 I 2.

Erwerber es besetzt[137]. Es handelt sich dabei um einen derivativen Besitzerwerb, der auf dem Willen des Vorbesitzers beruht[138].

Für die Wirksamkeit der Schenkung ist im übrigen ohne Bedeutung, ob die Schenkung vor oder nach der Eheschließung des Empfängers mit der Tochter der Schenkerin erfolgte. Nach der *lex Cincia de donis et muneribus* aus dem Jahr 204 v. Chr. war Personen, die mit dem Schenker nicht nahe verwandt oder verschwägert waren, die Annahme von Geschenken über einen bestimmten Wert hinaus verboten[139]. Zwar führte ein Verstoß gegen das Gesetz nicht zu einer Sanktion, aber einer Klage auf Leistung des Geschenkes im Falle einer *donatio imperfecta* (z. B. wenn die geschenkte Sache manzipiert, aber noch nicht übergeben ist) stand die *exceptio legis Cinciae* entgegen[140].

Demnach ist die Schenkung, daher wirksam und somit nicht mehr widerrufbar.

5. Durch *quasi traditio* vollzogene Schenkung

D. 39,5,6 (Ulpian libro 42. ad Sabinum): *Qui saxum mihi eximere de suo permisit donationis causa, statim cum lapis exemptus est meus fit. neque prohibendo me evehere efficit, ut meus esse desinat, quia quodammodo traditione meus factus est. plane si mercennarius meus exemit, mihi exemit. sed si is qui a me emerat sive mercede conduxerat, ut paterer eum sibi iure eximere, si antequam eximat, me paenituerit, meus lapis durat, si postea, ipsius factum avocare non possum. quasi traditio enim facta videtur, cum eximitur domini voluntate. quod in saxo est, idem erit etiam, si in arbore caesa vel dempta acciderit.*

Ulpian in seinem 42. Buch an Sabinus: *Wer mir schenkungshalber erlaubt hat, Steine aus seinem Grundstück herauszunehmen, so werden die herausgenommenen Steine sogleich meine. Dies kann er auch nicht dadurch verhindern, dass er mich daran hindert, die Steine fortzuschaffen, weil diese gewissermaßen durch Übergabe in mein Eigentum übergegangen sind. Wenn freilich mein Lohndiener sie herausgenommen hat, hat er sie für mich herausgenommen. Aber wenn jemand das Recht gekauft oder gepachtet hat, Steine herauszunehmen, wenn es mich reut, bevor er sie herausgenommen hat, bleibt der Stein mein Ei-*

---

137 KASER, RP I, § 95 II 2.
138 KASER, RP I, § 95 II 2.
139 KASER, RP I, § 140 I 3 a.
140 KASER, RP I, § 140 I 3 a.

gentum, reut es mich hinterher, so kann ich nicht widerrufen. Denn es scheint gleichsam die Übergabe geschehen zu sein, wenn sie mit dem Willen des Eigentümers herausgenommen werden. Was bei einem Stein gilt, gilt auch bei einem gefällten oder abgeschlagenen Baum.

Hat der Eigentümer eines Grundstücks (Steinbruchs) jemandem (1.) schenkungshalber gestattet, dort Steine herauszubrechen, so gehen die Steine, sobald sie aus dem Grundstück herausgebrochen sind, in sein Eigentum über. Dieses Ergebnis begründet Ulpian damit, dass dieser Vorgang einer *traditio* gleichkomme. Hat jemand das Recht, Steine herauszubrechen, (2.) gekauft oder (3.) gepachtet, so hat der Eigentümer das Recht, die erteilte Gestattung zum Herausbrechen der Steine aus Reue zu widerrufen, solange die Steine noch nicht herausgebrochen sind. Sobald die Steine herausgebrochen sind, ist ein Widerruf aus Reue nicht mehr möglich, weil dieser Sachverhalt einer erfolgten *traditio* gleichkommt. In Bezug auf letztere beiden Fälle (2. und 3.) kann der Sachverhalt auch in der Weise verstanden werden. Nicht der Eigentümer ist Verkäufer bzw. Verpächter des Rechtes, Steine herauszubrechen, sondern derjenige, der dieses Recht vom Eigentümer schenkungshalber erhalten hat.

Unter *traditio* versteht man die tatsächliche Übergabe der Sache, welche den Eigentumserwerb herbeiführt, sofern sie *ex iusta causa* erfolgt, d. h. aus einem Rechtsgrund, der die Zuwendung des Eigentums rechtfertigt[141]. In der Stelle handelt es sich im 1. Fall bei dem Kausalverhältnis um eine Schenkung. Die Übertragung des Besitzes an den geschenkten Steinen, die Übergabe, erfolgt jedoch nicht in der Weise, dass der Eigentümer die Steine aus seiner Hand in die Hand des Erwerbers gibt. Vielmehr verschafft sich der Erwerber selbst den Besitz, indem er die Steine an sich nimmt und sogleich Eigenbesitzer wird. Dieser Vorgang vollzieht sich aber mit dem Wissen des Grundstückseigentümers, seinem Willen entsprechend und auf seine Veranlassung. Der Besitzerwerb beruht also auf dem Willen des Vorbesitzers. Das genügt für eine Besitzübergabe[142].

Ist das Recht, Steine herauszubrechen, gekauft oder gepachtet worden, so dient die Gestattung zum Herausbrechen der Steine bzw. die Übertragung des Besitzes der Erfüllung des Kauf- oder Pachtvertrages.

Die *paenitentia* des Grundstückseigentümers, die sich auf die von ihm dem Erwerber erteilte Erlaubnis, Steine herauszunehmen und damit letztlich auf das

[141] KASER, RP I, § 100 IV 1.
[142] KASER, RP I, § 95 II 2.

Schenkungsversprechen bezieht, ist nur solange wirksam, wie der Erwerber die Steine noch nicht genommen hat. Mit anderen Worten gesagt, kann die Schenkung widerrufen werden, solange die *traditio* noch nicht erfolgt ist, mit der die Schenkung vollzogen wird. Denn ein formloses Schenkungsversprechen ist für sich genommen nicht verbindlich[143]. Hat der Erwerber die Steine bereits an sich genommen, ist also die *traditio* erfolgt, und damit die Schenkung vollzogen, entfällt die Möglichkeit aus Reue zu widerrufen.

Anders verhält es sich im Falle eines Kauf- oder Pachtvertrages. Bei diesen beiden Kausalgeschäften handelt es sich um Konsensualkontrakte, die nicht frei widerrufbar sind (s. o. § 4 I). Seine daraus resultierende Verbindlichkeit erfüllt der *venditor* bzw. *locator* durch Eigentumsübertragung mittels *traditio*, hier in Form der Gestattung zum Herausbrechen. Indessen kann der Veräußerer die Gestattung zum Herausbrechen der Steine solange wirksam widerrufen, wie die Steine noch nicht herausgebrochen sind.

Der Widerruf kann allerdings eine Schadensersatzpflicht des Eigentümers nach sich ziehen, wenn er das Recht, Steine herauszubrechen verkauft hat. In seinem 42. Buch zu Sabinus behandelt Ulpian einen Fall, in dem der Begünstigte im Vertrauen auf die Erlaubnis kostspielige Investionen erbracht hat[144]. Dabei kommt Ulpian auf die Frage zu sprechen, wie der Begünstigte gegen den Grundstückseigentümer vorgehen kann, wenn dieser im Nachhinein die vorher konzedierten Aktivitäten verhindern will[145]. In diesem Fall hat der Begünstigte die *actio de dolo*, da im Bruch des gegebenen Wortes, d. h. im unzeitgemäßen Widerruf der gefälligkeitshalber eingeräumten Gestattung *dolus* liegt[146].

6. Schenkung des Patrons an den Freigelassenen

Um den Sonderfall einer widerruflichen vollzogenen Schenkung geht es in folgenden Stellen:

Frag. Vat. 272 (Gregorianus libro 13 titulo+): *Imp. Philippus Agilio Cosmiano suo salutem. Inter patronos et libertos de iure donationum tractari non oportet, cum etsi perfectis donationibus in possessionem inductus libertus quantolibet*

[143] KASER, RP I, § 140 I 2.
[144] D. 4,3,34.
[145] BÜRGE, SZ 107 (1990), 80, 123.
[146] WACKE, RIDA 27 (1980), 349, 382.

tempore ea quae sibi donata sunt pleno iure ut dominus possederit, tamen omnis donatio mutata patronorum voluntate revocanda sit.

Kaiser Philippus entbietet dem Agilius Cosmianus seinen Gruß. Zwischen Patronen und Freigelassenen soll über die Rechtmäßigkeit von Schenkungen nicht gestritten werden: Obgleich daher aufgrund vollzogener Schenkungen der in den Besitz gesetzte Freigelassene die Geschenke noch so lange Zeit zu vollem Recht wie ein Eigentümer besaß, ist dennoch jede Schenkung nach geändertem Willens des Patrons widerruflich.

C. 8,55,1 (Philippus *Agilio Cosmiano*): *Etsi perfectis donationibus in possessionem inductus libertus quantolibet tempore ea quae sibi donata sunt pleno iure ut dominus possederit, tamen, si ingratus sit, omnis donatio mutata patronorum voluntate revocanda sit. ...* (anno 249)

Philippus an Agilius Cosmianus: *Obgleich daher aufgrund vollzogener Schenkungen der in den Besitz gesetzte Freigelassene die Geschenke noch so lange Zeit zu vollem Recht wie ein Eigentümer besaß, ist dennoch jede Schenkung, wenn er undankbar ist, nach geändertem Willens des Patrons widerruflich. ...*

In diesem Reskript geht es um die Widerruflichkeit einer Schenkung des Patrons an den Freigelassenem. Ein Unterschied der beiden Textfassungen sind die Worte *si ingratus sit*, die nur in C. 8,55,1 vorhanden sind. Nach Meinung von KASER ergibt sich aus C. 8,55,1 die Widerruflichkeit der Schenkung eines Patrons an den Freigelassenen wegen groben Undanks schon in klassischer Zeit[147]. Nach Ansicht von SCHNEBELT folgt aus diesem Unterschied zwischen Frag. Vat. 272 und C. 8,55,1 die Unechtheit von *si ingratus sit*[148]. Der Patron habe das Privileg des freien Widerrufs gehabt[149]. Ein weiterer Unterschied liegt in dem ersten Satz von Fr. vat. 272 (*inter patronos et libertos de iure donationum tractari non oportet*), der in C. 8,55,1 nicht vorhanden ist. Im Einleitungssatz von Frag. Vat. 272 wird zum Teil eine dogmatische Begründung für die Unwirksamkeit einer Schenkung des Patrons an den Freigelassenen gesehen[150]. Nach einer weiteren Auffassung besagt dieser Einleitungssatz, dass für die Beurteilung eines Widerrufes in diesem Fall nicht auf die Regeln für den Widerruf einer unwirk-

---

[147] KASER, RP I, § 140 I 3 c Fn. 45; KASER, RP II, § 265 III 2 Fn. 47, 48.

[148] SCHNEBELT, Die Reskripte der Soldatenkaiser, S. 112.

[149] Darstellung des Streitstandes bei SCHNEBELT, Die Reskripte der Soldatenkaiser, S. 106 ff.

[150] GAUDEMET, Mél. Meylan I, S. 146.

samen Schenkung zurückgegriffen werden muss, weil die Schenkung an einen Freigelassenen sogar nach Perfektion der Rückforderung unterworfen ist[151].

Die Formulierung „*quantolibet tempore*“ spricht gegen das Prinzip *peculium non ademptum videtur tacite donatum*[152]. Nach Frag. Vat. 272 steht jede Schenkung an einen Freigelassenen unter dem Vorbehalt der jederzeitigen Widerruflichkeit. Sie schwebt wie ein Damoklesschwert über dem *libertus*. Er muss sich ständig wohlverhalten, ewig dankbar sein, um dem Patron keinen Grund zum Widerruf zu geben. Es ist verständlich, wenn die Kompilatoren des Codex Justinian das geändert haben, indem sie den ersten Satz mit der grundlegenden Aussage strichen und *si ingratus sit* einfügten.

IV. Stiftung an eine Gemeinde (*pollicitatio*)

D. 50,12,3,1 (Ulpian libro 4 disp.): *Si quis quam ex pollicitatione tradiderat rem municipibus vindicare velit, repellendus est a petitione. aequissimum est enim huiusmodi voluntates in civitates collatas paenitentia non revocari. sed et si desierint municipes possidere, dicendum erit actionem eis concedendam.*

Ulpian im 4. Buch seiner Disputationen: *Wenn jemand eine Sache, die er der Gemeinde aufgrund eines Gelöbnisses übertragen hat, vindizieren will, so ist sein Verlangen zurückzuweisen. Denn es ist höchst billig, dass derartige, den Gemeinden gemachte Bewilligungen nicht aus Reue widerrufen werden können. Aber auch wenn die Gemeinden aufhören zu besitzen, so wird zu sagen sein, dass ihnen eine Klage erteilt werden müsse.*

Jemand hat der Gemeinde eine Zuwendung erbracht, vielleicht eine Statue errichtet oder eine Bibliothek. Zu einem späteren Zeitpunkt bereut er dies und möchte die Sache daher vindizieren. Ulpian spricht sich mit Billigkeitserwägungen gegen die Möglichkeit einer Vindikation aus.

Bei der Zuwendung an die Gemeinde handelt es sich um eine *pollicitatio*. Die *pollicitatio*, die von der *donatio* zu unterscheiden ist, ist das einseitige formlose Versprechen eines Gemeindebürgers, seiner Gemeinde eine Werk- (z. B. ein Bauwerk zu errichten) oder Geldleistung zu erbringen[153]. Das klassische Recht

---

[151] SCHNEBELT, Die Reskripte der Soldatenkaiser, S. 109.

[152] Vgl. zu diesem Prinzip WACKE, SZ 91 (1974), 251, 254 f.; WACKE, Iura 42 (1991), S. 43-95.

[153] STOLL, SZ 51 (1931), 488, 490; KASER, RP I, § 140 II 1.

unterschied nach dem objektiven Rechtfertigungsgrund nach der *pollicitatio ob honorem* und *non ob honorem*[154].

Eine Vindikation ist begründet, wenn eine gültige Rechtsübertragung nicht stattgefunden hat, d. h. wenn der Versprechende sein Eigentum nicht verlor. Die Vindikation ist das Herausgabeverlangen des Inhabers eines Rechtes an der herausverlangten Sache. Ihre Begründetheit wird nicht verneint, weil eine Rechtsübertragung an den Empfänger stattgefunden hat, sondern mit Billigkeitserwägungen. Gelangt der Magistrat bei seiner Prüfung der Sachgerechtigkeit (= *aequitas*) des vom Kläger vorgebrachten Begehrens zu der Auffassung, dass dieses Begehren zwar mit den Grundsätzen und Regeln des geschriebenen Rechts übereinstimmt, ihre Anwendung im gegebenen Fall aber ungerecht wäre, dann weist er die beantragte *actio* zurück[155] (der Ausdruck *repellendus* spricht für eine *exceptio* oder eine *denegatio*). Bei der *pollicitatio* des klassischen Rechts handelt es sich um ein einseitiges Leistungsversprechen eines Bürgers an eine Gemeinde[156]. Dieses Versprechen allein ist noch nicht rechtlich verpflichtend[157]. Die *pollicitatio* führt nicht zu einer zivilen *obligatio*, sondern zu einem *teneri*, das *extra ordinem* klagbar ist. Die einseitige Erklärung des Stifters bedarf der Annahme[158]. Der (allerdings rechtsfähigen) Gemeinde fehlt insoweit die Handlungsfähigkeit[159], d. h. die Fähigkeit, durch eigenes Handeln Rechtsgeschäfte gültig vorzunehmen[160]. Zwar ist die Gemeinde ein Rechtssubjekt, aber die sie bildenden physischen Personen können nicht determiniert werden, so dass es nicht möglich ist, den gleichmäßigen Willen aller Zugehörigen festzustellen[161]. Die ordentliche Vermögensverwaltung der Gemeinde, Kauf und Verkauf, Verpachtung, Arbeitsmiete usw. sind in den Ämtern Censur und Quästur enthalten[162].

---

[154] STOLL, SZ 51 (1931), 488, 491.
[155] KASER/HACKL, RZ, § 32 IV 3.
[156] STOLL, SZ 51 (1931), 488, 490; KASER, RP I, § 140 II 1.
[157] STOLL, SZ 51 (1931), 488, 490; a. A. RIEZLER, Venire contra factum proprium, S. 2, der annimmt, bei der *pollicitatio* zugunsten der *civitas* handele es sich um eine rechtswirksame und unwiderrufliche Verpflichtung nach *ius strictum*; vgl. KOSCHAKER, SZ 58 (1938), 427, 431 Fn. 1.
[158] STOLL, SZ 51 (1931), 488, 490.
[159] MOMMSEN, SZ 25 (1904), 33, 37.
[160] KASER, RP I, § 65 I.
[161] MOMMSEN, SZ 25 (1904), 33, 37 unter Hinweis auf die Stelle UE 22,5 (*nec municipia nec municipes heredes institui possunt, quoniam incertum corpus est, et neque cernere universi, neque pro herede gerere possunt, ut heredes fiant*), die so zu interpretieren sei.
[162] MOMMSEN, SZ 25 (1904), 33, 38; DULCKEIT/SCHWARZ/ WALDSTEIN, § 15 IV 5, VII.

Die Erwägungen Ulpians beziehen sich auf die Frage, ob die *pollicitatio* aus Reue widerrufen werden kann. Ulpian sieht die Vindikation als gegen die *aequitas*[163] verstoßend an. Der Stifter, der die jederzeitige Vindikation in der Hand hätte, hätte dadurch ein Druckmittel an der Hand. Vielleicht ärgerte sich der Stifter, weil er nicht wieder in den Gemeinderat gewählt wurde o. ä.. In einer Vindikation läge ein widersprüchliches Verhalten. Noch heute wird widersprüchliches Verhalten als unbillig angesehen, wenn dadurch die Interessen anderer berührt werden[164]. Der Gedanke, dass man sich nicht mit seinen eigenen Handlungen in Widerspruch setzen darf, wenn dadurch die Interessen anderer berührt werden, stellt eine Forderung der *aequitas* dar[165]. Die Interessen der Gemeinde wären nämlich insofern berührt, als eine Pflicht zur Herausgabe der Zuwendung die zur Verwendung des zugewandten Gegenstandes getroffenen Dispositionen (wie z. B. die Errichtung eines Gebäudes zur Unterbringung der Sache) gegenstandslos machen könnte. Handelt es sich um eine *pollicitatio operis*, bei der die Zuwendung in der Errichtung eines Gebäudes besteht, würde ein Widerruf der Zuwendung den Abbruch des Gebäudes bedeuten. Der Abbruch eines Gebäudes, der eine Stadtverschandelung darstellt[166], widerspricht jedoch dem öffentlichen Interesse[167]. Ulpian vertritt demnach die Idee, dass die Gemeinde, die im Vertrauen auf das Belassen einer Zuwendung handelt, dadurch keinen Schaden erleiden soll.

---

[163] Dem Begriff der *aequitas* kommen unterschiedliche Bedeutungen zu, vgl. NÖRR, Rechtskritik in der römischen Antike, S. 113 ff. Zum einen wirkt sie als eine Art Gleichgewicht in unterschiedlichen oder ähnlich gelagerten Fällen. In einem solchen Fall vollzieht sich das interpretatorische Vorgehen innerhalb der Grenzen der Ordnung und die Billigkeit ist eine Billigkeit im Sinne des *ius civile*. Dieser *aequitas civilis* steht die *aequitas naturalis* gegenüber, die zu einem kritischen Blick auf die Ordnung als solche führen und Anlass für eine neue juristische Vorschrift bilden kann. In diesem Zusammenhang spielen die Prinzipien des „anderen nicht Schaden zufügen" und „das Unrecht bestrafen" eine Rolle. vgl. BRETONE, Geschichte des römischen Rechts, S. 224 ff.

[164] RIEZLER, Venire contra factum proprium, S. 2; TEICHMANN, JA 1985, 497 ff.; DETTE, Venire contra factum proprium nulli conceditur, S. 1 ff.

[165] RIEZLER, Venire contra factum proprium, S. 2.

[166] HORAK, Iura 38 (1987), 155, 159.

[167] RAINER, SZ 108 (1991), 325 ff.; RAINER, TR 59 (1991), 259 ff.

V. Zusammenfassung

Verschiedenen Realkontrakten ist die Rückforderungsmöglichkeit des Gebers immanent. In D. 16,3,1,45 wird klargestellt, dass der Hinterleger jederzeit zurückfordern darf, weil das *depositum* allein seinen Interessen dient. Bei der Freilassungstreuhand, einem Fall der *fiducia cum amico contracta,* sind die Rückforderungsmöglichkeit im Falle der Freilassung nach bereits erfolgtem Widerruf (D. 12,4,5,1) und die Rückforderung entgegen einer ursprünglich vom Geber selbst getroffenen Bestimmung eines späteren Rückforderungszeitpunktes (D. 17,1,27,1) Anlass der Erörterung.

Auch im Falle der *datio ob rem* stellen die römischen Juristen ihre generelle Widerrufs- bzw. Rückforderungsmöglichkeit bis zur Erfüllung des Zuwendungszwecks nicht in Frage. Ein Diskussionsbedarf besteht bei den einschlägigen Stellen in Bezug auf ein unerwartetes Schicksal der Zuwendung (Tod des Sklaven in D. 12,4,3, §§ 2-3 oder lediglich teilweise zum Zwecke einer Reise verbrauchter Geldbetrag, bei anschließend doch nicht stattfindender Reise nach Capua).

Der Schenkungswiderruf, der vornehmlich Gegenstand von Kaiserreskripten ist, ist prinzipiell nicht möglich. Dies wird in den einschlägigen Stellen nicht diskutiert, sondern bestätigt. Diskutiert werden die Rückforderung einer *donatio imperfecta* bzw. die Frage ihrer Konvaleszenz (C. 8,53,17pr.), die Widerruflichkeit einer fraudatorischen Schenkung (C. 8,55,4), die Wirksamkeit der Schenkung unter besonderen Umständen (C. 5,16,23), die Frage des Vollzuges einer Schenkung, die mehr eine Frage des Vorliegens einer wirksamen *traditio* ist (D. 39,5,6) und der Sonderfall einer zwar vollzogenen, aber dennoch widerruflichen Schenkung (*donatio liberto*).

§ 6. Einseitige Willensbetätigungen mit Bindungswirkung

I. Verwirkung des Klagerechtes (*actio iniuriarum*)

D. 47,10,11,1 (Ulpian libro 57 ad ed.): *Iniuriarum actio ex bono et aequo est et dissimulatione aboletur. si quis enim iniuriam dereliquerit, hoc est statim passus ad animum suum non revocaverit, postea ex paenitentia remissam iniuriam non poterit recolere. secundum haec ergo aequitas actionis omnem metum eius abolere videtur, ubicumque contra aequum quis venit, proinde et si pactum de iniuria intercessit et si transactum et si iusiurandum exactum erit, actio iniuriarum non tenebit.*

Ulpian in seinem 57. Buch zum Edikt: *Die actio iniuriarum begründet sich auf Recht und Billigkeit und wird durch Nichtbeachtung aberkannt. Wenn nämlich jemand ein Unrecht, sobald er es erlitten hat, unbeachtet ließ, kann er nachher aus Reue das verziehene Unrecht nicht wieder aufwärmen. Deswegen also kann die Billigkeit der Klage alle seine Besorgnis beseitigen, wo auch immer gegen die Billigkeit gehandelt wird. Demnach und wenn eine Abmachung über das Unrecht hinzugetreten ist, und wenn ein formloser Vergleich geschlossen und ein Eid geleistet worden ist, wird die actio iniuriarum nicht halten.*

Jemand hat ein Unrecht (*iniuria*), wie etwa eine Beleidigung, erlitten. Wegen *dissimulatio* wird ihm die *actio iniuriarum* aberkannt. Zur Frage, wie der Ausdruck *dissimulatio* aufzufassen ist, existieren unterschiedliche Auffassungen. Nach Ansicht von PRINGSHEIM ist darunter Stillschweigen zu verstehen[1]. Klage der Verletzte nicht unmittelbar nach der Tat[2] bzw. „if resentment was not shown at once“[3], führe dies zum endgültigen Verlust der *actio iniuriarum* durch Verzeihung[4]. Nach der noch weitergehenden Ansicht von PÓLAY verliert der Verletzte die Klage, wenn er nicht sofort klagt[5].

Demgegenüber meint PUGSLEY, man könne das Recht auf spätere Verfolgung nicht von einem derartigen Protestverhalten abhängig machen, da eine sofortige Reaktion des Geschädigten eine weitere Gegenreaktion des Schädigers zur Fol-

---

[1] PRINGSHEIM, SZ 52 (1932), 78, 102.
[2] RABER, Iniuria, S. 106.
[3] DE ZULETA, Nachweis bei PUGSLEY, TR 36 (1968), 371, 381 Fn. 45 (Institutes of Gaius II,1952, S. 220).
[4] WITTMANN, SZ 91 (1974), 285, 304.
[5] PÓLAY, Iniuria Types, S. 198.

ge haben könne[6]. KLINGENBERG belegt anhand verschiedener Quellentexte, dass der Ausdruck *dissimulatio* eine bewusste Nichtachtung einer zugefügten *iniuria* durch den Betroffenen bedeute und damit ein konkludentes Verhalten gemeint sei[7]. Der Betroffene gehe einfach über die ihm objektiv zugefügte Kränkung hinweg bzw. wolle sie gar nicht als solche empfinden[8]. Zudem spreche die Befristung der *actio iniuriarum* auf ein Jahr gegen die Notwendigkeit sofortiger Klageerhebung[9].

Die *dissimulatio* zu bereuen, ist Ulpian zufolge nicht möglich. Die Bindung des Geschädigten an sein Verhalten begründet Ulpian mit der *aequitas*. Fraglich ist, welche Art von *aequitas* Ulpian meint. BEHRENDS sieht darin die „équité naturelle de droit de revanche“[10]. Nach WITTMANN und KLINGENBERG ist damit die *aequitas actionis* gemeint[11]. Dafür sprächen die in der Stelle gebrauchten Formulierungen *iniuriarum actio ex bono et aequo* und *aequitas actionis*[12].

Ist die *aequitas actionis* gemeint, so bedeutet das, dass sich die Formulierung *bonum et aequum* in der Formel der klassischen *actio iniuriarum*[13] ihrem Wortlaut nach in erster Linie auf die vom *iudex* oder den Rekuperatoren zu ermittelnde Höhe der Schätzsumme innerhalb der *taxatio* bezieht[14]. Eine Verurteilung auf Null kommt einer *absolutio* sehr nahe[15].

Die Erhebung einer *actio iniuriarum* ist ein Widerspruch gegenüber dem vorangegangenen Verhalten, der *dissimulatio*: Mit ihrer Funktion, das begangene Unrecht zu sühnen, dient die *actio iniuriarum* der Genugtuung des Verletzten und der Wiederherstellung des Rechtsfriedens. Durch bewusste Nichtbeachtung, was einem konkludenten Racheverzicht entspricht, wird dieses Ziel erreicht. Der durch einen konkludenten Racheverzicht hergestellte Zustand entspricht damit im Ergebnis der Sachlage, die besteht, wenn der Täter die Buße an den Verletzten entrichtet hat. Ulpian setzt diese Sachlage mit einer Abmachung über das Unrecht (Sühne*pactum*) und mit einem formlosen Vergleich gleich.

---

[6] PUGSLEY, TR 36 (1968), 371, 382 ff.
[7] KLINGENBERG, in: FS f. Mayer-Maly, S. 318 ff.
[8] KLINGENBERG, in: FS f. Mayer-Maly, S. 324.
[9] KLINGENBERG, in: FS f. Mayer-Maly, S. 324.
[10] BEHRENDS, RH 68 (1990), 337, 352 Fn. 57.
[11] WITTMANN, SZ 91 (1974), 285, 305; KLINGENBERG, in: FS f. Mayer-Maly, S. 332.
[12] KLINGENBERG, in: FS f. Mayer-Maly, S. 332.
[13] LENEL, EP, S. 399; MANTOVANI, Le formule del processo privato romano, S.74.
[14] KLINGENBERG, in: FS f. Mayer-Maly, S. 333.
[15] KLINGENBERG, in: FS f. Mayer-Maly, S. 333.

Mit dem Ausdruck *paenitentia* wird ein Sinneswandel in Bezug auf den stillschweigenden Racheverzicht zum Ausdruck gebracht, der aber nicht zugelassen wird. Die Äußerung der *paenitentia* erfolgt konkludent durch Klageerhebung, die sich als Widerruf des Verzichtes darstellt.

Noch heute führt die Untätigkeit des Verletzten in verschiedenen Fällen zum Ausschluss der Verfolgbarkeit (§§ 77 Abs. 1, 77 b Abs. 1 Satz 1, 185, 194 Abs. 1 Satz 1 StGB).

II. Wahlschuld

Bei der Wahlschuld werden zwei oder mehrere Sachen (z. B. Stichus oder Pamphilus) geschuldet, der Gläubiger soll aber nur eine erhalten. Ausgangsfälle sind die Stipulation, das Legat und der Kauf. Für diese Obligationen haben die Römer weder eine einheitliche Bezeichnung gekannt, noch haben sie für alle Wahlschuldverhältnisse geltende Rechtsregeln entwickelt[16].

1. Wahlrecht des Schuldners

a) Damnationslegat

D. 30,84,9 (Iulianus lib. 33. digestorum): *Stichum aut Pamphilum, utrum heres meus volet, Titio dato. Si dixerit heres Stichum se velle dare, Sticho mortuo liberabitur. cum autem semel dixerit heres, utrum dare velit, mutare sententiam non poterit.*

Julian im 33. Buch seiner Digesten: *Stichus oder Pamphilus, welchen mein Erbe will, soll er dem Titius leisten. Wenn der Erbe gesagt haben wird, den Stichus geben zu wollen, wird er befreit werden, falls Stichus stirbt. Wenn der Erbe aber einmal gesagt haben wird, welchen von beiden er geben wolle, wird er seine Meinung nicht ändern können.*

Der Erblasser hat ein Wahlvermächtnis ausgesetzt und das Wahlrecht des Erben angeordnet. Der Legatar soll entweder seinen Sklaven Stichus oder seinen Sklaven Pamphilus erhalten. Die vom Erben getroffene Wahl ist nicht widerrufbar. Stirbt der ausgewählte Sklave, so ist der Erbe von seiner Verbindlichkeit

---

[16] ZIEGLER, AcP 171 (1971), 193, 196.

gegenüber dem Legatar befreit, weil der einmal gewählte Sklave allein *in obligatione* ist – geschuldet wird.

b) Stipulation

Auch im Falle einer Stipulationsschuld ist die einmal erklärte Wahl unabänderlich, was der folgenden Stelle zu entnehmen ist:

D. 45,1,138,1 (Venuleius libro 4. stipulationum): *Cum pure stipulatus sum illud aut illud dari, licebit tibi, quotiens voles, mutare voluntatem in eo quod praestaturus sis, quia diversa causa est voluntatis expressae et eius quae inest.*

Venuleius in seinem 4. Buch der Stipulationen: *Wenn ich mir unbedingt versprechen ließ, dass dieses oder jenes gegeben werde, so ist es dir erlaubt, sooft du willst, deine Meinung in dem was du leisten musst zu ändern, weil der ausdrückliche Wille und der vorbehaltene zu unterscheiden sind.*

Der Schuldner einer Stipulation, aufgrund derer mehrere Leistungen wahlweise geschuldet werden, kann sich solange umentscheiden, welche Leistung er erbringen will, bis er diese zunächst vorbehaltene Entscheidung zum Ausdruck gebracht hat. Die Stelle wird als Beleg für die grundsätzliche Wahlbefugnis des Schuldners angesehen, wenn nichts anderes bedungen ist[17]. Mit der Formulierung des Schlusssatzes kann, so wie im modernen Recht (§ 263 Abs. 1 BGB), eine Erklärung gegenüber dem Gläubiger gemeint sein. Hat er diese Wahlerklärung abgegeben, kann er seine Meinung nicht mehr ändern. Demgegenüber wird der Standpunkt vertreten, der Schuldner verliere sein Wahlrecht erst durch die vollständige Erfüllung seiner Verbindlichkeit in einer der möglichen Weisen, durch Leistung eines der alternativ geschuldeten Gegenstände[18]. Indessen ist nicht einzusehen, warum nicht schon die Wahlerklärung bindend sein soll, wenn man die Wahl als das Wesentliche ansieht[19]. Auch in anderen Fällen alternativer Obligation ist die Wahlerklärung maßgeblich, namentlich im Fall eines Wahlvermächtnisses, von dem die folgende Stelle handelt.

---

[17] PESCATORE, Die sogenannte alternative Obligation, S. 83; KASER, RP I, § 116 I 2.
[18] PESCATORE, Die sogenannte alternative Obligation, S. 157 f.
[19] PESCATORE, Die sogenannte alternative Obligation, S. 158.

c) Das vom Schuldner nicht ausgeübte Wahlrecht

D. 31,11,1 (Pomponius libro 7. ex Plautio): *Stichum aut Pamphilum, utrum heres meus volet, Titio dato, dum, utrum velit dare, eo die, quo testamentum meum recitatum erit, dicat. si non dixerit heres, Pamphilum an Stichum dare malit, perinde obligatum eum esse puto, ac si Stichum aut Pamphilum dare damnatus esset, utrum legatarius elegerit. si dixerit se Stichum dare velle, Sticho mortuo liberari eum: si ante diem legati cedentem alter mortuus fuerit, alter qui supererit in obligatione manebit. cum autem semel dixerit heres, utrum dare velit, mutare sententiam non poterit. et ita et Iuliano placuit.*

Pomponius in seinem 7. Buch aus Plautius: *Stichus oder Pamphilus, welchen mein Erbe will, soll er dem Titius leisten, wenn er es nur an dem Tag sagt, an dem mein Testament verlesen wird. Wenn mein Erbe nicht gesagt hat, ob er Stichus oder Pamphilus lieber geben wolle, so meine ich, ist er ebenso verpflichtet, wie wenn er den Stichus oder Pamphilus, welchen der Legatar ausgewählt habe, zu geben verurteilt worden wäre. Hat er gesagt, er wolle Stichus geben und stirbt Stichus, so wird er frei. Wenn vor Anfall des Vermächtnisses der eine stirbt, bleibt der, der übrig geblieben ist geschuldet. Hat der Erbe einmal gesagt, welchen er geben wolle, so kann er seine Meinung nicht ändern. Und so hat es auch Julian gefallen.*

Der Erblasser hat ein Wahlvermächtnis ausgesetzt, wonach der Legatar entweder Stichus oder Pamphilus erhalten soll. Allerdings übt der Erbe das für ihn angeordnete Wahlrecht nicht fristgerecht aus. In diesem Fall geht das Wahlrecht aufgrund stillschweigend erklärten Vermächtniswillens des Testators[20] zum bestimmten Termin auf den Legatar über. Stirbt einer der Sklaven, bevor das Wahlrecht ausgeübt worden ist, so schuldet der Erbe den überlebenden Sklaven. Dieses Ergebnis entspricht der von § 265 BGB getroffenen Regelung, abgesehen von der dort gemachten Einschränkung einer vom nicht wahlberechtigten Teil zu vertretenden Unmöglichkeit. Die Frage, ob die ausgeübte Wahl widerrufen werden kann, wird verneint; insoweit beruft sich Pomponius auf Julian.

---

[20] PESCATORE, Die sogenannte alternative Obligation, S. 73; PESCATORE, Die Wahlschuldverhältnisse, S. 46 Fn. 4.

2. Wahlrecht des Gläubigers

a) Wahlrecht des Gläubigers ohne Widerrufsmöglichkeit

D. 33,5,20 (Labeo libro 2. posteriorum a Iavoleno epitomatorum): *Apud Aufidium libro primo rescriptum est, cum ita legatum est: „vestimenta quae volet triclinaria sumito sibique habeto", si is dixisset quae vellet, deinde, antequam ea sumeret, alia se velle dixisset, mutare voluntatem eum non posse, ut alia sumeret, quia omne ius legati prima testatione, qua sumere se dixisset, consumpsit, quoniam res continuo eius fit, simul ac si dixerit eam sumere.*

Bei Aufidius wird im ersten Buch die Antwort erteilt: Wenn ein Vermächtnis so ausgesetzt worden ist: „Von meinen Speiseteppichen soll er die, die er haben will, nehmen und für sich behalten", wenn er gesagt hat, welche er wolle, (aber) darauf, bevor er ihn genommen hat, erklärte, einen anderen haben zu wollen, kann er seinen Willen nicht ändern, um andere zu nehmen, weil das ganze Recht aus dem Vermächtnis durch die erste Aussage, welchen er nehme, erloschen ist, denn die Sache wird unmittelbar seine, sobald er gesagt hat, welche er nehmen wolle.

Der Erblasser hat ein Wahlvermächtnis für mehrere Speiseteppiche ausgesetzt und ein Wahlrecht des Legatars angeordnet. Wie am Wortlaut des Vermächtnisses („*sumere sibique habere*") zu erkennen ist, handelt es sich bei diesem Vermächtnis um ein *legatum sinendi modo*, bei dem der Erbe ursprünglich nur verpflichtet war, die formlose Ergreifung der Sache durch den Legatar zu dulden[21]. Der Legatar erwirbt den Gegenstand durch seinen konstitutiven Wahlakt, der – wie auch der Wahlakt des Schuldners – unabänderlich ist[22].

b) Wahlrecht des Gläubigers mit Widerrufsmöglichkeit

D. 45,1,112pr. (Pomponius libro 15. ad Quintum Mucium): *Si quis stipulatus sit Stichum aut Pamphilum, utrum ipse vellet. quem elegerit, petet et is erit solus*

---

[21] PEZZANA, Contributi allo studio del legato „sinendi modo", S. 1 ff.; LEUBA, Origine et nature du legs per praecetionem, S. 145 ff.; KASER, RP I § 184 II 3; ANKUM, in: FS f. von Lübtow, S. 77-90, behandelt in dem das *legatum per praeceptionem* betreffenden Beitrag nicht das *legatum sinendi modo*.

[22] KASER, RP I § 184 II 5 a zur *optio legata*.

in obligatione. an autem mutare voluntatem possit et ad alterius petitionem transire, quaerentibus rescipiendus erit sermo stipulationis, utrumne talis sit, „quem voluero" an „quem volam": nam si talis fuerit „quem voluero", cum semel elegerit, mutare voluntatem non poterit: si vero tractum habeat sermo illius et sit talis „quem volam", donec iudicium dictet, mutandi potestatem habebit.

Pomponius im 15. Buch zu Quintus Mucius: *Ließ sich jemand den Stichus oder den Pamphilus versprechen, welchen von beiden er will, so wird der ausgewählte, welchen allein er fordert, Gegenstand der Verpflichtung. Ob er aber seinen Willen ändern und mit seiner Forderung auf den anderen übergehen kann, darüber wird von den Fragenden der Wortlaut der Stipulation zu berücksichtigen sein: Lauten die Worte, „welchen ich gewollt haben werde" oder „welchen ich wollen werde". Denn wenn sie gewesen sind „welchen ich gewollt haben werde", so kann er, wenn er einmal gewählt hat, seinen Willen nicht mehr ändern. Wenn die Worte umfassender gewesen sind und lauteten „welchen ich wollen werde", hat er solange das Recht seinen Willen zu ändern, bis Klage erhoben ist.*

Stichus oder Pamphilus sind vom Gläubiger stipuliert worden, und er hat das Wahlrecht erhalten, welchen von beiden er nehmen will. Pomponius diskutiert die Frage, ob eine einmal ausgesprochene Wahl widerrufen werden kann. Er stellt sich auf den Standpunkt, es komme auf den Wortlaut der Stipulation an. Je nachdem ergibt die Auslegung der Formulierung den Willen des *promissors*, dass sich der Gläubiger die von ihm getroffene Wahl noch einmal anders überlegen kann, und zwar solange, bis Klage erhoben ist. Der Gläubiger kann also durch Parteifestsetzung an die bloße Erklärung seiner Wahl gebunden werden[23].

III. Zusammenfassung

Ein Beleidigter, der gegen den Schädiger eine *actio iniuriarum* erheben könnte, begibt sich der Möglichkeit die Verurteilung des Schädigers zu erreichen, wenn er sich nicht beleidigt fühlt, sich nicht entrüstet und bewußt untätig bleibt und konkludent einen Racheverzicht signalisiert. Dieses Ergebnis, das keineswegs so selbstverständlich erscheint, wie etwa die der *datio ob rem* immanente Widerrufsmöglichkeit, wird dogmatisch mit Billigkeitserwägungen be-

---

[23] PESCATORE, Die Wahlschuldverhältnisse, S. 75 f.

gründet sowie mit der Vergleichbarkeit mit nachträglich bindenden Vereinbarungen.

Bei der Wahlschuld hat der Schuldner, ggf. auch der Gläubiger die Freiheit, den Leistungsgegenstand, der geschuldet sein soll, auszuwählen. Wenn es nicht – ausnahmsweise – ausdrücklich so vorgesehen ist, ist der Wahlakt des dazu Befugten bindend, kann also nicht widerrufen werden. In den Erörterungen der römischen Juristen geht es weniger um die prinzipielle Unwiderruflichkeit der vom Schuldner getroffenen Wahl. Diskutiert wird vielmehr, wie sich der Untergang des ausgewählten Leistungsgegenstandes auswirkt, (1.) nachdem das Wahlrecht ausgeübt worden ist (D. 30,84,9), und (2.) noch bevor es ausgeübt wurde (D. 31,11,1). Erörtert wird ferner das grundsätzlich unwiderrufliche Wahlrecht des Gläubigers.

§ 7. Verfügungen von Todes wegen

I. Testamente

1. Stillschweigender Widerruf eines Soldatentestaments

D. 29,1,15,1 (Ulpian libro 45 ad edictum): *Sicut autem hereditatem miles nuda voluntate dare potest, ita et adimere potest. denique si cancellaverit testamentum suum vel inciderit, nullius erit momenti. si tamen testamentum cancellaverit et mox valere voluerit, valebit ex suprema voluntate. et ideo cum miles induxisset testamentum suum, mox anulo suo signasset, qui super ea re cogniturus erit considerabit, quo proposito id fecerit. nam si mutatae voluntatis eum paenituisse probabitur, renovatum testamentum intellegitur. quod si ideo, ne ea quae scripta fuerant legi possint, causa irriti facti iudicii potior existimabitur.*

Ulpian in seinem 45. Buch zum Edikt: *So wie aber ein Soldat seine Erbschaft durch den bloßen Willen zuteilen kann, so kann er sie auch widerrufen. Daher, wenn er sein Testament durchgestrichen oder durchgeschnitten hat, wird es ohne Wirkung sein. Wenn er sein Testament durchgestrichen hat, es bald darauf dennoch gelten lassen wollte, so wird es nach der letzten Willenskundgabe gültig sein. Und wenn ein Soldat sein Testament durchstrich, es bald darauf mit seinem Ring siegelte, soll deswegen der, der über diese Sache die Untersuchung hat, überlegen, mit welcher Absicht er es gemacht hat. Denn wenn er seine Willensänderung bereute, so wird das Testament als erneuert angesehen werden. Wenn es aber geschah, damit das Geschriebene nicht gelesen werden könne, so hat man mehr Grund zu glauben, sein Urteil sei dadurch ungültig geworden.*

Ein Soldat hat in der Absicht, sein Testament zu widerrufen, die Testamentsurkunde durchgestrichen oder durchgeschnitten. Später siegelte er das so ungültig gemachte Testament mit seinem Ring. Bei einer späteren Untersuchung dieses Sachverhaltes ist zu berücksichtigen, dass die spätere Siegelung des Testamentes geschehen sein könnte, weil der Soldat den vorherigen Testamentswiderruf bereute. In diesem Fall soll das Testament als erneuert angesehen werden. Sollte jedoch durch die Siegelung erreicht werden, dass das Testament nicht mehr gelesen werden kann, so bleibt es bei seiner Ungültigkeit.

Nach *ius civile* bleibt ein gültig errichtetes Testament prinzipiell auch dann bestehen, wenn der Testator in Widerrufsabsicht die Testamentsurkunde zerstört, die Verschlussschnur durchschneidet, die Siegel ablöst oder die Erbeinsetzungen durchstreicht[1]. Ein Widerruf geschieht durch Errichtung eines neuen nach *ius civile* gültigen Testaments[2]. Für das Soldatentestament gelten Sonderregeln[3]. Den Soldaten ist es gestattet, die Erbeinsetzung in beliebiger mündlicher oder schriftlicher Form zu widerrufen.

Der testierende Soldat kann sein Testament widerrufen, später jedoch wieder zu den ursprünglichen testamentarischen Regelungen zurückkehren. Das folgt aus seiner Testierfreiheit und der bis zuletzt gegebenen jederzeitigen Veränderlichkeit des Willens des Verstorbenen (*ambulatoria est voluntas defuncti usque ad vitae supremum exitum*[4]). Diese in einer Veränderung der Testamentsurkunde manifestierte Willensänderung wird mit dem Ausdruck *paenitentia* umschrieben: Der Soldat bereut es, sein Testament widerrufen zu haben und widerruft schließlich den Testamentswiderruf. Weil das Soldatentestament keinen Formvorschriften unterliegt, aufgrund derer die Bedeutung bestimmter Handlungen bzw. Erklärungen klar ist, muss das Handeln des Testators ausgelegt werden. Die Frage, welche Aussage der Testator mit seinem schlüssigen Verhalten, der Siegelung des durchgestrichenen oder –geschnittenen Testaments, treffen wollte, ist eine Auslegungsfrage. Diese Auslegungsfrage ist nach dem Willen des Testators zu beantworten. Eine modernrechtliche Parallele zum Widerruf des Widerrufs findet sich in § 2257 BGB.

2. Testamentsänderung und *clausula derogatoria*

D. 32,22pr. (Hermogenian libro 4. iuris epitomae): *Si quis in principio testamenti adscripserit: „cui bis legavero, semel dederi volo", postea eodem testamento vel codicillis sciens saepe eidem legaverit, suprema voluntas potior habetur. nemo enim eam sibi potest legem dicere, ut a priore ei recedere non liceat. sed hoc ita locum habebit, si specialiter dixerit prioris voluntas sibi paenituisse et voluisse, ut legatarius plura legata accipiat.*

Hermogenian im 4. Buch seiner iuris epitomae: *Wenn jemand am Anfang des Testamentes geschrieben haben sollte: „Wem ich zweimal vermacht haben werde, dem will ich nur einmal geben", nachher in demselben Testament oder Ko-*

---

[1] KASER, RP I, § 163 II 2.
[2] KASER, RP I, § 163 II 1.
[3] Gaius 2,106,109-111,114.
[4] D. 34,4,4.

dizill wissentlich ein und demselben öfters vermacht haben sollte, so wird die letzte Willensäußerung für stärker gehalten. Denn niemand kann sich selbst die Bestimmung auferlegen, dass es ihm nicht erlaubt sei, von seinem früheren Willen abzugehen. Aber dies ist nur dann so, wenn er (im Testament) besonders gesagt haben wird, dass er seinen früheren Willen bereut und gewollt habe, dass der Vermächtnisnehmer mehrere Vermächtnisse erhalte.

Der Testator hat am Anfang seines Testamentes vermerkt, dass er, falls er jemandem mehrfach vermacht haben werde, diesem nicht mehrfach zuwenden wolle. Später hat er in derselben Testamentsurkunde bewusst jemanden mehrfach bedacht. Hermogenian bejaht die Frage, ob diese mehrfache testamentarische Zuwendung angesichts der am Testamentsanfang befindlichen Klausel überhaupt wirksam ist. Er stützt sich auf die Erwägung, dass jede spätere testamentarische Bestimmung einer früheren vorgeht. Ferner könne sich niemand selbst eine Beschränkung seiner Testierfreiheit auferlegen. Allerdings müsse der Testator in demselben Testament oder Kodizill deutlich zum Ausdruck gebracht haben, dass er seinen früheren Willen bereut und der Vermächtnisnehmer mehrere Vermächtnisse erhalte.

Bei der am Testamentsanfang befindlichen Bestimmung handelt es sich um den vorsorglichen Widerruf einer etwa nachfolgenden Verfügung, eine sogenannte *clausula derogatoria*[5]. Da manche die Notwendigkeit einer *clausula derogatoria* sahen (auch Ulpian – D. 30,14pr. –, Aristo, Celsus und Marcellus berichten darüber[6]), war es offenbar nicht ungewöhnlich, dass der Testator versehentlich jemanden mehrfach in seinem Testament bedachte, obgleich er demjenigen nur ein einziges Vermächtnis zuwenden wollte.

Bei einem Testament, das eine Mehrfachzuwendung aber keine *clausula derogatoria* enthielt, ging Antoninus Pius in einem Reskript[7] davon aus, die Wiederholung desselben Betrages im selben Testament habe im Zweifel bloß deklaratorischen Wert[8]. Nach Celsus[9] ist vom konstitutiven Charakter der zweiten Verfügung auszugehen, wenn sie in einem späteren Kodizill erfolgt[10]. Im Falle einer zweiten Zuwendung in derselben Testamentsurkunde musste somit der

---

[5] Liebs, Hermogenians iuris epitomae, S. 67.
[6] Liebs, Hermogenians iuris epitomae, S. 66 f.
[7] Ulpian D. 30,34,3.
[8] Wacke, SZ 109 (1992), 411, 426.
[9] D. 22,3,12.
[10] Wacke, SZ 109 (1992), 411, 426.

Legatar die gegen ihn sprechende Vermutung widerlegen und hatte somit die Hauptbeweislast[11]. Liegen zwei formwirksame Vermächtnisanordnungen (Testament und Kodizill) vor, muss der Erbe die Unwirksamkeit der späteren Vermächtnisanordnung beweisen[12].

Ein vorsorglicher Widerruf mittels *clausula derogatoria* war nach klassischer Lehre wirksam, wenn die Klausel und die zu widerrufende Verfügung in demselben Testament enthalten waren[13]. Hermogenian differenziert die Fälle, in denen die spätere Mehrfachzuwendung ganz bewusst geschieht und die Abstandnahme von dem früheren Willen, die Reue, klar zum Ausdruck gebracht wird. In einem solchen Fall ebenfalls von einem Widerruf kraft der *clausula derogatoria* auszugehen, würde ihrem Sinn nicht gerecht und ließe den allein maßgeblichen Erblasserwillen unberücksichtigt. Die *clausula derogatoria* wird daher auf die Fälle der unbewussten Mehrfachzuwendung eingeschränkt. Die Stelle dokumentiert die *regula iuris*, dass niemand eine Bestimmung in sein Testament aufnehmen kann, von der er nicht mehr abrücken kann (Selbstbindungsklausel). Auf das Recht zum Widerruf einer testamentarischen Bestimmung kann nicht wirksam verzichtet werden (*in testamento nemo sibi legem dicere potest, a qua recedere non possit*)[14].

Auch heute wäre eine testamentarische Bestimmung, die etwa lautet „Hiermit ordne ich unwiderruflich an, ...“ ebenfalls nicht unabänderlich. Eine weitere modernrechtliche Parallele zur *clausula derogatoria* stellt die sog. Schriftformklausel dar, die nachträglichen Vertragsänderungen und –ergänzungen vorbeugt. Etwaige spätere Änderungen und/oder Ergänzungen eines nach dem Gesetz nicht formbedürftigen, gleichwohl schriftlich abgefassten Vertrages bedürfen nach der Schriftformklausel zu ihrer Wirksamkeit der Schriftform. Dies gilt auch für eine Änderung der gewillkürten Schriftform selbst.

3. Testamentarische Freilassung

D. 40,7,3,13 (Ulpian libro 27 Sabinum): *Stichus annua bima trima die denos aureos heredi si dederit, liber esse iussus est. si prima pensione stetit per heredem, quo minus acciperet decem, exspectandam esse trimam pensionem placet,*

[11] WACKE, SZ 109 (1992), 411, 426.
[12] WACKE, SZ 109 (1992), 411, 424 f.
[13] LIEBS, Hermogenians iuris epitomae, S. 67.
[14] LIEBS, Lateinische Rechtsregeln und Rechtssprichwörter, S. 99 J 128.

quia et tempus adiectum est et adhuc supersunt duae pensiones. sed si eadem decem sola habeat, quae optulit ad primam pensionem, an etiam ad sequentem quoque prosit, si offerat? et an et ad tertiam, si sequens pensio non sit accepta? et puto sufficere haec eadem et paenitentiae heredi locum non esse. quod et Pomponius probat.

Ulpian in seinem 27. Buch zu Sabinus: *Wenn Stichus dem Erben an drei jährlichen Terminen je zehn Goldstücke gegeben haben werde, ist er für frei erklärt worden. Wenn es bei der ersten Rate am Erben gelegen hat, dass er die zehn nicht annahm, ist die dritte Rate abzuwarten, weil sowohl eine Frist hinzugefügt ist als auch zwei Raten übrigbleiben. Aber wenn er alleine die zehn haben sollte, die er mit der ersten Rate angeboten hat, nützen sie auch für die zweite Rate, wenn er sie dann anbietet? Und auch für die dritte, wenn die zweite Rate nicht angenommen worden ist? Ich meine, dass diese zehn ausreichen und die Reue des Erben nicht statthaft ist, was auch Pomponius billigt.*

Stichus ist von seinem Herrn unter der aufschiebenden Bedingung testamentarisch freigelassen worden, dass er aus seinem *peculium* dem Erben drei Raten zu je 10 Goldstücken bezahlt. Der Eintritt der Bedingung scheitert jedoch daran, dass der Erbe die Annahme der ersten Rate verweigert, vermutlich weil er mit der *manumissio testamento* nicht einverstanden ist. Ulpian erörtert die Frage, wie oft Stichus dem Erben Zahlung anbieten muss. Ferner äußert sich Ulpian zu der Frage, inwieweit das Verhalten des Erben, das der Bedingung entgegensteht, es rechtfertigt, den Bedingungseintritt zu fingieren. Der Bedingungseintritt kann als gegeben angenommen werden, wenn diejenige Partei, zu deren Nachteil das betreffende Geschäft geschlossen ist, den Eintritt vereitelt hat[15]. Der Erbe bereut daher die Nichtannahme der ersten Rate: Wenn der Sklave ohnedies frei wird, will der Erbe wenigstens alle drei Raten haben. Aber dies verweigert ihm Ulpian unter Berufung auf Pomponius. Die Annahmeverweigerung ist unwiderruflich. Deshalb nützen die ersten 10 auch für das zweite und dritte Angebot. Der Erbe kann nicht nachfordern.

Im modernen Recht findet sich eine vergleichbare Regelung in § 162 Abs. 1 BGB, der den wider Treu und Glauben verhinderten Bedingungseintritt fingiert.

[15] KASER, RP I, § 61 I 5; SCHIEMANN, Pendenz und Rückwirkung der Bedingung, S. 11; WACKE, Der favor libertatis, S. 22.

II. Vermächtnisse

1. Wirkung des Vermächtniswiderrufes

Die beliebige und formlose Widerruflichkeit eines Fideikommiss aus Reue ergibt sich aus folgender Stelle, die zugleich eine Aussage zur Rechtsfolge des Widerrufs des Erblassers trifft:

C. 6,42,27 (Diocletian et Maximian *Olympiadi*): *Fideicommissum eius qui reliquerat paenitentia probata successores numquam praestare compelluntur.* (anno 294)

Diokletian und Maximian an Olympiad: *Ist die Reue desjenigen erwiesen, der ein Fideikommiss angeordnet hat, können seine Erben niemals gezwungen werden zu leisten.*

Der Erblasser hat ein Fideikommiss errichtet, dies jedoch später bereut und schlüssig widerrufen. Für einen schlüssigen Widerruf genügt z. B. schon ein Zerwürfnis (s. u. § 9 III). Der Widerruf eines Fideikommiss ist nicht an eine Form gebunden[16], er muss nur erwiesen sein. Ist der Widerruf erwiesen, hat der Erbschaftsfideikommissar keinen Anspruch gegen die Erben auf Auszahlung des Vermächtnisses. Gegen eine Klage des Vermächtnisnehmers steht den Erben die *exceptio doli* zu[17].

2. Die *donatio mortis causa*

Die schon angesprochene *datio ob rem* wird als die Hauptform der *donatio mortis causa* angesehen[18]. Die Schenkungen *mortis causa* sind daher ein weiterer Bereich, bei dem die *paenitentia* als die Möglichkeit eines beliebigen Widerrufs in Erscheinung tritt[19].

PS 3,7,2: *Donatio mortis causa cessante valitudine et sequente sanitate, paenitentia etiam revocatur: Morte enim tantummodo convalescit.*

---

[16] KASER, RP I, § 189 V. Heute muss der Erblasser persönlich den Widerruf auf der Testamentsurkunde zum Ausdruck bringen, sei es auch schlüssig (§ 2255 BGB).
[17] D. 34,4,3,11.
[18] SIMONIUS, Donatio mortis causa, S. 119.
[19] WENDT, Reurecht und Gebundenheit, S. 51.

Eine Schenkung von Todes wegen wird aufgrund nachlassender Gesundheit und darauf folgender Genesung (oder) auch aus Reue widerrufen: Nur mit dem Tod des Schenkers wird sie nämlich gültig.

Aus der Stelle ergibt sich deutlich, dass die Schenkung von Todes wegen zu Lebzeiten des Schenkers nicht als vollzogen gilt, sondern erst mit dem Tod des Schenkers rechtlichen Bestand erlangte. Diese Aussage bezieht sich auf vollzogene Schenkungen; bloße Schenkungsversprechen sind ohnehin nicht gültig (s. o. § 5 IV). Zwischen Genesung und Reue besteht kein Zusammenhang[20]. Daraus folgt die generelle Widerruflichkeit einer Schenkung von Todes wegen[21] (so wie die Schenkung unter Ehegatten[22]). Nach LEVY handelt PS 3,7,2 von einer Schenkung mit sofortiger Eigentumsübertragung, die unter einer auflösenden Bedingung erfolgt ist[23]. Diese Auffassung ist abzulehnen, da der Wortlaut der Stelle eindeutig ist: Das Wort *convalescere* bedeutet „in Kraft treten“[24], „rechtlichen Bestand erlangen“[25].

Weniger deutlich als die Stelle aus den Paulussentenzen ist die folgende Digestenstelle:

D. 39,6,30 (Ulpian libro 21. ad edictum): *Qui mortis causa donavit, ipse ex paenitentia condictionem vel utilem actionem habet.*

Ulpian in seinen 21. Buch zum Edikt: *Wer von Todes wegen geschenkt hat, hat im Falle seiner Reue eine condictio oder eine analoge Klage.*

Dem von Todes wegen Schenkenden steht eine *condictio* oder eine *actio utilis* aus Reue zur Rückforderung des Zugewendeten zu. Der Schenker kann somit das Zugewendete beliebig, im Falle eines Sinneswandels, zurückfordern.

Für die *donatio mortis causa* hat das klassische Recht zwei Haupttypen herausgebildet[26]. Zum einen gab es (1.) das unbedingte Geschäft, bei dem die *mortis causa* erfolgte Schenkung zivilrechtlich vollwirksam war, und das Eigentum sofort übergeht, das Zugewendete jedoch mit der *condictio* zurückgefordert werden kann, wenn der Schenker den Beschenkten überlebt[27]. Oder der Schen-

---

[20] YARON, RIDA 3 (1956), 493, 510.
[21] DI PAOLA, Donatio mortis causa, S. 79; KASER, TR 27 (1959), 212, 218; HONSELL/MAYER-MALY/SELB, Römisches Recht, § 187 II.
[22] DI PAOLA, Donatio mortis causa, S. 79.
[23] LEVY, Ges. Schriften I, S. 196.
[24] Langenscheidts Großes Schulwörterbuch.
[25] KADEN, SZ 76 (1959), 621, 627.
[26] KASER, RP I, § 300 I 2 und § 191 I 1, wo von drei Erscheinungsformen die Rede ist.
[27] KASER, RP I, § 300 I 2; SCHWARZ, Grundlage der condictio, S. 166.

ker befand sich im Zeitpunkt der Schenkung in unmittelbarer Todesgefahr, war dieser Gefahr jedoch schließlich entronnen; auch dann konnte er das Zugewendete mit der *condictio* zurückfordern[28]. Bei (2.) der bedingten Schenkung war der Erwerb durch den Beschenkten bis zum Vorversterben des Schenkers aufgeschoben; der Schenker konnte also bei vorzeitigem Ableben des Beschenkten die geschenkte Sache vindizieren[29]. Zudem gibt es (3.) den Typus der *donatio mortis causa*, dass die Zuwendung sofort (unbedingt) vollzogen wird, jedoch ohne Todesgefahr, in bloßem Gedenken an die Sterblichkeit (*cogitatio mortis*) des Schenkers[30]. Ein (4.) Sonderfall ist die fiduziarische Übereignung mit dem Vorbehalt des Anspruchs auf Rückübereignung, wenn der Erwerber vor dem Schenker sterben sollte[31].

D. 39,6,30 spricht von einer vollzogenen und wirksamen Schenkung. Anders wäre die *condictio* nicht zu erklären. Bei der genannten Möglichkeit, aus Reue zu kondizieren, handelt es sich um ein freies Widerrufs- bzw. Rücktrittsrecht, bei dem keine äußeren Umstände sondern lediglich der Wille des Schenkers, seine Reue, maßgeblich ist[32]. Fraglich ist allerdings, welche Bedeutung die daneben genannte *actio utilis* hat. Nach Meinung von VALIÑO handelt es sich dabei um die *vindicatio* justinianischer Schöpfung[33]. Von PERNICE wird die *actio utilis* hier als *rei vindicatio utilis* aufgefasst[34]. In D. 39,6,29 gewährt Ulpian dem Schenker für den Fall einer auflösend bedingten Schenkung zur Rückforderung die *rei vindicatio utilis*[35]. Mit der Benennung unterschiedlicher Rechtsbehelfe bringt Ulpian vermutlich zum Ausdruck, dass die Parteien in Bezug auf die Schenkung von Todes wegen mehrere Gestaltungsmöglichkeiten haben. Daher kann es auch sein, dass *utilis* in diesem Text nur „geeignet“ heißt, und keine *actio utilis* im technischen Sinne gemeint ist[36] (eine geeignete Klage könnte die *rei vindicatio* sein).

---

[28] HARDER, Zuwendungen unter Lebenden auf den Todesfall, S. 58.
[29] HARDER, Zuwendungen unter Lebenden auf den Todesfall, S. 59; KASER, RP I, § 300 I 2.
[30] HARDER, Zuwendungen unter Lebenden auf den Todesfall, S. 57; KASER, RP I, § 191 I 1.
[31] KASER, RP I, § 191 I 1.
[32] SIMONIUS, Donatio mortis causa, S. 117.
[33] VALIÑO, Actiones utiles, S. 255. Die Beiträge von SELB, Studi Biscardi III, S. 315-350 und SOTTY, Utiles actiones (1977), zur *actio utilis* behandeln D. 39,6,30 nicht.
[34] PERNICE, Labeo III, S. 267 Fn. 4.
[35] KASER, Kurzlehrbuch, § 79 I 1.
[36] In verschiedenen anderen Texten ist das der Fall, SELB, Studi Biscardi III, S. 347.

Im Gegensatz zu dem aus der Genesung des Schenkers oder der aus dem Vorversterben des Empfängers folgenden Rückforderungsrecht[37] sieht ein großer Teil der Literatur die jederzeitige Widerrufsmöglichkeit der *donatio mortis causa* als nachklassische Neuerung an[38].

Nach Meinung von VERNEY handelt es sich bei der *condictio ex paenitentia* in D. 39,6,30 um eine *actio fiduciae*, mit der das auflösend bedingt zugewandte Gut des Schenkers zurückgefordert werde[39].

SIMONIUS hält D. 39,6,30 für „eindeutig nachklassisch“[40]. Die dort genannte *condictio* aufgrund von Reue sei allgemein als interpoliert anerkannt[41]. Verdächtig sei auch die doppelte Klage, die Beifügung einer *actio utilis* neben der *condictio*, da sich für die klassische *donatio mortis causa* keine Klage finden lasse, auf welche die Bezeichnung „*actio utilis*“ gepasst hätte[42].

SCHWARZ meint, nach sämtlichen Quellen könne nur zurückgefordert werden, wenn der Geber wieder gesunde, ein beliebiges Widerrufsrecht sei nicht ersichtlich; insofern stehe Ulpian alleine[43].

DI PAOLA und KASER sind der Auffassung, die *condictio* und die *actio utilis* aufgrund von Reue in D. 39,6,30 seien unklassisch[44].

BRUCK und HARDER wenden gegen die Echtheit eines beliebigen Widerrufsrechts ein, die *donatio mortis causa* habe eine vertragliche Struktur, die gegen ein Reurecht des Schenkers spreche [45]. Die *donatio mortis causa* habe in der klassischen Zeit nicht den Charakter einer Verfügung von Todes wegen gehabt[46].

Es steht fest, dass die *donatio mortis causa* schon seit alters eine Sonderstellung einnahm und bereits in klassischer Zeit eine Annäherung an die Legate stattgefunden hat[47]. So hatte man etwa damit begonnen, bestimmte Gesetze an-

---

[37] KASER, Iura 2 (1951), 243, 246; SIMONIUS, Donatio mortis causa, S. 116 ff.
[38] SIMONIUS, Donatio mortis causa, S. 117; SAMPER, ADHE 38 (1968), 139, 147; KASER, RP II, § 300 I 2; HONSELL/MAYER-MALY/ SELB, Römisches Recht, § 187 II.
[39] VERNEY, Du jus poenitendi, S. 145, 149 f.
[40] SIMONIUS, Donatio mortis causa, S. 130.
[41] SIMONIUS, Donatio mortis causa, S. 119, 130.
[42] SIMONIUS, Donatio mortis causa, S. 131.
[43] SCHWARZ, Grundlage der condictio, S. 268 unter Berufung auf Paul. D. 12,4,12; D. 22,1,38,3; Iul. D. 24,1,4; Scaev. D. eod. 56 Afr. D. 39,6,24; Paul. D. eod. 44.
[44] DI PAOLA, Donatio mortis causa, S. 45 f.; KASER, Iura 2 (1951), 243, 246.
[45] BRUCK, Die Schenkung auf den Todesfall, S. 23; HARDER, Zuwendungen unter Lebenden auf den Todesfall, S. 63.
[46] HARDER, Zuwendungen unter Lebenden auf den Todesfall, S. 63.
[47] KASER, RP, § 300 I 1.

zuwenden, die das testamentarische Erbrecht betrafen (*lex Furia, lex Voconia*)[48]. Für die freie Widerruflichkeit der *donatio mortis causa* bereits in der klassischen Periode spricht auch der Umstand, dass die *donatio mortis causa* als ein Fall der *datio ob rem* angesehen wird, der die freie Widerruflichkeit – wie gezeigt (§ 5 II) – immanent ist. Des weiteren spricht der Charakter einer Verfügung von Todes wegen für die freie Widerruflichkeit: Am liebsten will der Schenker das Gut selber behalten, nur im Hinblick auf sein nahendes Ableben will er es jemand anderem zuwenden[49]. Hierfür stehen ihm mehrere Möglichkeiten zur Verfügung, die sämtlich frei widerruflich sind. Eine dieser Möglichkeiten, die *donatio mortis causa*, soll nicht frei widerruflich sein? In anderer Hinsicht wird ihrer Ähnlichkeit mit den Vermächtnissen schließlich auch Rechnung getragen. Im übrigen ist der Verwahrungscharakter der *donatio mortis causa* ebenfalls nicht von der Hand zu weisen, was die Bezugnahme der Quellen[50] auf die Schenkung des Telemach[51] verdeutlicht. Der Verwahrer hat die in seine Obhut gegebene Sache zurückzugeben, sobald der Hinterleger es verlangt. Da die Verwahrung zu den Verträgen gehört, vermag auch das „Vertragsargument"[52] gegen ein generelles Reurecht nicht zu überzeugen. Im übrigen ist eine *donatio* kein *contractus* sondern bloße *causa*. Woraus aber sollte sonst eine Bindung des Schenkers gegenüber dem Empfänger der Zuwendung resultieren? Noch nicht entkräftet ist damit die sich auf die neben der *condictio* stehende *actio utilis* in D. 39,6,30 stützende Echtheitskritik. Die *actio utilis* kann in diesem Fall aber plausibel so erklärt werden, dass damit die *rei vindicatio utilis* gemeint ist: Im Falle einer

---

[48] KADEN, SZ 76 (1959), 621, 623; HARDER, Zuwendungen unter Lebenden auf den Todesfall, S. 63 f.

[49] D. 39,6,1 (Marcianus lib. 9 institutionum): *Mortis causa donatio, cum quis habere se vult quam eum cui donat magisque eum cui donat quam heredem suum. sic et apud Homerum Telemach donat Piraeo.*

[50] D. 39,6,1; Inst. 2,7,1.

[51] Die Schenkung des Telemach an Piräus ist im XVII. Gesange der homerischen Epen geschildert (Darstellung und Nachweise bei BRUCK, Die Schenkung auf den Todesfall, S. 4 f.): Telemach hat von Menelaos und Helena kostbare Gastgeschenke, einen Pokal und einen Mischkrug aus Silber, sowie ein prächtiges Gewand für seine künftige Gattin erhalten. Bei der Heimkehr von der Reise sind die Geschenke in das Haus des Vaters von Telemachs Freund Piräus gebracht worden. Bevor der Kampf mit den Freiern beginnen soll, wird Telemach von Piräus aufgefordert, die Geschenke abholen zu lassen. Daraufhin schenkt Telemach dem Piräus die Gastgeschenke des Menelaos für den Fall, dass er im Kampf mit den Freiern erschlagen werden sollte. Die Schenkung motiviert er damit, dass er die Sachen niemandem mehr als Piräus gönne. Am liebsten möchte er sie allerdings selbst behalten.

[52] BRUCK, Die Schenkung auf den Todesfall, S. 23; HARDER, Zuwendungen unter Lebenden auf den Todesfall, S. 63.

wirksamen Schenkung und unbedingten Eigentumsübertragung wird kondiziert. Eine *vindicatio utilis* kann bei auflösend bedingter Übertragung gegeben sein[53].

III. Zusammenfassung

Eine Verfügung von Todes wegen, wie etwa ein Vermächtnis oder ein Testament bzw. eine testamentarische Anordnung, kann der Erblasser frei (aber grundsätzlich formgebunden) widerrufen. Die die Verfügungen von Todes wegen betreffenden Texte der römischen Juristen beziehen sich auf die Frage der Form eines Widerrufs und die konkludente Erneuerung eines widerrufenen Soldatentestaments (D. 29,1,15,1). Eine weitere Stelle betrifft den konkludenten und formlosen, aber wirksamen Widerruf eines Vermächtnisses (C. 6,42,27). Ferner geht es um die einschränkende Auslegung einer vom Testator getroffenen Bestimmung, einer Selbstbindungsklausel, die aufgrund der bis zuletzt freien Veränderbarkeit des Erblasserwillens nicht bindend ist (D. 32,22pr.). Im Falle einer testamentarischen Freilassung unter einer aufschiebenden Bedingung wird der Bedingungseintritt fingiert, wenn der Erbe versucht hat, die Bedingung zu vereiteln (D. 40,7,3,13). Der Erbe kann sein Verhalten nicht bereuen, d. h. die sich daraus für ihn ergebenden nachteiligen Konsequenzen nicht beseitigen.

Die Schenkung von Todes wegen ist regelmäßig, ebenso wie eine letztwillige Verfügung, frei widerruflich. Das zugewendete Gut kann der Schenker daher beliebig zurückfordern.

---

[53] KASER, TR 36 (1968), 31, 53; KASER, Kurzlehrbuch, § 79 I 1.

§ 8. Annahme und Nichtantretung einer Erbschaft

I. Ermächtigung und Genehmigung zur Erbschaftsannahme

1. Ermächtigung

D. 29,2,25,14 (Ulpianus libro 8. ad Sabinum): *Sed si posteaquam iussit, paenitentiam egit prius quam adiret, nihil agit adeundo.*

Ulpian in seinem 8. Buch zu Sabinus: *Aber wenn, nachdem er ermächtigt hat, vor der Antretung Reue äußerte, so ist die Antretung wirkungslos.*

Der Vater ermächtigt den Sohn, eine Erbschaft anzutreten. Ulpian entscheidet, dass die Antretung des Sohnes nach Bereuen der Weisung, d. h. deren Rücknahme, effektlos ist.

Zur Antretung einer Erbschaft bedurfte der Haussohn die Ermächtigung seines *paterfamilias*; anschließend muss das Hauskind selbst antreten[1]. Die Erbschaft fällt dem *paterfamilias* zu[2]. Das *iussum* war nötig, weil die Erbschaft überschuldet sein kann.

Mit dem Ausdruck *paenitentia* bringt Ulpian die freie Widerruflichkeit der Ermächtigung zum Antreten der Erbschaft zum Ausdruck. Die Reue muss allerdings vor der Antretung geäußert werden, sonst ist die Antretung wirksam. Die Notwendigkeit der Äußerung folgt aus der Formulierung *paenitentiam egit* (s. o. § 4 I 1 c zu der Wendung *paenitentia acta*). Die Wirksamkeit der bereits erfolgten Antretung selbst bei widerrufener Ermächtigung ergibt sich im Umkehrschluss aus *prius quam*. Nach Annahme der Erbschaft kommt ein Widerruf der Ermächtigung mithin nicht in Betracht.

Der beliebige Widerruf der Ermächtigung hat vor Antretung der Erbschaft keinerlei Auswirkungen. Mit der Annahme der Erbschaft treten Veränderungen ein. Durch die Annahme der Erbschaft wird der Zustand des Ruhens der Erbschaft beseitigt. Dritte, wie etwa die Gläubiger des Erblassers, sehen sich einem Erben gegenüber, den sie auf Zahlung in Anspruch nehmen können. Könnte noch zu diesem Zeitpunkt die Ermächtigung widerrufen werden, würden vollendete Tatsachen im Nachhinein wieder beseitigt.

---

[1] KRÜGER, SZ 64 (1944), 394, 396; MÜLLER-EISELT, Divus Pius constituit, S. 43.

[2] KRÜGER, SZ 64 (1944), 394, 396; MÜLLER-EISELT, Divus Pius constituit, S. 43.

Ebenso kann die *ratihabitio*, die nachträgliche Genehmigung (dazu D. 46,8,24,1 s. sogleich), nicht widerrufen werden, weil die Erbschaft mit Erteilung der Genehmigung des bereits gestellten Antrags erworben wird.

Eine Parallele zu dieser Stelle im modernen Recht findet sich in § 183 Satz 1 BGB. Der Erbschaftsannahme bedarf keines besonderen Rechtsaktes (§§ 1922, 1942 Abs. 1 BGB). Es besteht aber die Möglichkeit der Erbschaftsausschlagung. Für die Erbschaftsausschlagung ist eine Erklärung erforderlich (§ 1945 BGB), zu deren Wirksamkeit Minderjährige einer Einwilligung bedürfen (§ 111 Satz 1 BGB).

2. Genehmigung

D. 46,8,24,1 (Africanus libro 5. quaestionum): *An autem et si mortuus fuisset qui petisset vel furere coeperit, ratum haberi possit, videamus. nam si in universum perinde haberi debet, ac si tunc, cum ratum habeat, per eum bonorum possessionem petat, frustra his casibus ratum habetur. sed illud consequens futurum etiam si paeniteat illum petisse, ratum haberi non posse; quod utique sit absurdum. rectius itaque dicitur neutram eorum causam impedire ratihabitionem.*

Afrikan im 5. Buch seiner Quaestionen: *Ob aber auch, wenn der Antragsteller gestorben ist oder wahnsinnig wurde, genehmigt werden könne, wollen wir prüfen. Würde man es nämlich immer so ansehen, als würde der Antrag auf den Nachlassbesitz erst dann, wenn er genehmigt, durch ihn (den Genehmigenden) gestellt, so würde in diesen Fällen vergeblich genehmigt. Daraus aber würde folgen, dass auch, wenn es den Antragsteller reuen sollte, nicht genehmigt werden könnte: Dies aber wäre schlechterdings absurd. Richtiger ist daher anzunehmen, dass keiner jener Gründe die Genehmigung verhindere.*

Ein Antragsteller hat im Namen einer anderen Person das prätorische Erbrecht beantragt und ist dann gestorben oder geschäftsunfähig geworden. Afrikan bejaht die Frage, ob der Antrag desjenigen, der nicht mehr lebt oder geschäftsunfähig geworden ist, genehmigt werden kann. Er unterstellt zunächst, das zu genehmigende Geschäft müsse noch im Zeitpunkt der Genehmigung wirksam sein, weil erst dann der Erwerb eintritt. Das aber führte dazu, dass der Antragsteller frei widerrufen könnte. Die freie Widerruflichkeit des Antrags bezeichnet Afrikan als absurd. Warum sagt er nicht. Der Interpret muss nach den mutmaßlichen Gründen suchen. Weil das Gegenteil – die Relevanz nachträglich eintretender

Wirksamkeitshindernisse – absurd ist, sind nachträgliche Hindernisse an der Abgabe einer Willenserklärung generell unbeachtlich.

Bei dem Antragsteller könnte es sich um den Prokurator handeln, der die Erteilung der *bonorum possessio* als *negotium gestor* beantragt[3]. Denkbar ist auch, dass ein *filiusfamilias* von einem Dritten zum Erben eingesetzt worden ist. Der *filiusfamilias* muss die Erbschaft persönlich antreten[4]. Zum wirksamen Erbantritt bedurfte er des vorherigen *iussum* seines *paterfamilias*, dem er die Erbschaft erwarb[5] (soeben oben § 8 I 1). In beiden Fällen setzt der Erbschaftserwerb die persönlich zu erteilende *ratihabitio* voraus[6]. Es war üblich, dass der Haussohn, dem eine Erbschaft deferiert war, bei Abwesenheit des Vaters frühzeitig die *bonorum possessio* beantragte und den Vater daraufhin frühzeitig über Boten um die *ratihabitio* anging[7].

In unserer Quästionen-Stelle setzt sich Afrikan mit der Auffassung auseinander, wonach der zu genehmigende Antrag erst mit der Erteilung der Genehmigung als gestellt gilt, die Genehmigung also nicht auf den Zeitpunkt der Antragstellung zurückwirkt[8]. Bei der Frage nach der rückwirkenden Kraft der Genehmigung handelt es sich um ein zeitloses, in allen Privatrechtsordnungen auftauchendes Problem[9]. Weil die in den Quästionen Afrikans behandelten Rechtsfälle zum größten Teil auf seinen Lehrer Julian zurückgehen[10], könnte man annehmen, es handele sich um die Ansicht Julians, mit der sich Afrikan hier auseinandersetzt. Andererseits findet sich in unserer Stelle keines der zahlreichen *verba*

---

[3] So D' ORS, Las quaestiones de Africano, S. 165.
[4] MÜLLER-EISELT, Divus Pius constituit, S. 43.
[5] D. 29,2,25,14.
[6] MÜLLER-EISELT, Divus Pius constituit, S. 47.
[7] MÜLLER-EISELT, Divus Pius constituit, S. 51.
[8] MÜLLER-EISELT, Divus Pius constituit, S. 51, geht aufgrund der seiner Meinung nach gegebenen Unzulässigkeit einer postmortalen *ratihabitio* davon aus, dass D. 46,8,24,1 von *sed illud* an unecht sei. Dieser Schluss kann m. E. nicht ohne weiteres gezogen werden. Die Stelle entstammt den *quaestiones* Afrikans. Bei *quaestiones* handelt es sich um eine Literaturgattung, bei der der Jurist an öffentliche Dispute anknüpft und seine Auffassung über die Rechtslage des konkreten Falles näher begründet und gegen Einwendungen verteidigt. Der Umstand aber, dass Afrikan in seinen Quaestionen seinen abweichenden Standpunkt begründet, vermag für sich allein nicht die Unechtheit zu begründen. LENEL, SZ 51 (1931), 15, 17 Fn. 1 und BUND, Untersuchungen zur Methode Julians, S. 187, halten die gesamte Stelle für unecht. LENEL meint, der Passus *an autem – habetur* könne nicht von Afrikan geschrieben sein. Außerdem fehle zu *habeat* und *petat* das Subjekt. D' ORS, Las quaestiones de Africano, S. 165, erscheint nicht unwahrscheinlich, dass Afrikan in dieser Weise argumentiert hat.
[9] WACKE, SZ 94 (1977), 516, 517.
[10] WACKE, ANRW II, S. 461.

dicendi, mit denen Afrikan seinen Lehrer zitierte[11]. Auch die Formulierung *videamus* lässt einen fehlenden Bezug auf Julian erkennen[12].

Afrikan spricht sich im Ergebnis für die Rückwirkung der Genehmigung auf den Zeitpunkt der Antragstellung aus. Eine Rückwirkung der Genehmigung bedeutet, die nach Antragstellung eintretende Geschäftsunfähigkeit des Antragstellers, sein Tod oder dessen Widerruf haben keine Auswirkungen auf den gestellten Antrag. Der gestellte Antrag ist also bindend. Hätten die spätere Geschäftsunfähigkeit des Antragstellers oder sein Tod Auswirkungen auf den Bestand des Antrags, so würde dies nach Meinung von Afrikan auch seine freie Widerruflichkeit bedeuten. Dies jedoch erscheint Afrikan absurd (= im Widerspruch stehend zur Vernunft, Logik und Evidenz[13]), wohl weil dadurch die Rechtssicherheit schwer beeinträchtigt wird. Bei dem von Afrikan gebrauchten Absurditätsargument handelt es sich um eine indirekte, apagogische Beweisstrategie, in der das Gegenteil eines Urteilsergebnisses angenommen und gezeigt wird, dass sich aus dieser Annahme offenbar absurde Folgen ergeben[14]. Aus der Negation folgt zwangsläufig die Richtigkeit der anderen Entscheidung[15].

Bei der von Afrikan angenommenen Rückwirkung handelt es sich allerdings nicht um eine echte Rückwirkung, weil die Erbschaft erst mit der Genehmigung erworben wird. Bis zur Genehmigung besteht daher ein Schwebezustand. Eine Gegenüberstellung mit D. 29,2,25,14 kann dies verdeutlichen. Danach erfordert die Antretung der Erbschaft (und damit der Erbschaftserwerb) das vorherige *iussum*, ohne das die Antretung wirkungslos ist. In beiden Fällen erfordert der Erbschaftserwerb also die Zustimmung.

Die von Afrikan vertretene Lösung entspricht den §§ 130 Abs. 2 und § 184 Abs. 1 BGB. Durch die Rückwirkung der Genehmigung erreicht das Gesetz, dass das zustimmungsbedürftige Rechtsgeschäft so behandelt wird, als wäre die anfangs fehlende Genehmigung vorhanden gewesen. Eine abweichende Entscheidung trifft nur § 1829 BGB: Die Genehmigung entfaltet ihre Wirkung erst, wenn der Vormund, der das zu genehmigende Rechtsgeschäft getätigt hat, dem anderen Vertragsteil die Erteilung der Genehmigung mittteilt. Unterlässt er die Mitteilung der Genehmigung, kommt dies einem Widerruf seiner bereits abge-

---

[11] Eine Aufzählung dieser *verba dicendi* findet sich bei WACKE, ANRW II, S. 462.
[12] D' ORS, Las quaestiones de Africano, S. 165.
[13] WACKE, in: FS f. Nève, S. 586.
[14] DAUBE, Roman law, S. 177; WACKE, in: FS f. Sturm, S. 549.
[15] WACKE, in: FS f. Sturm, S. 549.

gebenen und zugegangenen, zustimmungsbedürftigen Erklärung gleich. Dies dient dem besseren Schutz von Mündeln.

II. Die *cretio*

Gaius 2,168: *Sicut autem qui cum cretione heres institutus est, nisi creverit hereditatem, non fit heres, ita non aliter excluditur, quam si non creverit intra id tempus, quo cretio finita sit. Itaque licet ante diem cretionis constituerit hereditatem non adire, tamen paenitentia actus superante die cretionis cernendo heres esse potest.*

Gaius 2,168: *Aber eine als Erbe eingesetzte Person wird nicht eher Erbe, bis er die Erbschaft annimmt, so dass er nur von der Erbschaft ausgeschlossen ist, wenn er die Annahme nicht innerhalb der Frist erklärt. Obwohl er vielleicht entschieden hat, nicht in die Erbfolge einzutreten, kann er dies bereuen und Erbe werden, indem er die Annahme vor Ablauf der Annahmefrist erklärt.*

UE 22,30: *Cum cretione vero heres institutus sicut cernendo fit heres, ita non aliter excluditur, quam si intra diem cretionis non creverit: Ideoque etiamsi constituerit, nolle se heredem esse, tamen, si supersint dies cretionis, paenitentia actus cernendo heres fieri potest.*

UE 22,30: *Mit förmlicher Annahme-Erklärung wird der eingesetzte Erbe zum Erben. Ausgeschlossen wird er andererseits nur, falls er binnen der Annahmefrist nicht angenommen hat. Und deshalb kann er dennoch, auch wenn er sich zunächst entschlossen hat, er wolle nicht Erbe sein, wenn noch Tage der Annahmefrist überbleiben, dies bereuen und die Erbschaft annehmen.*

Nach Gaius kann der zum Erben Berufene von der Entscheidung, die Erbschaft nicht annehmen zu wollen, innerhalb der Annahmefrist wieder abstehen und die Erbschaft annehmen. Ebenso äußern sich die Ulpiani epitome (die oft aus Gaius schöpfen), deren Formulierung eine ganz ähnliche ist.

Sowohl in Gaius 2,168 als auch in UE 22,30 geht es um den Erbschaftsantritt in Form der sog. *cretio*. Dabei handelt es sich um einen Formalakt, bei dem der Berufene vor Zeugen in förmlicher Weise erklärt, dass er die Erbschaft antrete[16]. Gaius 2,168 und UE 22,30 unterscheiden sich von der nachfolgend zu betrachtenden Paulus-Stelle, die die *aditio hereditatis* betrifft, auch dadurch, dass nicht

---

[16] HONSELL/MAYER-MALY/SELB, Römisches Recht, § 173 II 1 a.

klar ist, ob der zunächst gefasste Entschluss, die Erbschaft nicht antreten zu wollen, überhaupt geäußert wird.

Gaius 2,168 und UE 22,30 bringen zum Ausdruck, dass der zum Erben Berufene eine vom Erblasser bestimmte Zeitspanne[17] hat, um sich zu entscheiden. Deshalb ist es ohne Bedeutung, wenn er zunächst mit seinem Entschluss hadert. Die Stellen beschreiben den Zustand des Ruhens der Erbschaft. Dass Ulpian und Gaius nicht von einer Verzichtserklärung oder Ausschlagung sprechen, wird dadurch untermauert, dass sie an anderer Stelle (Gaius 2,169[18]; UE 22,29[19]) erklären, dass die Ausschlagung einer Erbschaft endgültig[20], eine spätere Antrittshandlung also wirkungslos ist. Die Ausschlagung kann formfrei oder durch schlüssiges Verhalten erklärt werden[21]. Will der Berufene die Erbschaft nicht erwerben, so genügt es auch, wenn er die *cretio* unterlässt[22].

Der Ausdruck *paenitentia* ist in UE 22,30 und Gaius 2,168 somit lediglich Ausdruck eines Sinneswandels betreffend die Frage des Erbschaftsantritts innerhalb einer bestimmten Zeitspanne. Der Ausdruck *paenitentia* bezieht sich dort also nur auf eine innere Tatsache. Die Wendung *paenitentia actus* steht allerdings für eine Erklärung der Reue, die hier in der Erklärung besteht, die Erbschaft doch annehmen zu wollen.

III. Die *aditio hereditatis*

D. 38,17,6,1 (Paulus lib. sing. ad SC Orphitianum): *Filius, qui se nolle adire hereditatem matris dixit, an potest mutata voluntate adire, antequam consanguineus vel adgnatus adierit, videndum propter haec verba „si nemo filiorum volet hereditatem suscipere", quia extensiva sunt. Et cum verba extensiva sint, paenitentia eius usque ad annum admittenda est, cum et ipsa filii bonorum possessio annalis est.*

---

[17] KASER, RP I, § 175 II 1.

[18] Gaius 2,169: *At is qui sine cretione heres institutus est, quiue ab intestato per legem vocatur, sicut voluntate nuda heres fit, ita et contraria destinatione statim ab hereditate repellitur: Wer ohne Annahmefrist zum Erben eingesetzt ist und wer durch Intestatserbfolge durch Gesetz berufen wird, will er nicht Erbe sein, wird er sofort von der Erbschaft ausgeschlossen und kann sie nicht mehr antreten.*

[19] UE 22,29: *Sine cretione heres institutus si constituerit, nolle se heredem esse, statim excluditur ab hereditate, et amplius eam adire non potest.*

[20] HONSELL/MAYER-MALY/SELB, Römisches Recht, § 173 II 1 b.

[21] HONSELL/MAYER-MALY/SELB, Römisches Recht, § 173 II 1 b.

[22] KASER, RP I, § 175 III.

Paulus in seiner Monographie zum SC Orfitianum: *Erklärte der Sohn, er wolle die Erbschaft seiner Mutter nicht antreten, so wollen wir prüfen, ob er seinen Willen ändern kann, bevor ein Blutsverwandter oder Seitenverwandter sie angetreten hat, wegen der Worte „wenn kein Sohn die Erbschaft wird annehmen wollen", die ausgedehnt (extensiv) sind. Und wegen den extensiven Worten ist die Reue darüber binnen Jahresfrist möglich, weil auch der Sohn selbst binnen eines Jahres den Erbenbesitz beantragen kann.*

Hier entscheidet Paulus die Frage, ob der zunächst kundgegebene Entschluss eines Sohnes, die Erbschaft seiner Mutter nicht antreten zu wollen, verbindlich ist, oder ob er diesen Entschluss bereuen bzw. sich noch umentscheiden kann. Paulus bejaht die Frage mit der Erwägung, dass der Sohn auch bei der *bonorum possessio* ein Jahr zur Antragstellung habe, so dass dies auch für den *ex Orfitiano* berufenen Sohn gelten müsse. Er macht jedoch die Einschränkung, dass noch kein anderer Verwandter die Erbschaft angenommen hat.

Da die Reue in Bezug auf den zunächst erklärten Verzicht auf die Erbschaft als Widerruf des Verzichtes zu deuten ist, der innerhalb der Annahmefrist erfolgen konnte, hat der ursprüngliche Verzicht den Erhalt der Erbschaft nicht völlig ausgeschlossen[23]. Die Verzichtserklärung ist also wirkungslos (daraus ist zu schließen, dass der Verzicht nicht gegenüber dem Prätor erklärt worden ist), der Widerruf des Verzichts aber gleichzeitig Ausdruck der Annahme der Erbschaft. Paulus zufolge ist der Verzicht nur insofern von Relevanz, als er anderen erbberechtigten Verwandten die Möglichkeit einer Erbschaftsannahme eröffnet, die die Widerrufsmöglichkeit abschneidet.

Bei D. 38,17,6,1 ergibt sich die Tatsache der Kundgabe aus dem Wort „*dixit*". Hinzu kommt, dass ein Widerruf des Verzichtes – die Reue binnen Jahresfrist – nur denkbar ist, wenn überhaupt ein Verzicht erklärt worden ist, der dann später Gegenstand eines Widerrufes sein kann. Nach dem *SC Orfitianum* erben die Kinder vor den übrigen Agnaten[24]. Der Erbschaftsantritt setzt die Delation voraus sowie die Kenntnis des Antretenden von den wesentlichen Umständen seiner Berufung[25]. Zu den wesentlichen Umständen, deren Kenntnis Voraussetzung eines Erbschaftsantritts ist, gehört in diesem Fall der Verzicht des bevorrechtig-

---

[23] MEINHART, SCta Tertullianum und Orfitianum, S. 235.
[24] KASER, RP I, § 168 II 2.
[25] KASER, RP I, § 175 I.

ten Kindes auf die Erbschaft. Nur durch Erklärung kann den nachrangig antretungsberechtigten Verwandten der Verzicht bekannt geworden sein.

Es spielt keine Rolle, ob ein Verzicht erklärt worden ist oder nicht, entscheidend ist nur, ob die Erbschaftsannahme fristgerecht erklärt wurde. Erst mit Verstreichen der Annahmefrist oder mit Antritt der Erbschaft durch einen Verwandten wird der Verzicht wirksam.

Nach heutigem Recht erben nachrangig erbberechtigte Verwandte nach § 1953 Abs. 2 BGB erst, wenn der zum Erben Berufene die Erbschaft gemäß §§ 1942 ff. BGB ausgeschlagen hat. Die Ausschlagung ist unwiderruflich.

IV. Ausschlagung einer Erbschaft im Falle des Antrittszwangs nach dem *SC Pegasianum*

1. Verlust der *quarta Falcidia*

D. 36,1,15,4 (Ulpian libro 4. fideic.): *Qui compulsus adit hereditatem, sicuti ceteris commodis caret, ita hoc quoque casu careat, ne possit paenitendo quartam retinere: et ita invenio ab imperatore nostro et divo patre eius rescriptum.*

Ulpian in seinem vierten Buch zu den Fideicommissen: *Wer unter Zwang die Erbschaft angenommen hat, so wie er andere Vorteile verloren hat, so soll er sie auch in diesem Fall verlieren, dass er nicht bereuen und sein Viertel zurückhalten kann. Und so finde ich es von unserem Kaiser und seinem vergöttlichten Vater in einem Reskript beschieden.*

Der Erbe, der unter prätorischem Zwang (s. u. § 8 IV 2) eine Erbschaft angenommen hat, verliert die ihm grundsätzlich zustehende Quart. Er kann nicht bereuen, die Erbschaft nicht freiwillig angenommen zu haben. Im Fall der freiwilligen Annahme hätte er die Quart beanspruchen können, kann sich aber nicht nachträglich umentscheiden.

Der Text gehört palingenetisch zum *SC Pegasianum*[26]. Aus dem *SC Pegasianum* ergab sich die Möglichkeit, den Erben zum Antritt der Erbschaft zu zwingen, wenn dieser sich weigerte, die Erbschaft anzutreten. Auf Antrag des Erbschaftsfideikommissars zwang der *praetor fideicommissarius* den Erben, die

[26] LENEL, Palingenesie II, Sp. 915.

Erbschaft zu erwerben und an den Erbschaftsfideikommissar herauszugeben[27]. Der Antrittszwang führte zum Verlust der pegasianischen Quart[28].

Das *SC Pegasianum* will verhindern, dass der Erbe die Erbschaft ausschlägt, weil er nichts von ihr in Händen behält, da er im Fall eines *fideicommissum hereditatis* die ganze Erbschaft an den Fideikommissar herausgeben muss[29]. Die Ausschlagung durch den Erben hatte die unerwünschte Folge, dass das Fideikomiss erlischt[30]. Aus diesen Gründen unterstellte das *SC Pegasianum* die Fideikommisse dem Recht der *quarta Falcidia*[31]. Die *lex Falcidia* gestattet dem Erblasser, nur über drei Viertel der Erbschaft durch Legate zu verfügen, so dass dem Erben mindestens ein Viertel verbleibt. Hat der Erblasser auch diese *quarta Falcidia* belastet, so werden alle Legate verhältnismäßig gekürzt[32].

Das in der Stelle verneinte „Reurecht"[33] bezieht sich auf die ursprüngliche Weigerung des Erben, die Erbschaft anzutreten, die für ihn letztlich den Verlust seiner Quart zur Folge hatte. Vermutlich handelt es sich um einen nicht verallgemeinerungsfähigen Sonderfall des *SC Pegasianum.*

2. Ausschlagung durch den Pupillarsubstituten

Auch die nachfolgende Stelle handelt vom Antrittszwang nach dem *SC Pegasianum*, wobei es jedoch um eine besondere Konstellation geht.

D. 36,1,57,3 (Papinian libro 20 quaest.): *Quid ergo, si non alii, sed ipsi heredi rogatus sit restituere? Quia non debet eidem quandoque quarta reddi quam perdidit, propter huius portionis retentionem erit audiendus. sed nec illud translaticie omittendum est instituto, qui coactus est adire, fideicommissi petitionem denegandam esse. cur enim non videatur indignus, ut qui destituit supremas defuncti preces consequatur aliquid ex voluntate? Quod fortius probabitur, si post impletam condicionem coactus est adire. nam si pendente condicione, durum erit idem probare, cum et Falcidiam paenitendo potuit inducere. nec ignoro posse dici nullo modo fideicommissi petitionem denegandam ei qui,*

---

[27] MANTHE, Das senatus consultum Pegasianum, S. 85.
[28] D. 36,1,57,3; MANTHE, Das senatus consultum Pegasianum, S. 89.
[29] KASER, Kurzlehrbuch, § 78 II 3.
[30] Gaius 2,254.
[31] KASER, RP I, § 190 IV.
[32] KASER, RP I, § 188 II.
[33] Nach MANTHE, Das senatus consultum Pegasianum, S. 85, Fn. 6, ist die Reue bedingt durch einen Irrtum des Erben über die Überschuldung des Nachlasses.

iura sepulchrorum adquiri insequuntur, adeo senatus nihil apud eum ex ea parte, quam derelinquit, voluit relinquere, ut nec falcidiam exercere possit nec praeceptio[34] *apud eum relinquatur nec substituto quoque secundarum tabularum ita facta. „quisquis mihi heres erit, filio meo heres esto" eidem daretur.*

Papinian im 20. Buch seiner Quaestionen: *Was also, wenn er gebeten wurde, nicht einem anderen, sondern dem Erben selbst zurückzugeben? Weil das Viertel, das der Erbe verloren hat, ihm nicht zurückgegeben werden soll, kann er seinen Teil zurückbehalten, um angehört zu werden. Aber wir sollten nicht ständig übersehen, dass der eingesetzte Erbe, der unter Zwang angenommen hat, jegliches Ersuchen um das Fideicommissum verweigern soll. Warum nämlich sollte es nicht als unwürdig angesehen werden, dass der, der die letzten Bitten des Verstorbenen abgelehnt hat, etwas unter seine Verfügungsgewalt bekommen sollte? Was stärker zu billigen ist, wenn er gezwungen worden ist anzunehmen, nachdem eine Bedingung erfüllt worden ist. Denn wenn die Bedingung noch schwebend wäre, wäre es hart, die gleiche Ansicht zu vertreten, denn wenn er bereuen würde, könnte er sich auf die lex Falcidia berufen. Ich weiß, dass gesagt werden könnte, dass das Recht bei der Durchsetzung seines Fideicommissum fortzufahren, dem nicht verweigert werden soll, der danach strebt, Grabrechte zu erwerben. Doch der Senat war fest der Meinung, dass nichts von dem Teil, den er aufgegeben hat, ihm überlassen werden sollte, dass er weder die lex Falcidia beschwören, noch irgendein spezifisches Vermächtnis behalten kann, das ihm überlassen wurde, noch einen Ersatz, der von einer zweiten Tafel errichtet ist: „Wer mein Erbe ist, soll auch Erbe meines Sohnes sein" wird von ihm gesagt.*

In dieser Quaestionenstelle spricht sich Papinian für den Antrittszwang aus, der sich nach dem *SC Pegasianum* für den Erben ergeben konnte. Dieser Antrittszwang für den Erben soll um so mehr zu billigen sein, wenn er nach dem Eintritt einer Bedingung verübt wurde. Der Konstellation einer eingetretenen Bedingung stellt Papinian die Situation einer noch schwebenden Bedingung gegenüber. In dieser Situation sei es hart, den Verlust der Quart für den Erben zu befürworten. Würde der Erbe in diesem Fall bereuen, könnte er sich auf die *lex Falcidia* berufen, d. h. sein Viertel gegenüber dem Erbschaftsfideikommissar beanspruchen. Papinian erwägt insoweit, es könne gesagt werden, dass das

[34] Mit der Bezeichnung *praeceptio* ist hier kein *legatum per praeceptionem* gemeint, LEUBA, Origine et nature du legs per praecetionem, S. 44.

Recht zur Durchsetzung des Fideikommissum demjenigen nicht verweigert werden könne, der *iura sepulchrorum* erwerben wolle. Nach Meinung des Senats könne der, der seinen Teil aufgegeben habe, nichts mehr beanspruchen, er könne sich weder auf die *lex Falcidia* berufen, noch irgendein spezifisches Vermächtnis behalten, noch einen Ersatz von einer Testamentstafel, die vorsieht, dass der Erbe den Sohn des Testators beerben soll.

Die Erbeinsetzung kann aufschiebend bedingt ausgesprochen werden[35]. Die Wirkung einer aufschiebenden Bedingung besteht darin, dass das Geschäft zunächst in der Schwebe ist, weil es ungewiss ist, ob sie eintreten oder ausfallen wird[36]. Sonderfälle einer aufschiebend bedingten Erbeinsetzung sind die der Einsetzung eines Ersatzerben (*substitutio*)[37]. Hat der Erblasser einen unmündigen *suus*, der mit dem Tod des Erblassers gewaltfrei werden wird, zum Erben eingesetzt, so kann er auch schon diesem *pupillus* für den Fall, dass dieser als Unmündiger sterben sollte, einen Erben bestellen (*substitutio pupillaris*)[38]. Wie aus der am Ende der Stelle zitierten Testamentspassage ersichtlich, handelt D. 36,1,57,3 von der Pupillarsubstitution[39]. Die schwebende Bedingung, von der hier die Rede ist, ist demnach der Tod des unmündigen *pupillus*. Die Reue des Erben, die dazu führt, dass er sein Viertel beanspruchen kann, bezieht sich auf seinen Entschluss, die Erbschaft auszuschlagen. Nur eine solche Situation führt zum Antrittszwang und dieser wiederum zum Verlust der Quart. Die Frage, ob dem Erben, der ausgeschlagen hat, die Quart zu versagen sei, ist wie folgt zu verstehen: Kann der Erbe, der den angefallenen Eigenanteil ausgeschlagen hat, später bei Bedingungseintritt die Pupillportion annehmen? Papinian befürwortet ein Reurecht des Pupillarsubstituten in Bezug auf die Ausschlagung seines Eigenanteils, solange die Pupillportion nicht angefallen ist. Die Reue in Bezug auf die Ausschlagung des Eigenanteils hat Auswirkungen auf die Pupillportion, wenn diese anfällt. Denn es gilt der Rechtsgrundsatz, dass die Entscheidung über den Antritt von Pupillportion und Eigenanteil einheitlich sein muss[40]. Die Ausschlagung des Eigenanteils verhindert demnach den Erwerb der

[35] KASER, RP I, § 162 III.
[36] KASER, RP I, § 61 I 1.
[37] KASER, RP I, § 162 IV 1.
[38] KASER, RP I, § 162 IV 2; SCHANBACHER, Ratio legis Falcidiae, S. 70.
[39] SCHANBACHER, Ratio legis Falcidiae, S. 73 Fn. 74.
[40] SCHANBACHER, Ratio legis Falcidiae, S. 70.

Pupillportion[41]. Ein Reurecht in Bezug auf die Ausschlagung des Eigenanteils bedeutet demnach die Möglichkeit, die Pupillportion zu erwerben.

Die Erwägung, es könnte gesagt werden, dass jemandem, der Grabrechte erwerben wolle, nicht die Fortführung der Durchsetzung seines Fideikommiss verweigert werden solle, bezieht sich auf die Auswirkungen, die das Reurecht auf die *iura sepulchrorum* hat. Die überwiegende Bedeutung der Ausdrücke *ius sepulchri* und *iura sepulchrorum* besagt, dass die Bestattung einer bestimmten Person in einem bestimmten Grab rechtmäßig ist, so dass das Grab *locus religiosus* wird[42]. Das *ius sepulchri* wird schon dem Lebenden als ein auf den künftigen Grabplatz gerichtetes Recht eigener Art zuerkannt[43]. Es ist weder ein dingliches noch ein persönliches Recht und vom Eigentum zu unterscheiden und ist kein Recht am Grab, sondern ein Recht auf einen Grabplatz[44]. Ein solcher Einwand gegen die Existenz eines Reurechts kann sich nur auf die Annahme gründen, dass der zum Antritt gezwungene Erbe, der seinen Eigenanteil ausgeschlagen hat, damit nicht nur sein Viertel, sondern auch die *iura sepulchrorum* verloren hat. Ein Grab geht auf den Erben über, wenn es keinen den Übergang auf den Erben ausschließenden Vorbehalt aufweist (stillschweigendes Erbgrab)[45]. Das Grabrecht kann aber auch durch formfreie Abrede[46], Schenkung, Legat usw. erworben werden[47], also auch durch Fideikommiss. Allerdings bejahen die Digestenjuristen ein *ius sepulchri* auch bei dem Erben, der ein Fideikommiss zu restituieren hat[48].

Der Standpunkt des Senats, den Papinian schließlich referiert, ist gegenüber seinem Standpunkt einfach und differenziert nicht: Der Pupillarsubstitut, der den Eigenanteil ausgeschlagen hat, geht auch der Pupillportion verlustig.

---

41 SCHANBACHER, Ratio legis Falcidiae, S. 70 Fn. 60.
42 KASER, SZ 95 (1978), 15, 69.
43 KASER, SZ 95 (1978), 15, 69.
44 KASER, SZ 95 (1978), 15, 70.
45 KASER, SZ 95 (1978), 15, 52.
46 KASER, SZ 95 (1978), 15, 70.
47 KASER, SZ 95 (1978), 15, 79.
48 KASER, SZ 95 (1978), 15, 70 Fn. 243.

V. Zusammenfassung

Ein Antrag auf Erteilung der *bonorum possessio* kann nicht widerrufen werden. Ein im Vorhinein erteiltes *iussum* zur Erbschaftsannahme ist bis zur Annahme der Erbschaft frei widerrufbar.

Im Falle einer *cretio* ist der erklärte Verzicht auf die Erbschaft unwiderruflich. Hat der Erbe während der für die *aditio hereditatis* laufenden Frist seinen Verzicht auf die Erbschaft erklärt, kann er diesen Verzicht noch bis zum Ablauf der Annahmefrist widerrufen, wenn die Erbschaft nicht bereits von einem anderen Verwandten angenommen worden sein sollte.

Der nach dem *SC Pegasianum* zum Antritt gezwungene Erbe kann seine Weigerung, die Erbschaft anzutreten und die zum Verlust seiner Quart führt, nicht bereuen, d. h. ungeschehen machen. Demgegenüber hat der Pupillarsubstitut nach Meinung Papinians das Recht, die Ausschlagung seines Eigenanteils zu widerrufen, solange die Pupillportion nicht angefallen ist.

§ 9. Rechtsgeschäfte unter Eheleuten

I. Die Schenkung unter Ehegatten

Bei der folgenden Stelle handelt es sich um die Hauptstelle zur Schenkung unter Ehegatten:

D. 24,1,32,§§ 2-5 (Ulp. 33 ad Sab.): *§ 2 Oratio ait: „Fas esse eum quidem qui donavit paenitere: Heredem vero eripere fortisan adversus voluntatem supremam eius qui donaverit durum et avarum esse". § 3 Paenitentiam accipere debemus supremam. Proinde si uxori donavit, deinde eum paenituit, mox desiit paenitere, dicendum est donationem valere, ut supremum eius spectemus iudicium, quemadmodum circa fideicommissa solemus, vel in legatis cum de doli exceptione opposita tractamus, ut sit ambulatoria voluntas eius usque ad vitae supremum exitum. § 4 Sed ubi semel donatorem paenituit, etiam heredi revocandi potestatem tribuimus, si appareat defunctum evidenter revocasse voluntatem. Quod si in obscuro sit, proclivior esse debet iudex ad comprobandam donationem. § 5: Si maritus ea quae donaverit pignori dederit, utique eum paenituisse dicemus, licet dominium retinuit. Quid tamen, si hoc animo fuit, ut vellet adhuc donatum? Finge in possessionem precariam mulierem remansisse paratamque esse satisfacere creditori. Dicendum est donatione valere. Nam si ab initio ei rem obligatam hoc animo donasset, dicerem vim habere donationem, ut parata satisfacere mulier haberet doli exceptionem. quin immo et si satisfecisset, potuisse eam per doli exceptionem consequi, ut sibi mandentur actiones.*

D. 24,1,32,§§ 2-5 (Ulpian in seinem 33. Buch zu Sabinus): *§ 2: Die Rede lautet: „Es soll das gute Recht eines Schenkers sein, zu bereuen." Dass aber etwa der Erbe gegen den letzten Willen des Schenkers das Geschenkte entreiße, sei hartherzig und habsüchtig. § 3: In Anbetracht der Reue müssen wir den letztmöglichen Zeitpunkt betrachten. Deshalb muss man dann, wenn er seiner Ehefrau etwas geschenkt hat, danach es bereut, später aber aufgehört hat, es zu bereuen, sagen, dass die Schenkung gelte, so dass wir auf seinen letzten Willen sehen, ebenso wie wir es in Betreff der Fideikommisse zu tun pflegen und bei Legaten, wenn wir die entgegengestellte Arglisteinrede besprechen, weil der Wille des Schenkers bis zum Ende des Lebens veränderlich ist. § 4: Aber wenn der Schenker einmal bereute, geben wir auch seinem Erben das Recht, zurückzufordern, wenn bewiesen ist, dass der Verstorbene seinen Willen offensichtlich* *widerrufen hat. Wenn dies im Dunkeln ist, muss der Richter geneigter sein, die Schenkung aufrechtzuerhalten. § 5 Wenn der Ehemann die geschenkte Sache verpfändet haben sollte, werden wir sagen, dass er die Schenkung bereut hat, obwohl er das Eigentum behalten hat. Was aber, wenn sein Wille immer noch gewesen sei, dass seine Frau das Geschenk behalte? Nimm an, dass seine Frau leihweise im Besitz der Sache geblieben ist und bereit ist, den Gläubiger zu befriedigen. Dann muss man sagen, dass die Schenkung gelte. Denn wenn er ihr eine bereits verpfändete Sache mit dieser Absicht geschenkt hätte, würde ich sagen, dass die Schenkung Kraft habe, so dass die Frau, wenn sie bereit ist, den Gläubiger zu befriedigen, die Einrede der Arglist haben würde. Dass sie sogar, wenn sie den Gläubiger befriedigt hätte, durch die Arglisteinrede erreichen könne, dass ihr die Klagen abgetreten werden.*

D. 24,1,22 (Ulpian 3[1] ad Sabinum): *Uxori suae quis mortis causa servum donavit eumque cum libertate heredem scripsit: an valeat institutio, quaeritur. et puto, si hoc animo eum scripsit heredem, quod donationis se dixit paenituisse, valere institutionem et necessarium heredem domino servum fieri: ceterum si, posteaquam heredem instituit, donavit, donatio praevalebit, vel si ante donavit, non tamen adimendi animo libertatem adscripsit.*

D. 24,1,22 (Ulpian in seinem dritten Buch an Sabinus): *Jemand hat seiner Ehefrau von Todes wegen einen Sklaven geschenkt und diesen mit der Freiheit zum Erben eingesetzt. Es wurde gefragt, ob die Erbeinsetzung gültig sei. Ich meine, wenn es sein Wille war, ihn zum Erben einzusetzen, weil er gesagt hat, dass ihn die Schenkung gereut hat, gilt die Erbeinsetzung und der Sklave wird notwendiger Erbe seines Herrn. Wenn aber, nachdem er ihn zum Erben eingesetzt hat, schenkte, geht die Schenkung vor, oder wenn er vorher geschenkt hat, aber dem zum Erben eingesetzten Sklaven die Freiheit nicht in der Absicht erteilt hat, ihn der Frau zu entziehen.*

In D. 24,1,32,2 berichtet Ulpian, dass Schenkungen unter Ehegatten mit dem Tode des Schenkers konvaleszieren[2], es sei denn, dass der Geber zuvor bereute.

---

[1] Nicht 33., LENEL, Palingenesie II, Sp. 1025.

[2] Schenkungen unter Ehegatten sind nach heute einhelliger Auffassung aufgrund Verbotes nichtig: MISERA, Bereicherungsgedanke, S. 87 – dort weist MISERA auf die uneinheitliche und untechnische Terminologie der Quellen in Bezug auf die Rechtsfolge des Schenkungsverbots hin, die zwischen Nichtexistenz im juristischen Sinne und fehlender Rechtswirkung schwanke – und S. 198 Fn. 38; SCHLEI, Schenkungen unter Ehegatten, S. 56 f., ebenfalls unter Hinweis auf die uneinheitliche Terminologie aufgrund derer umstritten war, ob die Schenkungen unter Ehegatten nur als widerruflich oder als nichtig zu gelten haben. Eine anschauliche Darstel-

Ursprünglich musste die unwirksame Schenkung mit dem Tode des Schenkers durch Fideikommiss ausdrücklich bestätigt werden, um geheilt zu sein. Die *oratio Severi* aus dem Jahr 206 lässt die nicht widerrufene Schenkung mit dem Tode des Schenkers auch ohne Fideikommiss wirksam werden[3]. Der Erbe hingegen habe kein Recht zum Schenkungswiderruf, da ein Schenkungswiderruf des Erben gegen den letzten Willen des Erblassers verstoße und zudem auch gar nicht billigenswert sei.

§ 3 handelt vom veränderlichen Willen des Schenkers. Der Schenker kann die Schenkung zunächst bereuen, ihr später aber wieder positiv gegenüberstehen. Maßgeblich ist der zuletzt vorliegende Wille. Ergänzend zieht Ulpian eine Parallele zu der insoweit gleichen Rechtslage bei den Legaten und Fideikommissen. § 4 handelt von einem zwischenzeitlich verstorbenen Schenker, der die Schenkung bereut und widerrufen hatte, was sich später herausstellt. In einem solchen Fall hat der Erbe das Recht, das Zugewendete zurückzufordern, sofern bewiesen ist, dass der Erblasser die Schenkung widerrufen hat. Bei Zweifeln über einen Widerruf muss der Richter vom Bestand der Schenkung ausgehen.

Eine nachträgliche Verpfändung der geschenkten Sache ist Gegenstand des § 5. Ulpian befasst sich mit der Frage, wie dies zu bewerten ist. Diese Situation könne als konkludentes Verhalten so interpretiert werden, dass der Mann die Schenkung bereut habe. Allerdings soll bei fortdauernder Schenkungsabsicht die Schenkung weiter bestehen. Die im Besitz der Sache verbliebene[4] Frau habe die Möglichkeit, wenn sie wolle, den Gläubiger zu befriedigen. In diesem Fall soll die Schenkung gelten. Ulpian begründet dies mit der Erwägung, dass der Mann der Frau eine bereits verpfändete Sache hätte schenken können. In diesem umgekehrten Fall hätte die Schenkung Kraft und die Frau, die bereit sei, den Gläubiger zu befriedigen, hätte die Einrede der Arglist. Durch die Arglisteinrede könne sie sogar die Übertragung der Klagen erreichen.

D. 24,1,22 handelt von drei verschiedenen Fällen. (1.) Der Mann schenkt der Frau *mortis causa* einen Sklaven. Daraufhin hat er diesen Sklaven im Testament mit Freilassung zum Erben eingesetzt. Die Frage nach der Gültigkeit dieser Er-

---

lung der unterschiedlichen Auffassungen findet sich bei GADE, Donationes inter virum et uxorem, S. 43 ff. Das Wesen des „Reurechtes" (vgl. dazu die Zusammenfassung unten § 19) spricht ebenfalls dafür, dass die Schenkungen unter Ehegatten nicht lediglich widerruflich sondern nichtig ist.

[3] KASER, RP I, § 60 I 3; WACKE, Die Rechtswirkungen der lex Falcidia, S. 227.

[4] Nach KASER, SDHI 45 (1979), 1, 31, hat die Frau vom Gläubiger prekaristischen Besitz erhalten.

beinsetzung sei zu bejahen, sofern der Erblasser geäußert habe, dass er die Schenkung bereut, und er aus diesem Grund den Sklaven zum Erben einsetzte, der dann notwendiger Erbe des Erblassers wird. (2.) Erfolgt zunächst die Erbeinsetzung des Sklaven und erst danach die Schenkung, so hat die Schenkung den Vorrang. (3.) Die Schenkung hat auch dann Vorrang, wenn sie zwar vor der Erbeinsetzung des Sklaven vorgenommen wurde, die spätere Erbeinsetzung aber nicht in der Absicht erfolgte, der Frau den Sklaven wegzunehmen.

Die Konvaleszenz der Schenkung unter Ehegatten stellt den bekanntesten der Fälle dar, in denen ein nichtiges Rechtsgeschäft nachträglich rechtliche Wirksamkeit erlangt[5]. Die Reue des Schenkers beseitigt nicht die Wirksamkeit eines bereits vollendeten Rechtsgeschäftes. Vielmehr setzt die nachträgliche Wirksamkeit einer anfänglich nichtigen Schenkung unter Ehegatten voraus, dass der Schenker die Schenkung nicht bereut. Das Äußern von Reue in Bezug auf die Schenkung wird daher als Sichberufen des Schenkers auf die Wirkungslosigkeit der Schenkung unter Ehegatten angesehen bzw. als Geltendmachen der Unwirksamkeit[6].

Nach D. 24,1,32,2 hat der Erbe nicht das Recht, die vom Erblasser getätigte Schenkung zu widerrufen. Wäre dem Erben ein Widerruf gestattet gewesen, hätte der Widerruf eine ganz andere Rechtsnatur gehabt als der Widerruf des Schenkers, da nach der spätklassischen *oratio Severi* von 206 (von der D. 24,1,32,2 ausgeht[7]) die ursprünglich nichtige Schenkung mit dem Tode des Schenkers wirksam wird. Im Gegensatz zum Widerruf des Schenkers würde der Erbe eine wirksame Schenkung des Erblassers, eines Dritten, widerrufen. Einen Übergang des „Reurechts" im Wege der Erbfolge verbietet die *oratio Severi* ausdrücklich. Aus § 3 geht hervor, dass der Schenker beliebig oft bereuen kann. Er kann die Schenkung bereuen, dann kann er bereuen, die Schenkung bereut zu haben. § 4 enthält eine Auslegungsregel für den Fall, dass Zweifel hinsichtlich des Inhalts einer Äußerung des Schenkers und eine Beweislastregel für den Fall, dass das Vorliegen einer Erklärung des Schenkers streitig ist[8].

Mit dem in D. 24,1,32,2-4 verwendeten Ausdruck Reue des Schenkers ist über die innere Willensrichtung hinaus ihre Betätigung nach außen gemeint.

---

[5] LENEL, Ursprung und Wirkung der Exceptionen, S. 123.
[6] MISERA, Bereicherungsgedanke, S. 198 Fn. 38.
[7] CHRISTIAN BALDUS, Regelhafte Vertragsauslegung, S. 528/29.
[8] CHRISTIAN BALDUS, Regelhafte Vertragsauslegung, S. 526.

Zwar ist die Reue des Erblassers eine innere Tatsache, die jedoch in irgendeiner Form hervorgetreten sein muss[9].

Die Verpfändung des Geschenkes durch den Mann (§ 5) ist regelmäßig als Reue bzw. Widerruf[10] aus Reue zu verstehen, ohne dass es eines weitergehenden Widerrufsaktes bedarf. Ob ein derartiges Verhalten als konkludenter Widerruf zu deuten ist, hängt jedoch letztlich vom Willen des Mannes sowie davon ab, ob die Frau im Besitz des geschenkten Gegenstandes geblieben und bereit ist, den Gläubiger zu befriedigen. Dauert seine Schenkungsabsicht fort und ist die Frau, die im Besitz der Sache verblieben ist bzw. vom Gläubiger prekaristischen Besitz erhalten hat, bereit, den Gläubiger zu befriedigen, hat die Schenkung Bestand und kann mit dem Tode des Mannes konvaleszieren[11]. Befriedigt die Frau den Gläubiger des Mannes, so hat ihre Leistung befreiende Wirkung zugunsten des Mannes. Mit dem Erlöschen der Forderung geht auch das Pfandrecht unter[12]. Vor diesem Hintergrund würde sich ein anschließendes Bereuen der Schenkung als Treuwidrigkeit darstellen: Der Mann schenkt der Frau eine Sache, die er anschließend verpfändet oder die bereits verpfändet ist. Ist der Mann nicht in der Lage, die Forderung zu erfüllen, ist die verpfändete Sache für ihn wertlos, da sie nach Eintritt der Fälligkeit vom Gläubiger verwertet werden kann[13]. Ihren Wert erlangt die Sache erst dadurch zurück, dass die Frau – womöglich aus eigenem Interesse an der geschenkten Sache – den Gläubiger befriedigt. Da das römische Recht den §§ 268 Abs. 2 Satz 1 2. Halbs. und 401 Abs. 1 BGB vergleichbare Mechanismen nicht kennt (ein Gläubigerwechsel setzt eine Stipulation voraus[14]), konnte der Rückforderung des Geschenkes nur mit der *exceptio doli* begegnet werden. Im Falle einer Rückforderung des Geschenkes darf die Frau jedenfalls nicht leer ausgehen (Übertragung der Klagen).

Auch D. 24,1,22 knüpft an ein konkretes Verhalten des Schenkers an, das als konkludente Reue des Schenkers betrachtet wird. Die spätere Bestimmung, die der früheren widerspricht, wird als konkludenter Widerruf der früheren Bestimmung betrachtet (1. und 2. Fall). In dem 3. Fall, von dem die Stelle handelt, wird der Schenkung trotz zeitlich nachfolgender Erbeinsetzung der Vorrang einge-

---

9 CHRISTIAN BALDUS, Regelhafte Vertragsauslegung, S. 526/27.
10 KASER, SDHI 45 (1979), 1, 31.
11 KASER, SDHI 45 (1979), 1, 31.
12 KASER, RP I, § 110 IV.
13 KASER, RP I, § 111 II 1.
14 KASER, RP I, § 152 I.

räumt, weil der Erblasser klargestellt hat, dass er der Frau den Sklaven nicht wegnehmen will. D. 24,1,22 macht deutlich, dass der Schenker bei der *donatio mortis causa inter virum et uxorem* die unbeschränkte Verfügungsgewalt behielt[15].

Das Reurecht des Schenkers in D. 24,1,22 wird als unklassisch angesehen[16]. Die Berücksichtigung des *animus* sei stets verdächtigt, im übrigen zeige die Parallelstelle D. 28,5,77[17], dass im klassischen Recht keine Unterscheidung nach dem *animus* des Testators gemacht werde[18]. Die auf Parallelstellen aufbauende Argumentation ist wenig überzeugend, da es im klassischen Recht zahlreiche Kontroversen zwischen den einzelnen Verfassern gab, so dass sich das klassische Recht nicht als eine einheitliche geschlossene Ordnung darstellt, sondern als ein vielfältig differenziertes Gebilde mit einer Vielfalt im Verhältnis zueinander oft gegensätzlicher Auffassungen[19]. Die Echtheitskritik überzeugt daher nicht.

Da die Schenkung unter Ehegatten unwirksam war, ist das Reurecht des Schenkers der Schenkung unter Ehegatten immanent. Der zuwendende Ehegatte will die Schenkung dann eben nicht bestätigen.

II. Scheidungsbrief

D. 24,2,7 (Papinian libro 1. de adulteriis): *Si paenituit eum, qui libellum tradendum divortii dedit, isque per ignorantiam mutatae voluntatis oblatus est, durare matrimonium dicendum, nisi paenitentia cognita is qui accepit ipse voluit matrimonium dissolvere: tunc enim per eum qui accepit solvitur matrimonium.*

D. 24,2,7 (Papinian 1 de adult.): *Bereut es derjenige, der einen Scheidungsbrief zur Beförderung aushändigte, wurde dieser aber aus Unkenntnis über den geänderten Willen übergeben, so ist die Ehe als fortbestehend anzusehen. Es sei denn, der Empfänger will trotz Kenntnis von der Reue nun seinerseits die Ehe auflösen. Dann wird die Ehe nämlich durch den Empfänger aufgelöst.*

[15] SIMONIUS, Donatio mortis causa, S. 285; MISERA, Bereicherungsgedanke, S. 14.
[16] SIMONIUS, Donatio mortis causa, S. 135, 139, 285.
[17] D. 28,5,77 (Papinian lib. 15. quaestiones): *Servus uxori a marito mortis causa donatus mariti manet, ut et Iuliano quoque videtur. idem, si accipiat libertatem simul et hereditatem, viro neccessarius heres erit; nec sine libertate aliquid ei legari potest.*
[18] SIMONIUS, Donatio mortis causa, S. 139, 285.
[19] KASER, Methodologie, S. 7.

Ein Ehegatte, der sich zur Scheidung entschlossen hat, übergibt den Scheidungsbrief einem Boten. Nach Übergabe revidiert er seinen Entschluss zur Scheidung der Ehe. Die Frage, ob das *libellum tradendum dare* zur Scheidung ausreicht, verneint Papinian. Der Absender könne es sich noch anders überlegen, seinen Scheidungsentschluss noch bereuen.

Die die Eheschließung und –scheidung betreffende Kasuistik in den Schriften der klassischen römischen Juristen wird in der heutigen Wissenschaft unterschiedlich interpretiert. So wird die Frage kontrovers diskutiert, ob für die Ehe eine anfängliche Willenseinigung bei der Heirat (sog. Initialkonsens) oder aber ihre Fortdauer während der Ehe (sog. Kontinuativkonsens) erforderlich war[20]. Des weiteren werfen die Quellen die Frage auf, ob die Scheidung in der Klassik durch Aufhören des Konsenses oder durch dessen Widerruf bewirkt wird[21].

Bei dem Scheidungsbrief, von dem in D. 24,2,7 die Rede ist (*libellum divortii*), handelt es sich nicht um eine Scheidungsförmlichkeit[22]. Der Scheidungsbrief ist eine Form der Scheidungserklärung, die sich erst in nachklassischer Zeit als Formzwang eingebürgert hat[23] und als *libellus repudii* bezeichnet wurde[24]. Im klassischen Recht stellte der Scheidungsbrief ein widerlegbares Beweismittel für die Aufkündigung des Ehekonsenses dar[25]. Papinian erörtert die Frage, ob die Ehe wegen der Übergabe des Scheidungsbriefes trotz nicht mehr vorhandenen Scheidungswillens des Absenders als geschieden zu betrachten ist. Da eine Scheidung weder bestimmte Gründe noch bestimmte Förmlichkeiten voraussetzt, handelt es sich um eine Auslegungsfrage[26]. Diese Auslegungsfrage betrifft die Beschaffenheit des Ehekonsenses. Ist dieser (Kontinuativ-) Konsens bereits beendet, wenn der eine Ehegatte eine verkörperte Widerrufserklärung abgegeben hat? Es ist der wirkliche Wille zu erforschen. Dabei ist zu berücksichtigen, dass die Römer auf eine saubere Willensbildung achteten, die im Affekt nur schwer möglich ist[27]. Sie stellten an den Beweis des Scheidungswillens hohe

---

[20] WACKE, FamRZ 1979, 546 (Rez. zu Huber).

[21] Überblick bei HUBER, Der Ehekonsens im römischen Recht, S. 149 ff.

[22] Zu diesem Ergebnis kommt auch JAKUB URBANEK in seiner noch nicht veröffentlichten Dissertation, in der er sich mit der Thematik „esigenze formali del divorzio" befasst: „Il documento, s'era eseguito, ha solo la funzione declaratoria, (...)".

[23] JAKUB URBANEK: „La situazione era cambiata con la constituzione di Valentiniano e Theodosio che introdusse obbligatoria forma scritta per qualsiasi divorzio, (...)".

[24] HUBER, Der Ehekonsens im römischen Recht, S. 159; WACKE, FamRZ 1979, 546, 547.

[25] BÜRGE, RP, S. 163 f.

[26] WACKE, FamRZ 1979, 546, 547; BÜRGE, RP, S. 164.

[27] BÜRGE, RP, S. 164.

Anforderungen und forderten eine gewisse Dauerhaftigkeit des Scheidungswillens[28]. Selbst ein *repudium* ist unerheblich, wenn es in einer Gefühlswallung, in der Hitze des Zorns[29], geschehen war, und der Absender, nachdem sich sein Zorn gelegt hat, wieder zu seinem Gatten zurückgekehrt ist[30]. In der Hitze des Zorns hervorgebrachte Erklärungen erlangen nach einer *regula*[31] erst Gültigkeit, wenn an ihnen nach Erkalten des akuten Affekts festgehalten wird[32]. Diese Auslegungsfrage wird für unseren Fall dahingehend beantwortet, dass es sich der Erklärende noch einmal anders überlegen kann. Im Ergebnis wird dann der Ehekonsens als fortbestehend betrachtet. Nach Auffassung Papinians ist entscheidend auf die *voluntas* der beteiligten Ehegatten abzustellen und nicht etwa auf den Wortlaut eines Schriftstückes. Die Ehe gilt trotz der Reue über den abgesandten Scheidungsbrief nur dann als aufgelöst, wenn der andere Ehegatte nicht mehr an ihr festhalten will.

LEVY vertrat zu unserer Stelle die Ansicht, die Übergabe des mit Scheidungswillen abgeschickten Scheidebriefes bewirke die sofortige Auflösung der Ehe[33]. Für Papinian sei das *nuntium remittere* immer nur ein Teiltatbestand, der sich erst durch das nachher von dem Ehegatten zu beobachtende Verhalten vollende[34]. Vor der Vollendung des Tatbestandes könne der geäußerte Entschluss zur Scheidung widerrufen werden; LEVY spricht von einem „Rücktritt vom Versuch“[35]. Der Reumütige müsse dartun, dass die innere Reue dem Zugang der Erklärung beim anderen Teil zuvorgekommen sei[36]. Lasse sich der Mann allerdings nicht auf den „Rücktritt“ der Frau ein, so nehme er damit die Erklärung der Frau auf, die Parteirollen wechselten, das *divortium* falle ihm zur Last und werde erst von seiner Erklärung ab datiert[37]. LEVY hält die Stelle für weitgehend interpoliert, insbesondere sei das „berüchtigte Reurecht“ eingeschmuggelt[38]. Die Schlussfolgerung, die *paenitentia* sei in anderen Stellen interpoliert und müsse daher auch in der vorliegenden Stelle interpoliert sein, ist keineswegs zwingend

[28] BÜRGE, RP, S. 164.
[29] D. 24,2,3.
[30] BÜRGE, RP, S. 164.
[31] D. 24,2,3; D. 50,17,48.
[32] LEVY, Hergang der römischen Ehescheidung, S. 99; WACKE, OIR 5 (1999), 174 f.
[33] LEVY, Hergang der römischen Ehescheidung, S. 61.
[34] LEVY, Hergang der römischen Ehescheidung, S. 61.
[35] LEVY, Hergang der römischen Ehescheidung, S. 61, 99.
[36] LEVY, Hergang der römischen Ehescheidung, S. 99.
[37] LEVY, Hergang der römischen Ehescheidung, S. 61, 99.
[38] LEVY, Hergang der römischen Ehescheidung, S. 60 f.

und überzeugt nicht. Zumal die Literatur auf die LEVY sich beruft (GRADENWITZ, Interpolationen in den Pandekten, S. 146 ff. und HAYMANN, Freilassungspflicht und Reurecht) eine ganz andere Thematik behandelt.

YARON ist der Meinung, Papinian bringe zum Ausdruck, dass obwohl die bloße Aushändigung der Scheidungserklärung (schriftlich oder mündlich) genüge um die Scheidung zu bewirken, die die Trennung initiiert habende Partei widerrufen könne, solange die Erklärung noch nicht beim Gatten abgeliefert sei[39]. Im übrigen müsse man zur Kenntnis nehmen, dass unsere Stelle von einer den Ehebruch betreffenden Diskussion herrühre und nicht klar sei, inwiefern die von LEVY angesprochene Frage, durch wen die Ehe aufgelöst worden sei, dafür Bedeutung habe[40]. Entscheidend sei, ob die Ehe beendet war, als die Frau den Ehebruch begangen hat[41].

Auch nach Auffassung von VAN DE WOUW rührt die Stelle von einer Diskussion über Ehebruch her, und es sei nicht klar, inwiefern dafür die Frage Bedeutung habe, durch wen die Ehe aufgelöst worden sei[42]. Im übrigen gehe es nicht bloß um den formellen Unterschied zwischen *adulterium* und *stuprum*, sondern um die Möglichkeit einer *accusatio in iure mariti*[43]. Aus dem letzten Teil des Textes spreche der justinianische *favor nuptiarum*[44].

Papinians *libri duo de adulteriis* stellt nach allgemeiner Meinung einen Kommentar zur *lex Iulia de adulteriis* dar[45]. Dieses Gesetz stellte den Ehebruch der Ehefrau unter Strafe und machte dem Ehemann die Strafverfolgung zur Pflicht und ihn im Unterlassungsfalle wegen Kuppelei haftbar; er musste seine schuldige Frau verstoßen[46]. Wenn sich nach Erhalt des Scheidungsbriefes ein Ehegatte mit einem anderen Partner zusammentut, ist zu prüfen, ob dies einen strafbaren Ehebruch darstellt. Das ist nicht der Fall, wenn die Ehe vorher geschieden wurde.

---

[39] YARON, TR 32 (1964), 533, 539.
[40] YARON, TR 32 (1964), 533, 539.
[41] YARON, TR 32 (1964), 533, 539.
[42] VAN DE WOUW, TR 41 (1973), 311, 316.
[43] VAN DE WOUW, TR 41 (1973), 311, 316.
[44] VAN DE WOUW, TR 41 (1973), 311, 316.
[45] VAN DE WOUW, TR 41 (1973), 311, 313.
[46] HÄRTEL/HUCHTHAUSEN, Römisches Recht, S. 448.

III. Erneuerung eines widerrufenen Fideikommisses

D. 34,4,4 (Ulpian libro 33. ad Sabinum): *Quod si iterum in amicitiam redierunt et paenituit testatorem prioris offensae, legatum vel fideicommissum relictum redintegratur. ambulatoria enim est voluntas defuncti usque ad vitae supremam exitum.*

Ulpian in seinem 33. Buch an Sabinus: *Aber wenn sie wieder zur Freundschaft zurückkehrten und den Testator das frühere Zerwürfnis reute, wird das hinterlassene Vermächtnis oder Fideikommiss wiederhergestellt. Wandelbar ist nämlich der Wille des Verstorbenen bis zum letzten Ausgang seines Lebens.*

Der Testator hat jemanden mit einem Legat oder einem Fideikommiss bedacht. Später ist es zu einem Zerwürfnis zwischen ihnen gekommen. Aufgrund dieses Zerwürfnisses wird das Fideikommiss kraft *exceptio doli* als widerrufen angesehen[47]. Im Falle eines Legats, bei dem ein förmlicher Widerruf erforderlich ist[48], begründet die nichtförmliche Betätigung des Widerrufswillens eine *exceptio doli*[49]. Wird das Zerwürfnis später beigelegt und ist die Freundschaft wiederhergestellt, so gelten auch das Legat oder das Fideikommiss als wiederhergestellt. Die Möglichkeit der Abänderung einer einmal getroffenen letztwilligen Verfügung in Form eines Vermächtnisses begründet Ulpian mit der bis zum Lebensende freien Veränderlichkeit des Erblasserwillens (s. o. § 7 II 1).

In der nach der Hypothese von LENEL ursprünglichen Fassung, dem 33. Buch zu Sabinus, findet sich die Stelle unter der Rubrik *de donationibus inter virum et uxorem*[50]. Demnach geht es in der Stelle um ein Vermächtnis oder ein Fideikommiss an den Ehegatten. Der Zweck des Vermächtnisses konnte darin liegen, eine nichtige Schenkung zwischen Ehegatten zu bestätigen[51]. Es handelt sich um einen der Fälle, in denen man in ein bestimmtes Verhalten den Ausdruck eines rechtsgeschäftlich erheblichen Willens hineindeutet. Verschiedentlich klingt in klassischen Quellen an, dass rechtsgeschäftliche Wirkungen nicht nur *verbis*, sondern auch *re* oder *actu* herbeigeführt werden können[52]. Nicht nur der Widerruf des Fideikommisses wird als stillschweigend erklärt angesehen, auch

---

[47] D. 34,4,3,11.
[48] KASER, RP I, § 187 II 1.
[49] D. 34,4,3,11.
[50] LENEL, Palingenesie II, Sp. 1144.
[51] KASER, RP I, § 79 III 1.
[52] WACKE, SZ 90 (1973), 220, 250.

die *paenitentia* dieses Widerrufes wird aus den Umständen gefolgert. Der Widerruf des Fideikommisses kann stillschweigend erklärt werden[53], da auch seine Errichtung nicht formgebunden ist[54]. Die Möglichkeit der Pänitenz ist in diesem Zusammenhang Ausdruck der jederzeitigen Widerruflichkeit einer letztwilligen Verfügung (*ambulatoria enim est voluntas defuncti usque ad vitae supremam exitum*)[55].

IV. Zusammenfassung

Die Schenkung unter Ehegatten ist als *donatio imperfecta* frei widerruflich. Dies stellt Ulpian nicht in Frage. Gegenstand seiner Erörterung sind die Konvaleszenz der Schenkung mit dem Tode des Schenkers (D. 24,1,32,2), ein Schenkungswiderruf durch den Erben des Schenkers (D. 24,1,32,3), außerdem die Auslegung einer Äußerung (D. 24,1,32,4), einer konkludenten Handlung des Schenkers (D. 24,1,32,5) und die Bedeutung der Erbeinsetzung eines Sklaven des Schenkers (D. 24,1,22).

Eine Scheidungserklärung kann von dem Erklärenden frei widerrufen werden, wenn er sich anders besinnt.

Die freie Widerruflichkeit des zugunsten des anderen Ehegatten errichteten Fideikommisses, dessen Zweck in der Bestätigung einer Schenkung unter Ehegatten liegen kann, folgt aus der freien Veränderlichkeit des Erblasserwillens (s.o. § 7). Dieser Grundsatz dient Ulpian zur Begründung seiner Entscheidung.

---

[53] KASER, RP I, § 189 V.

[54] KASER, RP I, § 189 II 1.

[55] Wacke, Der alte Vater und die Keule, S. 38; Wacke, OIR 2 (1996), 113.

§ 10. Unentgeltliches Wohnen

Kein Rechts- sondern ein faktisches Verhältnis, namentlich das *precarium*[1], ist Gegenstand der folgenden Stelle, die ich wegen der Rechtsgeschäftsähnlichkeit der Beziehung[2] gleichwohl bei den Quellen zu den Rechtsgeschäften eingeordnet habe.

D. 39,5,32 (Scaevola libro 5. responsorum): *Lucius Titius epistulam talem misit: „ille illi salutem. hospito illo quamdiu volueris utaris superioribus diaetis omnibus gratuito, idque te ex voluntate mea facere hac epistula notum tibi facio". quaero an heredes eius habitatione eum prohibere possunt. Respondit secundum ea, quae proponerentur, heredes eius posse mutare voluntatem.*

Scaevola im 5. Buch seiner Responsen: *Lucius Titius hat solchen Brief geschickt: „Jener grüßt jenen. In jener Herberge magst du solange wie du willst alle oberen Zimmer umsonst benutzen, und dass du dies mit meinem Willen tust, teile ich dir mit diesem Brief mit." Ich frage, ob seine Erben ihm das Wohnen verbieten können. Er hat nach dem vorgetragenen Sachverhalt erwidert, seine Erben können den Willen ändern.*

Lucius Titius hat dem *tu* das unentgeltliche Wohnen in bestimmten Räumen in seinem Haus gestattet, solange er es wolle. Der Adressat des Briefes behauptet, nach dem Tod des Lucius Titius weiterhin zur unentgeltlichen Nutzung der Wohnräume berechtigt zu sein. Die Erben bestreiten dies und verlangen Räumung. Scaevola spricht sich für die Geltung des geänderten Erbenwillens aus.

Die unentgeltliche Überlassung der Räume des Lucius Titius an *tu* könnte von Scaevola als *precarium* betrachtet worden sein[3]. Das *precarium* ist kein Rechtsverhältnis, sondern bloß faktische Überlassung und unterliegt dem freien Widerruf[4]. Demgegenüber kann eine geliehene Sache nicht jederzeit zurückverlangt werden, sondern erst nach Beendigung des Gebrauchs oder Ablauf der vereinbarten Frist. Ob auch Immobilien, hier ein Zimmer, Gegenstand einer Leihe sein konnten, war unter den römischen Juristen bestritten[5]. Die rechtliche Einord-

---

[1] LENEL, Palingenesie II, Sp. 313, rubriziert die Stelle unter „*De precario*".
[2] Bereits den klassischen Quellen lässt sich die Institutionalisierung des Prekariums als Leihverhältnis entnehmen, vgl. KASER, RP I, § 94 III 2 c Fn. 27.
[3] SCHILLING/OTTO/SINTENIS zu D. 39,5,32, Fn. 81.
[4] KASER, RP I, § 94 III 2 c.
[5] KASER, RP I, § 125 I Fn. 2; SLAPNICAR, Gratis habitare, S. 45 ff. (ausführliche Darstellung des Streitstandes).

nung der Überlassung der Räume zur Nutzung könnte daher den Anlass zur Diskussion des Falles geboten haben.

Nach Meinung von SLAPNICAR handelt es sich bei der *habitatio gratuita* in unserer Stelle um ein *commodatum*[6]. Eine Beurteilung durch Scaevola als Prekarium sei schon deswegen unwahrscheinlich, weil das Prekarium keinen Bestandsschutz gewähre[7]. Die Überlassung für „*quamdiu volueris*" sei eine zum *precarium* gerade entgegengesetzte Situation[8]. Scaevola billige der *habitatio gratuita* nur bis zum Tode des erstversterbenden Vertragspartners verbindliche Kraft zu und beschränke ihre obligatorische Wirkung damit auf die Zeit *inter vivos*[9]. Der geänderte Wille der Erben komme deshalb zur Geltung, weil der Brief weder der Vermächtnisform genüge, noch den Voraussetzungen des Fideikommisses entspreche[10].

Ohne dies näher zu erläutern, meint BENKE, Scaevola betrachte das Angebot *quamdiu volueris utaris* als persönliche Gefälligkeit des Lucius Titius[11].

Wie sich aus D. 39,5,27 (Papinian lib. 29 quaestionum) ergibt, kann eine unentgeltlich erteilte Wohnerlaubnis offenbar auch als Schenkung beurteilt werden. Gegen eine Einordnung des in Rede stehenden Falles als Schenkung spricht nicht die Unwiderruflichkeit einer vollzogenen Schenkung (vgl. o. § 5 IV), da die Gebruachsüberlassung nur solange „vollzogen" ist, wie sie gewährt wird.

Lehnt man die Einordnung unseres Falles als nicht bindende Zusage (*precarium*) ab, so kommt man nicht umhin – mangels einer anderen Möglichkeit – den Fall rechtlich als *commodatum* zu qualifizieren. Da die Erben für Verbindlichkeiten des Erblassers haften, und das Geliehene erst nach Beendigung einer etwa vereinbarten Frist (hier ist eine Frist nicht vereinbart: *quamdiu volueris*) zurückverlangt werden kann, hätten die Erben im Falle eines *commodatum* kein Recht, ihren Willen zu ändern.

---

[6] SLAPNICAR, Gratis habitare, S. 43 f.
[7] SLAPNICAR, Gratis habitare, S. 60.
[8] SLAPNICAR, Gratis habitare, S. 60.
[9] SLAPNICAR, Gratis habitare, S. 60 f.
[10] SLAPNICAR, Gratis habitare, S. 61.
[11] BENKE, TR 57 (1989), 275, 297 Fn. 169.

C. Zusammenfassung

§ 11. Schlussfolgerungen in Bezug auf die *paenitentia* im rechtsgeschäftlichen Bereich

Der Ausdruck *paenitentia* in den römischen Rechtsquellen drückt die Möglichkeit aus, eine Rechtshandlung i. w. S. aus Reue, also willkürlich, zu widerrufen. Widerrufliche Rechtshandlungen sind zum einen Erklärungen, an die sich Rechtswirkungen knüpfen (§§ 4; 5 III 5; 6; 7 I, II 1; 8 III, IV 2; 9 II, III), zum anderen Zuwendungen (§§ 5 I, II, III 1-4, 6; 7 II 2; 9 I; 10). Der Widerruf einer Zuwendung (*paenitentia acta*) begründet einen auf Rückforderung der Zuwendung gerichteten Rechtsbehelf. Der Widerruf einer Erklärung hat zur Folge, dass die an diese Erklärung geknüpften Rechtsfolgen nicht eintreten. Bei den *paenitentia*-Stellen gibt es bestimmte Fallgruppen außerhalb des Kanons der bindenden Kontrakte und *pacta*, die belegen, dass das römische Recht keine allgemeingültige Gebundenheit an das eigene Handeln im Rechtsverkehr kennt[1].

In den ein Reurecht verneinenden *paenitentia*-Stellen geht es um Fälle, in denen eine nach *ius strictum* unwiderrufliche Rechtshandlung vorliegt (z. B. Kauf, Stipulation, Schenkung). Des weiteren geht es bei diesen *paenitentia*-Stellen um Rechtshandlungen, die außerhalb des geschlossenen Kontraktsystems der Römer stehen und die dennoch Bindungen auslösen (z. B. Erlass*pactum*, *dissimulatio*). Die gegen das Reurecht angeführten Gründe lassen erkennen, dass man sich nach Auffassung der römischen Juristen nicht mit seinen eigenen Handlungen (*factum proprium*), selbst wenn diese keine rechtsgestaltende Wirkung entfalten, in Widerspruch setzen darf (*venire contra factum proprium*), wenn dadurch die Interessen anderer berührt werden[2]. Dieser Gedanke stellt eine Forderung der *aequitas* dar[3]. Durch die Ausübung des Reurechtes soll niemand zu Schaden kommen[4], wenn das *factum proprium* objektiv den Eindruck hervorruft, man werde sich einer bestimmten Person gegenüber in bestimmter Weise verhalten[5]. Dies wird deutlich etwa in D. 12,4,5,2 gesagt (*paenitentia non facit iniuriam ei*

---

[1] RIEZLER, Venire contra factum proprium, S. 1.
[2] RIEZLER, Venire contra factum proprium, S. 1 f.; WIELING, AcP 176 (1976), 334; DETTE, Venire contra factum proprium, S. 1.
[3] RIEZLER, Venire contra factum proprium, S. 2.
[4] RIEZLER, Venire contra factum proprium, S. 37.
[5] WIELING, AcP 187 (1987), 95, 96.

qui redemit). So stellt etwa die Entgegennahme einer Realleistung, die aufgrund einer formlosen unverbindlichen Vereinbarung erfolgt, ein *factum proprium* dar, das für den Empfänger eine Bindung erzeugt[6].

Zwar kannten die Römer kein Rechtsinstitut des *venire contra factum proprium*[7], doch war ihnen die Problematik sehr wohl bekannt; auf diesem Gedanken beruht die Rechtsfigur vieler *exceptiones*[8]. Die Missachtung eines *pactums* gilt als dolos, selbst dann, wenn das *pactum* aus einem formalen Grund nichtig ist[9]. Die Durchsetzung eines formlos gegebenen Wortes war auch die Aufgabe der *bona fides*[10]. Da es im römischen Recht ein geschlossenes Kontraktssystem (Typenzwang) gab, konnte eine Forderung aufgrund eines ihr entgegenstehenden *pactums* nicht einfach verneint werden, sondern war anzuerkennen[11]. Wegen des widersprüchlichen Verhaltens, das in dem Verstoß – etwa durch Erhebung einer dem *pactum* zuwiderlaufenden Klage – gegen ein *pactum* zu sehen ist, gab der Prätor der anderen Partei eine *exceptio*, die sich auf treuwidriges Verhalten stützte[12]. Damit wurde das strenge Haften an einer bestimmten Form überwunden, weil ein weiteres Festhalten materiell und *inter partes* nicht gerechtfertigt erschien[13].

Da es nicht ungewöhnlich ist, dass Menschen ihre Meinung ändern und sich dann entsprechend ihrer geänderten Auffassung verhalten, löst der bloße Widerspruch zwischen früherem und jetzigem Verhalten keine Sanktionen aus[14]. Dies dokumentieren die Fälle, in denen ein willkürlicher Widerruf als Widerspruch zu einem früheren Verhalten möglich ist. Die Stellen, die die Möglichkeit eines Widerrufs aufgrund einer Meinungsänderung verneinen, behandeln Fälle, in denen jemand (der Rechtsverkehr oder der Erklärungs- oder Zuwendungsempfänger) auf ein außerhalb des römischen Kontraktsystems liegendes – und damit formell nicht bindendes – Verhalten eines anderen vertraut. Das das Verbot widersprüchlichen Verhaltens kennzeichende Vertrauen in die Verlässlichkeit des

---

[6] Riezler, Venire contra factum proprium, S. 38.
[7] Der bekannte Satz *venire contra factum proprium nulla conceditur* tauchte erstmals bei den Glossatoren auf, Liebs, JZ 1981, 160 f. mN.
[8] Wieling, AcP 187 (1987), 95, 96.
[9] Wacke, SZ 90 (1973), 220, 229.
[10] Honsell, in: FS f. Mayer-Maly, S. 372.
[11] Wieling, AcP 187 (1987), 95, 96.
[12] Wacke, SZ 90 (1973), 220, 229; Wieling, AcP 187 (1987), 95, 96; Honsell, in: FS f. Mayer-Maly, S. 372.
[13] Honsell, in: FS f. Mayer-Maly, S. 377.
[14] Liebs, JZ 1981, 160; Teichmann, JA 1985, 497, 500.

anderen Teils ist jeweils durch ein bestimmtes Verhalten des anderen Teils ausgelöst worden, wie beispielsweise eine Zuwendung zugunsten des Empfängers.

Weiterhin ist in diesen Fällen entscheidend, ob der andere Teil durch die Reue einen Nachteil erleiden würde[15]. In den Fällen, in denen der andere Teil durch die Willensänderung seines Gegenübers keinen rechtlichen Nachteil erleidet, besteht die Möglichkeit eines willkürlichen Widerrufs. In D. 50,17,75 (Papinianus lib. 3. quaestionum)[16] wurde zur *regula* erhoben, dass niemand seine Meinung zum Nachteil eines anderen ändern darf.

Der Widerruf einer Rechtshandlung ist also in den Fällen möglich, in denen eine Bindung an die zu widerrufende Rechtshandlung nicht besteht, weder nach *ius strictum* noch nach der *bona fides*.

---

[15] Vgl. RGZ 8, 176, 180 zu D. 12,4,5.

[16] D. 50,17,75: *Nemo potest mutare consilium suum in alterius iniuriam.* Papinian im 3. Buch seiner Quaestionen: *Niemand kann seinen Willen zum Nachteil eines anderen ändern.*

Zweiter Abschnitt. Die prozessrechtlichen Quellen

§ 12. Gegenstand der Reue in den prozessrechtlichen Quellen / Prozesshandlungen

In den prozessrechtlichen Quellen bezieht sich die *paenitentia* auf solche Handlungen bzw. Erklärungen, die für die Einleitung, den Verlauf und/oder die Beendigung des Prozesses von Bedeutung sind. Der im geltenden Recht insoweit gebräuchliche Ausdruck der Prozesshandlung wird wie folgt definiert: Jedes äußere, auf bewußtem Willen (Handlungswillen) beruhende Verhalten einer Partei, dessen charakterische Wirkung entweder in der Gestaltung des Verfahrens oder der Schaffung eines Tatbestandes besteht, der sich auf ein konkretes Verfahren bezieht und mit der Geltendmachung im Prozess eine Verfahrensgestaltung herbeiführt oder verhindert[1]. Nach einer weiteren Definition versteht man unter einer Prozesshandlung eine auf prozessrechtliche Wirkungen abzielende, d. h. den Prozessverlauf gestaltende oder bestimmende Handlung einer Partei oder des Gerichts[2]. Der Ausdruck Prozesshandlung ist als solcher im römischen Zivilprozessrecht nicht anzutreffen.

Die (Prozess- und anderen) Handlungen, auf die sich die *paenitentia* bezieht, sind sowohl solche vor der *litis contestatio*, als auch solche in der Verhandlung vor dem Gerichtsmagistrat, in Bezug auf die *interrogatio in iure* sowie im Verfahren *apud iudicem*. Nach dieser Unterteilung richtet sich die Reihenfolge, in der die Quellentexte im folgenden § 13 erörtert werden.

In den prozessrechtlichen Quellen mit der Wendung *mutare sententiam* geht es um die Abänderbarkeit eines Richter- bzw. Schiedsrichterspruches.

---

[1] BAUMGÄRTEL, Prozeßhandlung, S. 291.
[2] GREGER, in: Zöller, ZPO, Vor § 128 Rdn. 14.

§ 13. Die prozessrechtlichen Quellen

I. Schiedsvertrag

Der Schiedsvertrag ist ein Doppelinstitut, bestehend aus zwei Charakteristika, dem *compromissum*, den wechselseitigen Strafversprechen für den Fall der Zuwiderhandlung, und dem *receptum arbitri*, der Unterwerfung unter einen oder mehrere Schiedsrichter (*arbiter ex compromisso*)[1]. Beim Schiedsvertrag handelt es sich um ein eigenständiges Doppelinstitut, das seinen Platz zwischen Privat- und Prozessrecht hat[2]. Eine Einrede des Schiedsvertrages kannte das klassische Recht noch nicht[3].

D. 4,8,30 (Paulus libro 13. ad. ed.): *Si quis rem, de qua compromissum sit, in iudicium deducat, quidam dicunt praetorem non intervenire ad cogendum arbitrum sententiam dicere, quia iam poena non potest esse, atque si solutum est compromissum. Sed si hoc optinuerit, futurum est, ut in potestate eius, quem paenitet compromisse, sit compromissum eludere. Ergo adversus eum poena committenda est lite apud iudicem suo ordine peragenda.*

D. 4,8,30 (Paulus im 13. Buch zum Edikt): *Wenn jemand eine Sache, über die ein Schiedsvertrag geschlossen wurde, vor ein ordentliches Gericht bringt, sagen manche, der Prätor dürfe nicht einschreiten, um den Schiedsrichter zu zwingen, seine Entscheidung zu sprechen, weil es eine Strafe nicht mehr geben kann, gleichsam wie wenn der Schiedsvertrag aufgelöst wäre. Aber wenn sich diese Meinung durchsetzen würde, wäre die Folge die, dass der, der den Schiedsvertrag bereut, die Macht hätte, den Schiedsvertrag zu vereiteln. Also muss die Strafe gegen denjenigen verwirkt sein, während der Streit vor dem ordentlichen Richter durchzuführen ist.*

Eine von zwei Parteien, die miteinander einen Schiedsvertrag geschlossen haben, beschreitet entgegen dieser Vereinbarung nun doch den ordentlichen Rechtsweg. Paulus äußert sich zu der unter den klassischen Juristen umstrittenen Frage[4], ob infolge dieser Zuwiderhandlung – förmliche Klageerhebung vor Tätigwerden des *arbiter ex comprommisso* – gegen den Schiedsvertrag die ver-

---

[1] WACKE, ZZP 90 (1977), 217.
[2] WACKE, ZZP 90 (1977), 217.
[3] WACKE, ZZP 90 (1977), 217, 219; WACKE, OIR 3 (1997), 68, 82.
[4] ZIEGLER, Das private Schiedsgericht im antiken Rom, S. 69.

sprochene Strafe zum Verfall gebracht wird. Die andere Möglichkeit wäre die, dass erst die Nichtbefolgung der *sententia arbitri* zum Verfall der Strafe führt[5]. Paulus spricht sich gegen die Auffassung der *quidam* aus. Die *quidam* betrachten die Klageerhebung, die das *compromissum* zum Erlöschen bringt, als sanktionslose Lösung vom Schiedsvertrag. Nach ihrer Ansicht führt diese Lösung vom Schiedsvertrag dazu, dass die vertraglich vereinbarte Strafe nicht verfällt, weil es keine *sententia arbitri* gibt, deren Nichtbefolgung sanktioniert werden könnte. Paulus begründet seine ablehnende Haltung mit der Folgenreflexion, dass bei dieser Betrachtungsweise sich niemand mehr an einen Schiedsvertrag zu halten bräuchte. Gegenstand der Stelle ist also die Frage, ob die stipulierte Strafe die Funktion hat, die Parteien von der Anrufung des ordentlichen Gerichts abzuhalten, oder ob ihre Funktion allein darin bestand, die Parteien zur Einhaltung des gefällten Schiedsspruchs anzuhalten. Bei den *sententiae arbitri* ist zwischen zwei Arten zu unterscheiden. Es gibt die prozessleitenden Anordnungen, die der Durchführung des Verfahrens dienen und die abschließenden Entscheidungen, die den Schiedsstreit beenden[6].

Fraglich sind Struktur und Wesen des *compromissum* zwischen den Streitparteien. Daraus könnte sich die für beide Parteien gegebene Möglichkeit der sanktionslosen Lösung vom Schiedsvertrag erklären. Das *compromissum* wird zwischen den Streitparteien formlos geschlossen und hat keine selbständig verpflichtende Kraft. Konstituierend wirken die wechselseitigen Strafstipulationen[7]. Da es sich beim *compromissum* um eine formlose Vereinbarung handelt[8], könnte es als *pactum* zu qualifizieren sein. Gegen die Einordnung des *compromissum* als *pactum* wird allerdings das Fehlen einer *exceptio pacti* eingewandt[9], d. h. gegenüber der Klageerhebung vor dem ordentlichen Richter konnte nicht geltend gemacht werden, es bestehe ein Schiedsvertrag.

LENEL meint, der Passus *quia – compromissum* sei unecht[10]. Es sei schwer zu verstehen, wie die *quidam* in dem Beschreiten des Rechtsweges eine Aufhebung des Schiedsvertrages hätten sehen können. Vielmehr dürften die *quidam* ihre

---

[5] ZIEGLER, Das private Schiedsgericht im antiken Rom, S. 69; WACKE, ZZP 90 (1977), 217, 219; KASER/HACKL, RZ, § 100 I.
[6] D. 4,8,19,2; KNÜTEL, Stipulatio poenae, § 26 I.
[7] KASER/HACKL, RZ, § 100 I.
[8] WACKE, ZZP 90 (1977), 217.
[9] ZIEGLER, Das private Schiedsgericht im antiken Rom, S. 50 f.; WESENER, Iura 23 (1972), 211, 213.
[10] LENEL, SZ 39 (1918), 119, 144 f.

Meinung darauf gestützt haben, dass die Beschreitung des Rechtswegs nicht vertraglich ausgeschlossen werden könne[11].

Nach TALAMANCA bringt die Klageerhebung die Strafe zum Verfall, wodurch das *compromissum* erlösche und infolgedessen ein prätorischer Zwang gegen den *arbiter* ausgeschlossen sei[12].

KNÜTEL vertritt unter Bezugnahme auf Ulpian D. 4,8,27,6 die Auffassung, die Klageerhebung stelle eine Verhinderung einer *sententia arbitri* dar[13]. Wer verhindere, dass eine *sententia arbitri* zustandekomme, müsse sich so behandeln lassen, wie wenn er ihr zuwidergehandelt habe. Auch gilt eine Bedingung als eingetreten, wenn ihr Eintritt von demjenigen vereitelt wird, dem er zum Nachteil gereichen würde[14].

Das *paenitere* des *compromissum* durch den Kläger bringt die Möglichkeit zum Ausdruck, sich einseitig und willkürlich von der getroffenen Vereinbarung zu lösen. Der Ausdruck *paenitere* wird von Paulus nur in Bezug auf die (von ihm abgelehnte) Alternative einer folgenlosen Lösung vom Schiedsvertrag gebraucht und nicht im Zusammenhang mit einer die Strafe auslösenden Vertragslösung.

Im Fall der anfänglich sanktionslosen Lösung vom Schiedsvertrag tritt die Bindungswirkung des *compromissum* ein, sobald die erste *sententia arbitri* erlassen wurde, in Form einer verfahrensleitenden Anordnung des *arbiter ex compromisso*. Denn ab diesem Zeitpunkt ist das einseitige Abstehen vom *compromissum* ein Verstoß gegen eine *sententia arbitri*, der die vereinbarte Strafe zum Verfall bringt.

II. *Actio rei uxoriae adiuncta filiae persona*

C. 5,4,7 (Gordianus *Aper*): *Si, ut proponis, post querellam de marito a filia ad te delatam dissociatum est matrimonium nec te consentiente ad eundem regressa est, minus legitima coniunctio est cessante patris voluntate, in cuius est potestate. atque ideo non paenitente filia petitionem dotis repetere non prohiberis.* (anno 240)

[11] LENEL, SZ 39 (1918), 119, 144 f.
[12] TALAMANCA, Ricerche in tema di compromissum, S. 78.
[13] KNÜTEL, Stipulatio poenae, § 26 II 2.
[14] KNÜTEL, Stipulatio poenae, § 26 II 2.

Gordian an Aper: *Wenn, wie du vorträgst, nach der dir von deiner Tochter über ihren Ehemann vorgetragenen Beschwerde die Ehe aufgelöst wurde und sie ohne deine Zustimmung zu demselben zurückgekehrte, ist diese Verbindung wegen fehlenden Willens des Vaters, in dessen Gewalt sie steht, weniger rechtmäßig. Und deshalb wirst du, wenn deine Tochter die Rückforderung nicht bereut, nicht gehindert, die Mitgift zurückzufordern.*

Nachdem die Ehe der Tochter geschieden worden ist, verklagt der Vater den Ehemann auf Rückgabe der Mitgift. Anschließend kehrt die Tochter ohne Zustimmung des Vaters zu ihrem Ehemann zurück. Mangels väterlicher Einwilligung ist damit die Ehe aber nicht wirksam erneuert[15]. Die Kanzlei des Kaisers Gordian wurde mit der Frage konfrontiert, was angesichts der Rückkehr der Tochter zum Ehemann aus der Dotalklage wird. Es wird reskribiert, dass der Vater die Mitgift nur zurückfordern kann, wenn die Tochter ihre ursprünglich gegebene Zustimmung zur Rückforderung nicht bereut[16].

Der Vater, der vom geschiedenen Schwiegersohn die Mitgift zurückverlangen möchte, kann dies nur, wenn ihm die Tochter auf Klägerseite beitritt (*actio rei uxoriae adiuncta filiae persona*)[17], da die *dos* als dem *paterfamilias* und der unter ihm stehenden Frau gemeinsam zustehend galt[18]. Aus diesem Grund ist erforderlich, dass die Tochter es sich nicht anders überlegt hat und von einer Rückforderung der Mitgift absieht.

Ausweislich anderer Quellen ist ein Nichtwidersprechen der Tochter genügend zur Feststellung ihres Einverständnisses[19]. Dann muss erst recht das einmal ausdrücklich gegebene Einverständnis gelten. Auch läuft es den Interessen der Tochter nicht zuwider, wenn sie, nachdem sie ihr Einverständnis ausdrücklich erklärt hat, es auch nicht ausdrücklich widerruft (bereut), und die Rückkehr

---

[15] GLÜCK, Pandekten, Bd. 23, S. 30.

[16] SCHILLING/OTTO/SINTENIS übersetzen den letzten Satz dahingehend, es sei dem Vater „*nicht verwehrt, die Rückgabe des Heirathsguts zu fordern, auch wenn die Tochter es nicht verlangt*“. Danach ist nach erfolgter Zustimmung der Tochter das Erfordernis ihrer weiteren Mitwirkung nicht gegeben. Die Übersetzung lässt aber annehmen, dass SCHILLING/OTTO/SINTENIS – so wie GLÜCK, Pandekten, Bd. 23, S. 31 – von einem anderen Quellenwortlaut ausgehen. GLÜCK zitiert den letzten Satz der Stelle mit dem Wort *petente* anstatt *paenitente*.

[17] WOLFF, SZ 53 (1933), 297, 301 ff.; SÖLLNER, Actio rei uxoriae, S. 151 f.; KASER, RP I, § 81 I; WACKE, Iura 42 (1991), 43, 46.

[18] KASER, RP I, § 81 I Fn. 13.

[19] WOLFF, SZ 53 (1933), 297, 301.

zum Ehemann – zumal die Erneuerung der Ehe unwirksam ist – nicht ausreicht, um ein Scheitern der *actio rei uxoriae adiuncta filiae persona* zu bewirken.

III. Das Gebrauchmachen vom privilegierten Klagerecht (*actio de sepulchro violato*)

D. 47,12,3,10 (Ulp. libro 25 ad edictum praet.): *Si is, cuius interest, sepulchri violati agere nollet, potest paenitentia acta, antequam lis ab alio contestetur, dicere velle se agere, et audietur.*

D. 47,12,3,10 (Ulpian in seinem 25. Buch zum Edikt): *Wenn der, dessen Interesse betroffen ist, nicht aus der Klage wegen Grabverletzung klagen wollte, so kann er, wenn er Reue erklärt bevor ein anderer den Streit befestigt haben wird, sagen, er wolle klagen, und damit wird er gehört werden.*

Gegenstand dieser Textpassage ist die Klageberechtigung bei der Begräbnisverletzung. Diese kommt grundsätzlich jedem zu (Popularklage); doch ist zu differenzieren. Zunächst wird dem Grabberechtigten[20] in Bezug auf das verletzte Grab eine Klage – die *actio de sepulchro violato* – auf das Geschehene erteilt. Ihm kommt also die privilegierte Aktivlegitimation zu. Erst in zweiter Linie, wenn ein Rechtsinhaber nicht vorhanden ist bzw. jener nicht klagen will, wird subsidiär jedem, der klagen will, eine Popularklage erteilt. Wollen mehrere klagen, so erhält die Befugnis zu klagen derjenige, dessen Grund als der gewichtigste erscheint (D. 47,12,3pr.). Lediglich bei Vorhandensein mehrerer klagewilliger Grabberechtigter wird mit der Begründung, eines jeden Interesse sei betroffen (*uniuscuiusque interest*), eine Streitgenossenschaft zugelassen (D. 47,12,3,9[21]). Unter mehreren Grabberechtigten als Beteiligte eines Gesam-

[20] Der in seinem Individualinteresse betroffene Grabberechtigte ist zunächst der Grabgründer, der etwa ein ihm gehörendes Grundstück mit einem Grabmonument ausstattet; KASER, SZ 95 (1978), 15, 32. Aber auch der Nichteigentümer ist mit der Zustimmung des Eigentümers zur Bestattung berechtigt; KASER, SZ 95 (1978), 15, 35. Der Begriff des Interesses ist keineswegs derselbe wie im modernrechtlichen Verständnis, wonach Interesse mit Schadensersatz identifiziert wird; MEDICUS, Id quod interest, S. 1 ff. Soweit der Begriff des Interesses in römischen Rechtsquellen nicht untechnisch gebraucht wird, bezeichnet er außer dem Inhalt einer Leistung auch die Voraussetzungen für das Eintreten einer Rechtsfolge, insbesondere für die Aktivlegitimation einer Klage; MEDICUS, Id quod interest, S. 5.

[21] D. 47,12,3,9: *Si ad pluri ius sepulcri pertineat, utrum omnibus damus actionem, an ei, qui occupavit? Labeo omnibus dadam dicit; recte, quia in id, quod uniuscuiusque interest, agitur. Wenn es mehrere Grabberechtigte angeht, geben wir allen die Klage oder jenem, der den*

trechtsverhältnisses kann keine Auswahl wie bei den Popularklägern getroffen werden[22]. Ebensowenig sind umgekehrt mehrere Popularlagen *„ex eadem causa"* denkbar, da dem *„quivis ex populo"* von vornherein ein speziell bestimmtes Recht zur Klage fehlt[23].

Will allerdings der privilegiert klagebefugte Grabberechtigte (zunächst) keine Klage erheben und tut dies statt seiner ein anderer, so tritt eine Konsumption der Klagebefugnis des Grabberechtigten ein (D. 47,12,3,10). Seinen Entschluss, nicht klagen zu wollen (*agere nolle*), kann der Grabberechtigte solange revidieren (bereuen), wie das Klageverfahren noch nicht durch einen anderen eingeleitet worden ist.

Dem Text ist an keiner Stelle zu entnehmen, ob der Berechtigte zunächst gefragt wurde, ob er klagen wolle, ob ihm also rechtliches Gehör gewährt wurde (ähnlich dem notwendig Beigeladenen gemäß § 65 VwGO).

Denkbar ist zunächst, dass die Klage eines nicht grabberechtigten Klägers zugelassen wird, wenn sich der Grabberechtigte nicht mit dem Begehren, klagen zu wollen, meldet (genau wie beim Erbschaftsantritt in D. 38,17,6,1). Dies mag nicht geschehen, weil der Grabberechtigte keine Kenntnis des Verletzungstatbestandes hat.

Andererseits geht man jedenfalls davon aus, dass die wenigstens gegebene Untätigkeit (anstelle einer ausdrücklichen Willenskundgabe) willensgetragen ist; andernfalls wäre eine *paenitentia* des *agere nolle* (= nicht klagen wollen) nicht denkbar. Nur einen einmal gefassten Willensentschluss kann man begriffsnotwendig bereuen im Sinne einer Umentscheidung.

Nur ist auch daraus nicht sicher zu schließen, ob der Grabberechtigte seinen anfänglichen „Verzicht" dem Prätor gegenüber erklärte. Dies nachzuweisen ist deshalb schwierig, weil es für das Gehörprinzip im römischen Prozessrecht keinen *terminus technicus* gab[24]. Die Fälle, anhand derer das Gehörprinzip im römischen Prozessrecht nachgewiesen wurde, sind solche ohne Drittbeteiligung[25].

Allerdings spielt in D. 47,12,3,10 im Zusammenhang mit Drittbeteiligung die *litis contestio* (*lis ab alio contestetur*) eine Rolle, die wegen der erforderlichen

---

anderen in Bezug auf die gerichtliche Verfolgung zuvor kommt? Labeo sagt, sie sei allen zu geben, mit Recht, weil auf das Interesse eines jeden geklagt wird.

[22] MEFFERT, Streitgenossenschaft, S. 67.

[23] MEFFERT, Streitgenossenschaft, S. 67.

[24] LIEBS, JZ 1981, 160, 163; WACKE, Audiatur et altera pars, FS Waldstein, S. 376.

[25] WACKE, Audiatur et altera pars, FS Waldstein, S. 369 ff.

Mitwirkung der Parteien eine der vielen Ausformungen des Gehörprinzips darstellt[26]. Aus dem dort zu findenden *audietur* dürfte allerdings nicht der Rückschluss auf eine Anhörung gezogen werden können, weil das damit gemeinte Gehör dasjenige ist, das erst nach der Willensäußerung klagen zu wollen erfolgt, nicht jedoch die fragliche einer Äußerung vorangehende Anhörung. Hier ist mit *audietur* gemeint, dass dem vorgebrachten Gesuch stattgegeben werden soll.

Für die Gewährung rechtlichen Gehörs vor Abgabe der für die *litis contestatio* erforderlichen Erklärungen sprechen weiterhin die zahlreichen Unterschiede, die zwischen dem Grabberechtigten und einem sonstigen Kläger gemacht werden. All dies drohte ohne eine Anhörung des Grabberechtigten leerzulaufen, ja zum bloßen Bekenntnis zu verkommen.

Fraglich ist, welche Bedeutung der *paenitentia* des *agere nolle* zukommt. In unserer Stelle geht es um eine Handlung, die im Vorfeld der Einleitung des Verfahrens[27] vorzunehmen ist, oder, mit der Begrifflichkeit des modernen Rechts ausgedrückt, vor Rechtshängigkeit[28]. Die Textpassage besteht aus fünf zeitlichen Ebenen: Nach (1. Ebene) erklärter Reue (*actus esset* = er/sie/es wäre getan worden = Plusquamperfekt), (3. Ebene) kann der, der (2. Ebene) nicht würde klagen wollen (= Imperfekt), (3. Ebene) sagen, dass er klagen will, und er (4. Ebene) wird gehört werden, bevor (5. Ebene) der Streit von einem anderen befestigt werden wird.

Weil an die Indefension, das passive Verhalten des Beklagten, hier des Grabschänders, gegenüber der postulierten und bewilligten *actio*, bereits bestimmte Rechtswirkungen geknüpft sind[29], könnte man folgern, dass der Grabberechtigte seinen Entschluss, nun doch noch zu klagen, nur bis zum Antrag auf Erteilung einer *actio* an den Konkurrenten mitteilen konnte, gleichsam als eigenen Antrag auf Erteilung einer *actio*.

Über die Frage, ob er klagen wolle, bevor es ein anderer tut, kann der Grabberechtigte aber nur angehört werden, wenn bereits die Möglichkeit einer (Popular-) Klage im Raume steht, also die Erteilung einer *actio* beantragt wurde. Da bereits der Wortlaut des Edikts klarstellt, dass derjenige, der zuerst kommt, auch zuerst mahlt, muss dies im Ediktskommentar nicht noch einmal gesagt werden.

---

[26] WACKE, Audiatur et altera pars, FS Waldstein, S. 378.

[27] So die Übersetzung von SCHILLING/OTTO/SINTENIS.

[28] KASER/HACKL, RZ, § 42 I; differenzierter WACKE, OIR 3 (1997), 68, 81, 87; DULCKEIT/SCHWARZ/WALDSTEIN, § 23 I 3, S. 161; CHRISTIAN BALDUS, OIR 5 (1999), 20, 28 Fn. 19.

[29] KASER/HACKL, RZ, § 41 I.

Folglich muss für den Grabberechtigten auch nach einem fremden Antrag auf Erteilung einer *actio* die Möglichkeit bestanden haben, seinen Klagewillen kundzutun. Dafür, dass er dies bis zum *iudicium dare* tun konnte, spricht, dass die Wirkungen der *litis contestatio* erst mit dem zum *iudicium dare* eintreten[30].

Die *paenitentia acta* in D. 47,12,3,10 bezeichnet den Widerruf des privilegiert Klageberechtigten seines zuvor dem Prätor auf Anfrage kundgetanen Entschlusses, nicht klagen zu wollen und erfolgt in Form eines Antrags auf Erteilung einer *actio*.

IV. Klagerücknahme

1. Die Rücknahme einer unbotmäßig erhobenen Klage

Die nachfolgende Stelle handelt von der Rücknahme einer unbotmäßig erhobenen, infamierenden Klage eines Freigelassenen gegen den Patron, die sich in dem Verfahrensstadium *in iure* vor dem Gerichtsmagistrat befindet. Im modernen Recht ist die Klagerücknahme in § 269 ZPO geregelt. Der Kläger kann die Klage bis zum Beginn der mündlichen Verhandlung ohne Einwilligung des Beklagten zurücknehmen, anschließend nur mit seiner Einwilligung.

D. 2,4,11 (Paulus libro 4. ad. ed.): *Quamvis non adiciat praetor causa cognita se poenale iudicium daturum, tamen Labeo ait moderandam iurisdictionem, veluti si paeniteat libertum et actionem remittat, vel si patronus vocatus non venerit, aut si non invitus vocatus sit, licet edicti verba non patiantur.*

Paulus in seinem 4. Buch zum Edikt: *Obwohl der Prätor nicht hinzufügt, er werde die Strafklage (nur) nach einer Voruntersuchung erteilen, sagt Labeo dennoch, muss die Gerichtsbarkeit maßvoll sein. Wenn es zum Beispiel den Freigelassenen reut und er die Klage zurücknimmt. Oder wenn der vor Gericht geladene Patron nicht gekommen ist. Oder wenn er nicht gegen seinen Willen geladen worden ist, obgleich die Worte des Edikts dies nicht zulassen.*

Ein Freigelassener strengt ohne prätorische Erlaubnis eine infamierende Klage gegen den Patron an. Der Patron darf nur mit prätorischer Erlaubnis geladen werden, die bei infamierenden Klagen regelmäßig verweigert wird. In der Folge kann der Patron eine Strafklage gegen den *libertus* erheben, da die unerlaubte *in*

---

[30] KASER/HACKL, RZ, § 42 I.

ius vocatio mit einer Geldstrafe bedroht war[31]. Nach Ansicht des Paulus, der sich insoweit auf Labeo beruft, sei die Gerichtsbarkeit in Bezug auf die mögliche Strafklage zu mäßigen. Die *in ius vocatio* des Patrons hat keine dem Patron nachteiligen Auswirkungen, wenn der Freigelassene die Klage aus Reue zurücknimmt, wenn der geladene Patron nicht erscheint, oder wenn er mit seiner Ladung einverstanden ist.

Die *in ius vocatio* des Patrons, die nur mit Erlaubnis des Magistrats erfolgen kann[32], wird vom Prätor von Fall zu Fall *causa cognita* erteilt[33]. Zwar ist die verbotswidrige Ladung wirksam; der Prätor droht dem Ladenden jedoch eine Geldbuße in fester Höhe an, die im Rekuperatorenverfahren beigetrieben werden kann[34].

Aus D. 2,4,11 geht hervor, dass diese Geldbuße in bestimmten Fällen zu erlassen ist[35]. Neben der Möglichkeit, dass der Patron nicht vor Gericht erscheint, oder er mit der Ladung einverstanden ist, hat der Kläger die Möglichkeit, von der Klageerhebung Abstand zu nehmen und die Klage, sozusagen als einen Akt tätiger Reue, zurückzunehmen. Der Prätor soll geradezu darauf hinwirken, dass der Freigelassene die Klage zurücknimmt, ihn auf die Sanktion hinweisen. Damit erreicht der Prätor die gütliche Streitbeendigung zwischen den Parteien. In der Schlichtung auf gütlichem Weg liegt der Zweck des Verfahrens *in iure*, dem damit die Funktion eines Güteverfahrens zukommt: Man will nicht in erster Linie dem Kläger zu seinem Recht verhelfen, sondern den Frieden wieder herbeiführen[36].

Die Stelle weist eine gewisse Nähe zur tätigen Reue im Strafrecht auf, wo sie dementsprechend von MÜNTZER eingeordnet wird[37].

2. Der Pflichtteil des Patrons

In der nachfolgenden Stelle erörtert Ulpian drei verschiedene Sachverhalte, in denen um den Erb- bzw. Pflichtteil des Patrons am Nachlass des Freigelassenen

[31] HACKL, SZ 90 (1973), 105, 147 Fn. 173; KASER/HACKL, RZ, § 30 II 2.
[32] HACKL, SZ 90 (1973), 105, 147; KASER/HACKL, RZ, § 30 II 2.
[33] HACKL, SZ 90 (1973), 105, 147.
[34] HACKL, SZ 90 (1973), 105, 147 Fn. 173; KASER/HACKL, RZ, § 30 II 2.
[35] KASER/HACKL, RZ, § 30 II 2 Fn. 18.
[36] DÜLL, Der Gütegedanke im römischen Zivilprozeßrecht, S. 124 ff.
[37] MÜNTZER, Freiwilliger Rücktritt und tätige Reue, S. 16.

geht[38]. Hat der Patron den Freigelassenen zunächst auf Zahlung einer Legatsschuld verklagt, kann er diese Klage zurücknehmen und anschließend auf Zahlung des höheren Pflichtteils klagen. Von diesem nicht verallgemeinerungsfähigen Sonderfall handelt die folgende Stelle.

D. 38,2,8pr. (Ulpian libro 43. ad edictum): *Si vero non habuit effectum petitio eius, dico non impediri, quo minus adiuvetur. quin immo et si sic adit quasi ex debita portione institutus, mox apparuit eum minorem partem quam speravit accepisse, aequissimum est admitti eum ad suum auxilium. sed et si testato convenisset heredem, ut sibi legatum solveretur, mox paenituisset, puto eum posse adiuvari.*

Ulpian im 43. Buch zum Edikt: *Wenn seine Klage keinen Erfolg gehabt hat, sage ich, hindert nichts, ihn zu unterstützen. Selbst wenn er die Erbschaft angetreten hat, in der Annahme auf den ihm zustehenden Teil eingesetzt worden zu sein, sich aber bald herausstellt, dass der angenommene Teil geringer ist, als er erhofft hatte, so ist es höchst billig, ihn zu seiner Hilfe zuzulassen. Aber auch wenn er unter Zeugen den Erben verklagt hätte, ihm ein Vermächtnis auszuzahlen, es ihn bald reute, meine ich, dass ihm geholfen werden könne.*

Hat die *petitio* des Patrons keinen Erfolg, spricht nichts dagegen, ihm zu helfen. Hat er eine Erbschaft angetreten und stellt sich im Nachhinein heraus, dass die angenommene Erbschaft einen geringeren Umfang hat, als ursprünglich geglaubt, so ist es billig, ihm Hilfe zu gewähren. Hat er den Erben auf Auszahlung eines Vermächtnisses (*legatum*) verklagt, bereut er die Klageerhebung, so kann ihm nach Ansicht Ulpians geholfen werden.

Nach der Hypothese von LENEL findet sich dieser Ulpiantext unter den Rubiken „*De bonorum possessionibus: si tabulae testamenti extabunt*" und „*De bonis libertorum*"[39]. Demnach geht es um das prätorische Erbrecht (*bonorum possessio*), genauer gesagt, den Pflichtteil des Patrons. Fraglich ist, was damit gemeint ist, dass dem Patron geholfen werden kann bzw. er zu seiner Hilfe zuzulassen ist. Mit der zuweilen *auxilium* genannten Hilfe kann die Versagung der Klage gemeint sein oder Gewährung einer *exceptio* oder einer *in integrum restitutio*[40]. Mit der *in integrum restitutio* werden u. a. mißbilligte Rechtsgeschäfte beseitigt,

---

[38] SAMTER, SZ 26 (1905), 125, 134 Fn. 3.
[39] LENEL, Palingenesie II, Sp. 710 f.
[40] PRINGSHEIM, Römische aequitas der christlichen Kaiser (1935), S. 12.

fehlgeschlagene Rechtswirkungen aufgehoben oder frühere tatsächliche Zustände wiederhergestellt[41] (z. B. Rückgängigmachung einer Erbschafts-annahme).

In dem ersten der angesprochenen Fälle ist von einer erfolglosen *petitio* die Rede. Hat die *hereditatis petitio* des Patrons, der behauptet, ziviler Erbe zu sein, keinen Erfolg, so wird ihm Hilfe zuteil, indem er die Einweisung in den Pflichtteil als *bonorum possessio contra tabulas* fordern kann[42].

In dem zweiten Fall hat der Patron die Erbschaft angenommen und erkennt anschließend, dass die Erbschaft einen geringeren als den ursprünglich von ihm vermuteten Umfang hat. Die dem Erben in diesem Fall zu gewährende Hilfe sieht Ulpian als ein Gebot der Billigkeit (*aequissimum est*) an. Dem Erben in der beschriebenen Situation Hilfe zu gewähren, kann nichts anderes heißen, als ihm zu gestatten, die Annahme der Erbschaft wieder rückgängig zu machen. Da die Erbschaftsannahme eigentlich nicht rückgängig zu machen ist, greift Ulpian bei der Begründung dieser Regelwidrigkeit[43] auf die *aequitas* als Argumentationsfigur zurück.

In der dritten Fallkonstellation, die in der Stelle beschrieben ist, und in der die *paenitentia* anzutreffen ist, hat der Patron, der nicht Erbe ist, den Erben unter Zeugen auf Auszahlung eines Vermächtnisses verklagt. Bereut der Patron die Erhebung der Klage, etwa weil das Legat unter dem Pflichteil liegt, so kann ihm geholfen werden: Dem Patron steht es frei, von der Klageerhebung oder Mahnung gegen den Erben auf Auszahlung des Legats Abstand zu nehmen. Stattdessen kann er den Erben auf Zahlung des Pflichtteils in Anspruch nehmen.

Eine gewisse Parallele im modernen Recht findet sich in § 2306 BGB, wonach ein Pflichtteilsberechtigter (§ 2303 BGB) in jedem Fall, ungeachtet etwaiger Beschränkungen, seinen Pflichtteil bekommen soll. Eine prozessrechtliche Parallele existiert nicht.

V. Die Berichtigung einer *interrogatio in iure*

D. 11,1,11,12 (Ulp. libro 22 ad edictum): *Celsus scribit licere responsi paenitere, si nulla captio ex eius paenitentia sit actoris: Quod verissimum mihi videtur,*

---

[41] Kaser/Hackl, § 64 I.
[42] Kaser, RP I, § 172 II.
[43] Samter, SZ 26 (1905), 125, 134.

maxime si quis postea plenius instructus quid faciat, instrumentis vel epistulis amicorum iuris sui edoctus.

Ulpian in seinem 22. Buch zum Edikt: *Celsus schreibt, es sei erlaubt, die Antwort zu bereuen, wenn aus dieser Reue für den Kläger kein Nachteil entstehe: Was mir als höchst zutreffend erscheint, besonders wenn jemand später vollständiger unterrichtet etwas tut, durch Urkunden oder Briefe seiner Freunde über seine Rechte belehrt.*

In der Stelle geht es um eine *interrogatio in iure* (in Form der *interrogatio an heres sit*[44]), die Befragung des Beklagten vor dem Magistrat über Umstände, von denen seine Passivlegitimation abhängt, zur Feststellung derselben[45], um Ungewissheiten des Klägers darüber zu beseitigen[46]. Der Beklagte hat dabei eine Antwort gegeben, die nicht mit den Tatsachen im Einklang steht, und die er korrigieren möchte. Unter Berufung auf Celsus, der verlangt, dem Kläger dürfe durch das Bereuen der Antwort kein Nachteil[47] entstehen, spricht sich Ulpian für die Möglichkeit, die Antwort zu widerrufen aus, zumal wenn die zu widerrufende erste Antwort auf unzureichender Tatsachenkenntnis des Beklagten beruht.

Bei der *interrogatio in iure* zieht eine unwahre Beantwortung für den Beklagten grundsätzlich Rechtsnachteile nach sich[48]: Lässt der Kläger die Antwort des Beklagten gelten, wird sie als wahr behandelt, gleich ob sie objektiv den Tatsachen entspricht. Hat der Befragte seine Erbenstellung ganz oder zum Teil bejaht, wird dies in der daraufhin erhobenen Klage nicht mehr geprüft[49]. Behauptet der Kläger hingegen, der Beklagte habe wahrheitswidrig seine Erbenstellung verneint, kann er von dem Beklagten, wenn sich die Unwahrheit erweist, Leistung verlangen, als wenn er Alleinerbe wäre, selbst wenn er tatsächlich nur Teilerbe ist[50]. Erhält der Beklagte die Befugnis, seine Antwort zu widerrufen, kann er diese Nachteile für sich dadurch vermeiden.

---

[44] LAUTNER, FS f. Hanausek, S. 63 ff.
[45] KASER/HACKL, RZ, § 34 II.
[46] WACKE, SZ 109 (1992), 411, 430.
[47] Für die Übersetzung von BEHRENDS/KNÜTEL/KUPISCH/SEILER, die *captio* mit „arglistig geschädigt" übersetzen, gibt es keinen Anhaltspunkt. Für Arglist gebrauchen die römischen Juristen den Ausdruck *dolus malus*, vgl. KASER, RP I, § 118 III 3.
[48] KASER/HACKL, RZ, § 34 II.
[49] LAUTNER, FS f. Hanausek, S. 81 ff.; SPENGLER, Studien zur interrogatio in iure, S. 63 ff.
[50] KASER/HACKL, RZ, § 34 II 1.

Unklar ist, bis zu welchem Zeitpunkt der Beklagte seine Antwort bereuen kann[51]. Da von einer späteren (*postea*) Unterrichtung die Rede ist, wird es sich um den im Anschluss an die *interrogatio in iure* stattfindenden, der *litis contestatio* folgenden Verfahrensabschnitt handeln. Da dem Kläger kein Nachteil entstehen darf, kann der Befragte seine Auskunft berichtigen, solange der Kläger keine anderweitigen Dispositionen traf. Ein dem Kläger entstehender Nachteil kann ferner in zwischenzeitlich eingetretenen Umständen liegen, die die spätere Verfolgung gegen den richtigen Beklagten vereiteln oder erschweren[52] (z. B. können die Erben unauffindbar sein, die Erbfolge unklar, der Schuldner verzogen oder verstorben[53]).

Das Bereuen der Antwort zuzulassen, bedeutet nach Meinung von SPENGLER die Gewährung einer *in integrum restitutio*[54]. Aus dem zweiten Satz ergibt sich deutlich, dass jedenfalls Ulpian an Irrtumsfälle denkt. Einer Wiedereinsetzung bedarf es hier nicht. Solange der Kläger keinen Nachteil erlitten hat, genügt ein schlichter Widerruf bzw. Berichtigung.

Die *paenitentia* wird (neben dem *iustus error*) als Argumentationsfigur[55] und als Hilfsmittel für Irrtümer des Befragten[56] angesehen. M. E. wird man die *paenitentia* weniger als Argumentationsfigur im Sinne einer Legitimation für die Korrektur der ursprünglichen irrtumsbedingten Antwort anzusehen haben. Vielmehr ist die *paenitentia* das, was es zu legitimieren gilt und somit ein Hilfsmittel im Falle eines Irrtums. Darin ist nämlich die die Antwort korrigierende Tätigkeit, mag man diese als Zurücknahme oder als Widerruf der Antwort bezeichnen[57], zu erblicken. Einschränkende Voraussetzung für die Reue ist allerdings, dass der anderen Partei durch den Widerruf kein Nachteil entsteht.

VI. Einredeverzicht

D. 3,3,57,1 (Ulpian libro 74 ad edictum): *Si quis remisit exceptionem procuratoriam, non poterit ex paenitentia eam opponere.*

---

[51] SPENGLER, Studien zur interrogatio in iure, S. 70.
[52] KASER/HACKL, RZ, § 34 I 2.
[53] KASER/HACKL, RZ, § 34 I 2 Fn. 3.
[54] SPENGLER, Studien zur interrogatio in iure, S.71.
[55] SPENGLER, Studien zur interrogatio in iure, S.71.
[56] KASER/HACKL, RZ, § 34 Fn. 11.
[57] BEHRENDS/KNÜTEL/KUPISCH/SEILER übersetzen *paenitere* mit widerrufen; SCHILLING/OTTO/SINTENIS mit Zurücknahme der Antwort.

Ulpian in seinem 74. Buch zum Edikt: *Wenn jemand auf die Einrede mangelnder Vertretungsbefugnis verzichtet hat, kann er sie, wenn es ihn reut, nicht doch noch vorschützen.*

In der Stelle geht es um eine *exceptio procuratoria* und somit in sachlicher Hinsicht um einen Prozess, in personeller Hinsicht um den Beklagten und sein Verhalten. An diesem Prozess war auf der Klägerseite ein *procurator* beteiligt. Der Beklagte hat im Verfahren vor dem Gerichtsmagistrat die Einrede mangelnder Vertretungsbefugnis des Klägers nicht vorgeschützt, obwohl er sie hätte vorschützen können. Später bereut er, sie nicht erhoben zu haben. Ulpian entscheidet die Frage, ob eine spätere Erhebung der Einrede noch möglich ist, dahingehend, die Einrede könne nicht mehr erhoben werden.

Ein *procurator* kann den *dominus litis* im allgemeinen nur dann wirksam vertreten, wenn er von ihm dazu ermächtigt ist[58]. Fehlt es etwa an der Vertretungsbefugnis, dem *iussum*, kann der Prätor, wenn er die Klage nicht von vornherein denegiert, sie mit einer *exceptio procuratoria* zulassen[59], die auf Antrag des Beklagten eingefügt wurde, falls er die Vertretungsmacht des Klägers bestritt[60]. Wenn sich bei der Überprüfung eine Sachlage als komplexer herausstellt, kann der Prätor anstatt von der *denegatio actionis* Gebrauch zu machen, auf die Einschaltung einer *exceptio* dringen, die dem Richter aufgibt, das dem Anspruch entgegenstehende Vorbringen genau zu prüfen[61]. Findet der Richter die Einwände des Beklagten, die die Zustimmung des Prätors gefunden haben bestätigt, so muss er den Beklagten freisprechen[62].

Fraglich ist, warum der Beklagte auf die *exceptio procuratoria* im Sinne eines bewussten Aufgebens verzichtet hat, und wie sich dieser „Verzicht" äußerte. Wurde der Verzicht ausdrücklich erklärt, oder unterließ der Beklagte – etwa unbewusst oder irrtümlich – einfach nur die Geltendmachung der die Einrede begründenden Umstände. Letztere Möglichkeit wäre ebenfalls vom Quellenwortlaut gedeckt, zumal das Verb *remittere* auch mit unterlassen übersetzt werden kann.

---

[58] KASER/HACKL, RZ, § 29 III 2.
[59] KASER/HACKL, RZ, § 29 III 2.
[60] WACKE, SZ 109 (1992), 411, 416.
[61] BÜRGE, RP, S. 37.
[62] BRETONE, Geschichte des röm. Rechts, S. 106.

Aber auch, wenn man es aufgrund des einschlägigen Fachwörterbuches[63] sowie der gängigen Übersetzungen[64] als geboten ansieht, das Verb *remittere* in der in Rede stehenden Quelle mit verzichten zu übersetzen, folgt daraus nicht zwingend eine andere Deutung. Denn bei dem Ausdruck *remittere* handelt es sich nicht um einen in einem bestimmten Sinne zu verstehenden *terminus technicus*[65]. Auch der Ausdruck Verzicht kann somit weit verstanden werden.

Dieser „Verzicht" ist auch vor dem Hintergrund zu sehen, dass derjenige Prokurator, der den Kläger vertritt, vom Prätor dazu veranlasst wurde, dem Beklagten Sicherheit dafür zu leisten, dass der Vertretene die Prozessführung genehmigen werde (*cautio, satisdatio ratam rem habiturum*)[66]. Diese Kaution beruht auf dem Umstand, dass die Klage des Prokurators das Klagerecht des Vertretenen nicht konsumierte, so dass der Vertretene erneut klagen konnte[67]. Gleichwohl ist der Beklagte der Gefahr zweimaliger Verklagung und damit auch zweimaligen Unterliegens ausgesetzt[68]. Die primäre Aufgabe der *exceptio procuratoria* lag darin, den Beklagten vor mandatlosen Vertretern von vornherein zu bewahren; die *cautio de rato* nahm ihm zwar jeden Schaden ab, kam aber immer erst dann zum Zuge, wenn bereits ein Schaden entstanden war[69].

In Anbetracht dessen ist ein Verzicht – im Sinne einer bewussten Aufgabe einer eigenen Rechtsposition – auf die Einrede um so unverständlicher. Die Möglichkeit, dass der Beklagte aus Gutwilligkeit einem freiwilligen Klagevertreter die Einrede erließ, um ihn einer „Notlüge" zu entheben, ist mit der Funktion der Legitimationseinrede nicht vereinbar[70].

Denkbar ist hingegen ein Unterlassen der Geltendmachung – umschrieben als Verzicht – in der Weise, dass der Beklagte übersehen hat, beim Magistrat zu beantragen, der *postulatio actionis* des Klägers nur mit der Abänderung zu entsprechen, dass die *exceptio procuratoria* in den Text der Prozessformel eingeschaltet wird.

---

[63] HEUMANN/SECKEL.

[64] etwa BEHRENDS/KNÜTEL/KUPISCH/SEILER zu D. 3,3,57,1.

[65] Einen *terminus technicus* für die bewusste Aufgabe einer Rechtsposition bilden wohl eher die Ausdrücke *concessio, in iure cessero, in iure cessio*, vgl. KASER, Kurzlehrbuch, § 28 II 2; § 29 I 4.

[66] KASER/HACKL, RZ, § 29 III 3.

[67] KASER/HACKL, RZ, § 29 III 3.

[68] BEHRENDS, SZ 88 (1971), S. 260 f. Fn. 186; KASER/HACKL, RZ, § 29 III 3.

[69] MECKE, SDHI 28 (1962), 156.

[70] BEHRENDS, SZ 88 (1971), S. 268 Fn. 215; lediglich ein bewusster Verzicht auf die *cautio de rato* war unter sehr engen Voraussetzungen denkbar, vgl. MECKE, SDHI 28 (1962), 151 f.

Demnach befasst sich *Ulpian* mit der Frage der Heilbarkeit dieses Versäumnisses.

Ob eine *exceptio* als Beitrag des Beklagten zum Streitprogramm der Prozessbeteiligten[71] nachgeschoben werden konnte, war im Fall der dilatorischen (vorübergehenden) Exzeptionen umstritten[72]. Hatte der Beklagte eine peremptorische (dauernde) *exceptio* irrtümlich versäumt, wurde ihm vom Prätor eine *in integrum restitutio* gewährt[73].

Ulpians Entscheidung, ein Bereuen des „Verzichtes" sei nicht möglich, stützt sich somit offenbar auf seine vorab im 74. Buch zum Edikt, das den Titel *De exceptionibus* trägt[74], geäußerte Ansicht, bei der *exceptio procuratoria* handele es sich um eine *exceptio dilatoria*, weil der Beklagte mit dieser *exceptio* nicht den ganzen Streit in Abrede stelle, sondern sich nur mit einer gewissen Person nicht einlassen wolle[75]. Der Umstand, dass im Falle der dilatorischen Exzeptionen umstritten war, ob diese nachgeschoben werden können, bietet Anlass für den Verfasser Ulpian, sich zu dieser Frage auszusprechen.

Das *paenitere* des Beklagten ließe sich hier anstatt mit bereuen ebensogut mit „es als Fehler erkennen" übersetzen[76], wobei das Versäumen des Antrags auf Erteilung der Einrede der erkannte Fehler ist. Die Pänitenz dieses „Verzichtes" stellt sich als das – in der Quelle verneinte – Recht dar, eine *in integrum restitutio* gewährt zu bekommen: Wie dargelegt, stellt ein Bereuen lediglich einen inneren Vorgang dar, der jedoch nur dadurch Bedeutung erlangt, dass er irgendwie artikuliert wird. Die hier gegebene Artikulation, ist das Begehren, die Einrede nachzuschieben.

VII. Klageänderung

D. 9,4,4,3 (Paulus libro 3 ad edictum): *Si detracta noxae deditione quasi cum conscio domino actum sit, qui non erat conscius: absolutione facta et finito iudi-*

---

[71] ROTH, Die Einrede des bürgerlichen Rechts, § 2 II 1.
[72] KASER/HACKL, RZ, § 35 IV 3.
[73] KASER/HACKL, RZ, § 35 IV 3; NÖRR, in: FS f. Baur 1981, S. 539.
[74] D. 3,3,57 steht unter der Überschrift *Si alieno nomine agatur*; LENEL, Palingenesie II, S. 854 ff.
[75] D. 44,1,2,4; LENEL, Palingenesie II, S. 854 ff.
[76] Diese Übersetzung wählen BEHRENDS/KNÜTEL/KUPISCH/SEILER in ihrer Übersetzung zu der ebenfalls prozessrechtlichen Stelle D. 9,4,4,3, in der es darum geht, dass der Kläger die falsche Klage gewählt hat.

cio amplius agendo cum noxae dedidtione exceptione rei iudicatae summovebitur, quia res in superius iudicium deducta et finita est. donec autem prius iudicium agitatur, licentia agenti est, si eum de scientia domini arguenda paeniteat, tunc ad noxalem causam transire. contra quoque si cum eo qui scit cum noxae deditione danda actio non est: in ipso autem iudicio si voluerit et scientiam domini arguere, non est prohibendus.

D. 9,4,4,3 (Paulus in seinem 3. Buch zum Edikt): *Wenn ein Herr, der keine Kenntnis hatte, wie ein bösgläubiger Herr ohne die Befugnis zur noxae deditio verklagt wird: Klagt nach erfolgtem Freispruch und Beendigung des Prozesses der Kläger erneut mit der Befugnis zur noxae deditio, so wird er mit der exceptio rei iudicatae abgewehrt, weil die Sache Gegenstand des vorherigen Prozesses war und abgeschlossen wurde. Solange aber im ersten Prozess verhandelt wird, hat der Kläger die Befugnis, wenn er es bereut, den Eigentümer der Kenntnis beschuldigt zu haben, auf die Noxalklage überzugehen. Auch im umgekehrten Fall darf gegen den Eigentümer nach der Noxalklage keine weitere Klage ohne die noxae deditio erteilt werden: Wollte er noch in demselben Prozess die Kenntnis des Eigentümers beweisen, so ist dies nicht verboten.*

Ein Herr, dessen Sklave ein Delikt begangen hat, wird von dem Geschädigten verklagt. Der Kläger nimmt an, der Herr habe Kenntnis von der Tatbegehung durch seinen Sklaven und verklagt ihn ohne die Befugnis zur *noxae deditio*. Wird dieser Prozess mit einem Freispruch beendet, steht einer erneuten Klage mit der Noxalklage dem Geschädigten die *exceptio rei iudicatae* entgegen. Erkennt allerdings der Kläger seinen Fehler während des ersten Prozesses, so kann er von der Klage ohne Befugnis zur *noxae deditio* auf die Noxalklage übergehen. Gleiches gilt im umgekehrten Fall, dass der Geschädigte zuerst eine Noxalklage erhoben hat, dies als falsch erkennt und dann eine Klage ohne die Befugnis zur *noxae deditio* erheben will: Im laufenden Verfahren besteht diese Möglichkeit. Nach Abschluss des Prozesses ist sie ihm hingegen aufgrund der *exceptio rei iudicatae* versagt.

Für die Noxalhaftung des Herrn muss keine *scientia domini* bewiesen werden, doch wird der Beklagte die für ihn wirtschaftlich günstigste Lösung wählen und den Sklaven ausliefern, wenn dieser weniger wert ist, als das *quod interest*. Die der Situation innewohnende Problematik beruht darauf, dass die vom Prätor gewährte Klageformel das Prozessprogramm bestimmte, an das der *iudex* gebunden war, so dass er nur die in der Formel enthaltenen Bedingungen, nicht aber andere Ansprüche prüfen durfte[77]. Problematisch ist, dass einer erneuten Klage in Bezug auf den selben Sachverhalt, zwar mit anderer Formel, jedoch gleichwohl die *exceptio rei iudicatae* entgegenstand.

Der Kläger hat aber regelwidrig vor Prozessbeendigung die Möglichkeit, auf die dem wahren Sachverhalt entsprechende Klage überzugehen. Auch im umgekehrten Fall – der Kläger ging irrtümlich von einer Unkenntnis des in Wirklichkeit bösgläubigen Eigentümers aus – wird ein Wechsel des Rechtsbehelfs gestattet.

LIEBS vertritt die Auffassung, bei D. 9,4,4,3 handele es sich um einen Fall der *plus petitio causa* in der *intentio* der Prozessformel[78]. Bei einer Zuvielforderung durfte der Richter nicht in den geringeren zustehenden Betrag verurteilen, sondern musste die Klage abweisen, wobei nicht die Möglichkeit bestand, sie nochmals mit ermäßigtem Antrag zu wiederholen[79].

Eine Zuvielforderung kann in der Klage ohne die Befugnis zur *noxae deditio* liegen, da die Befugnis zur *noxae deditio* im Ergebnis eine Haftungsbeschränkung der Höhe nach darstellt. Um die Prozesswiederholung aus einem anderen materiellrechtlichen Anspruch kann es nicht gegangen sein, da diese möglich ist[80].

Die Sätze *donec autem – transire.* und in *ipso autem – prohibendus.* gelten als interpoliert[81]. Es wird angenommen, im Formularprozess sei für eine Klageänderung kein Raum gewesen[82], da der *iudex* an das Prozessprogramm gebunden war[83]. Die Möglichkeit einer nachträglichen Abänderung der Klage stelle vielmehr eine Neuerung dar, die das nachklassische Verfahren mit sich gebracht habe[84]. CHRISTIAN BALDUS ist der Meinung, Paulus diskutiere die Klageänderung in geradezu aufdringlich systematischer Form und weiche dabei inhaltlich von den sonstigen Quellen zum Formularverfahren ab[85].

---

[77] WACKE, OIR 3 (1997), 68, 85 f.
[78] LIEBS, Klagenkonkurrenz, S. 60.
[79] WACKE, AcP 177 (1977), 262; WACKE, OIR 3 (1997), 68, 85.
[80] WACKE, OIR 3 (1997), 68, 86 Fn. 82.
[81] LIEBS, Klagenkonkurrenz, S. 60; KASER/HACKL, RZ, § 88 I 4 Fn. 31.
[82] LIEBS, Klagenkonkurrenz, S. 59; BÜRGE, RP, S. 10.
[83] WACKE, OIR 3 (1997), 68, 85 f.
[84] KASER/HACKL, RZ, § 88 I 4.
[85] CHRISTIAN BALDUS, OIR 5 (1999), 20, 83.

Als weiteres Indiz für die Unechtheit unserer Stelle gilt die *exceptio rei iudicatae*[86]. Justinian hat die *exceptio rei in iudicium deductae* planmäßig aus den Quellen beseitigt und nur die *exceptio rei iudicatae* übernommen[87]. CHRISTIAN BALDUS meint, es sei für das strenge Formularverfahren nicht selbstverständlich, dass Paulus nicht von der *exceptio rei in iudicium deductae* spreche; angesichts der Mehrheit von Tätern sei nicht evident, dass *eadem res* vorliege[88].

Man mag sich natürlich fragen, ob D. 9,4,4,3 nicht von der Gewährung einer *in integrum restitutio* handelt. Ein Irrtum kann einen Restitutionsgrund darstellen[89]. In diesem Fall wäre nämlich keine Unverträglichkeit mit dem Formularprozess gegeben, die Interpolationsannahme wäre in Frage gestellt. Allerdings gab es für Irrtümer keine allgemeine *in integrum restitutio*[90]. Bei *pluris petitio* durch Überschreitung in der *intentio* nur in bestimmten Ausnahmefällen[91], zu denen der vorliegende Fall nicht zählt.

Die *paenitentia* bezieht sich hier letztlich auf einen (zumindest angenommenen) Sachverhaltsirrtum des Klägers[92], der die Ursache für die Wahl der falschen Formel darstellt. Der Kläger hat es sich daraufhin mit der Klageformel anders überlegt (bereut), er will auf Nummer sicher gehen.

VIII. Beendigung eines Rechtsstreites durch *transactio*

C. 2,4,39 (Diocletian et Maximian *Marcianae*): *Quamvis eum qui pactus est statim paeniteat, transactio rescindi et lis instaurari non potest. et qui tibi suasit intra certum tempus licere a transactione recedi, falsum adseveravit.* (anno 294)

Diokletian und Maximian an Marciana: *Wenn auch derjenige, der paktiert hat, dies sogleich bereut, so kann er doch den Vergleich nicht ungültig machen und den Rechtsstreit erneuern. Und wer dir zugeredet hat, innerhalb einer bestimmten Zeit sei es erlaubt, einen Vergleich ungültig zu machen, hat Falsches behauptet.*

---

86 LEVY, Aktionenkonkurrenz, S. 164.
87 KASER/HACKL, RZ, § 94 II 1.
88 CHRISTIAN BALDUS, OIR 5 (1999), 20, 83.
89 KASER, SZ 94 (1977), 101, 170.
90 KASER, SZ 94 (1977), 101, 170.
91 KASER, SZ 94 (1977), 101, 170.
92 In diesem Sinne interpretieren auch BEHRENDS/ KNÜTEL/ KUPISCH/ SEILER die *paenitentia*, mit ihrer Übersetzung, dass es der Kläger als falsch erkennt, den Eigentümer der Kenntnis beschuldigt zu haben.

Die Parteien eines Rechtsstreits haben einen Vergleich geschlossen und den Rechtsstreit auf diese Weise beendet. Wenn später eine der Parteien bereut, den Vergleich abgeschlossen zu haben, so ändert dies nichts an der Bindungskraft des Vergleiches. Der Rechtsstreit kann nicht erneuert werden. Für den Vergleich gibt es auch keine Widerrufsfrist.

Bei einem Vergleich handelt es sich um die formlose Abrede, einen Streit oder eine Ungewissheit über ein Recht durch gegenseitiges Nachgeben zu beenden[93]. Der Vergleich stellt einen Unterfall des Erlass-*pactum* dar[94], das auch in anderen Fällen nicht widerrufbar ist und im Wege einer *exceptio* geltend zu machen ist (s. o. § 4 III).

IX. Abänderbarkeit eines Richterspruchs

1. Urteil im Strafprozess

D. 48,19,27pr. (Callistrat lib. 5. de cognition.): *Divi fratres Arrunto Siloni rescripserunt non solere praesides provinciarum ea quae pronuntiaverunt ipsos rescindere. Vetinae quoque italicensi rescripserunt suam mutare sententiam neminem posse idque insolitum esse fieri. si tamen de se quis mentitus fuerit vel, cum non haberet probationum instrumenta, quae postea reppererit, poena adflictus sit, nonnulla exstant principalia rescripta, quibus vel poena eorum minuta est vel in integrum restitutio concessa. sed id dumtaxat a principibus fieri potest.*

Die kaiserlichen Brüder haben an Arruntius Silo reskribiert, dass die Provinzialpräsidenten nicht pflegen, das Urteil, das sie gefällt haben, wieder aufzuheben. Auch reskribierten sie an die Italienerin Vetina, dass niemand seinen Urteilsspruch ändern kann und dasselbe ist ein ungewöhnliches Geschehen. Wenn trotzdem jemand ein Lügner gewesen sei oder er keine Beweismittel haben würde, welche er später gefunden hat, er mit Strafe belegt worden ist, sind ziemlich viele kaiserliche Reskripte vorhanden, die entweder die Strafe vermindern oder eine Wiedereinsetzung in den vorigen Stand einräumen. Aber das kann lediglich von seiten der Kaiser geschehen.

---

[93] Kaser, RP I, § 150 II 3 c.
[94] Kaser, RP I, § 150 II 3 c.

Die in der Stelle angesprochenen Reskripte, die den Strafprozess im klassischen Kognitionsverfahren betreffen[95], besagen, dass das Urteil eine Streitsache abschließend entscheidet und nicht abgeändert werden kann. Nur bei Auffinden neuer Beweismittel kann ausnahmsweise eine Wiedereinsetzung in den vorigen Stand erfolgen oder die ausgesprochene Strafe vermindert werden.

2. Schiedsspruch

D. 4,8,19,2 (Paulus lib. 13. ad edictum): *Unde videndum erit, an mutare sententiam possit. et alias quidem est agitatum, si arbiter iussit dari, mox vetuit, utrum eo quod iussit an eo quod vetuit stari debeat. et Sabinus quidem putavit posse. Cassius sententiam magistri sui bene excusat et ait Sabinum non de ea sensisse sententia, quae arbitrium finiat, sed de praeparatione causa. ut puta si iussit litigatores calendis adesse, mox idibus iubeat. nam mutare cum diem posse. ceterum si condemnavit vel absolvit, dum arbiter esse desierit, mutare sententiam non posse.*

Paulus in seinem 13. Buch zum Edikt: *Zu prüfen ist, ob man einen Schiedsspruch abändern könne. Schon zu anderer Zeit ist darüber gestritten worden, ob dann, wenn ein Schiedsrichter befohlen hat, etwas zu geben, es bald verboten hat, welche der beiden Anordnungen, das was befohlen oder das was verboten, fortdauern müsse. Und Sabinus hat gemeint, der Schiedsrichter könne abändern. Cassius rechtfertigt die Meinung seines Lehrers gut und sagt, Sabinus habe nicht den Richterspruch gemeint, der den Schiedsstreit beende, sondern eine (Anordnung) vorbereitender Art. Wie zum Beispiel, wenn er die Anwesenheit der Prozessparteien zum ersten eines Monats befohlen hat, bald darauf die Monatsmitte verordnet. Denn den Termin kann er abändern. Aber wenn er verurteilt oder freigesprochen hat, kann er seinen Schiedsspruch nicht abändern, da er aufgehört hat, Schiedsrichter zu sein.*

Für die Beantwortung der Frage, ob ein Schiedsrichter seinen Schiedsspruch abändern kann oder nicht, greift Paulus auf diesbezügliche Äußerungen des Sabinus sowie insbesondere des Cassisus, eines Schülers des Sabinus, zurück. Cassius differenziert zwischen der verfahrenstechnischen, abänderbaren *sententia de praeparatione causae* (prozessleitende Verfügung) und der streiterledigenden,

---

[95] KASER/HACKL, RZ, § 74 II 3 Fn. 35.

unabänderlichen *sententia, quae arbitrium finiat* (Schiedsurteil). Die Anordnung eines Schiedstermins ist folglich abänderbar.

Die von Cassius vorgenommene Unterscheidung stellt eine Neuerung dar[96]; in der vorklassischen Periode hat die römische Rechtswissenschaft jeden Ausspruch eines Schiedsrichters als *sententia arbitri* aufgefasst[97].

Ulpian, der sich in der folgenden Stelle ebenfalls mit der Abänderbarkeit eines Schiedsspruches befasst, differenziert nach einem anderen Kriterium:

D. 4,8,21pr. (Ulpian lib. 13. ad edictum): *Quid tamen si de pluribus controversiis sumptus est nihil sibi communibus et de una sententiam dixit, de aliis nondum, numquid desiit esse arbiter? videamus igitur, an in prima controversia possit mutare sententiam, de qua iam dixerat, et multum interest, de omnibus simul ut dicat sententiam compromissum est, an non. nam si de omnibus poterit mutare (nondum enim dixit sententiam). quod si et separatim, quasi plura sunt compromissa, et ideo quantum ad illam controversiam pertinet, arbiter esse desierat.*

Ulpian in seinem 13. Buch zum Edikt: *Was ist jedoch, wenn von mehreren Streitigkeiten, die nicht zusammenhängen, er über eine einen Richterspruch gefällt hat, über die andere nicht, hat er damit aufgehört, Schiedsrichter zu sein? Wir sehen deshalb, ob er in dem ersten Streit, den Schiedsspruch ändern kann, den er bereits gesprochen hat. Und es ist ein großer Unterschied, ob er über alle (Streitigkeiten) zugleich einen Schiedsspruch fällen soll oder nicht. Denn wenn über alle (zugleich entscheiden werden soll), wird er abändern können (denn einen solchen Richterspruch hat er noch nicht gesagt). Was wenn er getrennt entscheiden soll, es gleichsam mehrere Schiedsverträge sind, was jene erste Streitigkeit betrifft, hat er aufgehört Schiedsrichter zu sein.*

Wie auch Paulus in D. 4,8,19,2 geht Ulpian von der Unabänderbarkeit einer den Streit beendenden Sentenz des Schiedsrichters aus, der mit einer abschließenden Sentenz aufhöre, Schiedsrichter zu sein. Die von Ulpian erörterte Fragestellung betrifft den Fall, dass mehrere, nicht zusammenhängende Streitigkeiten bei dem Schiedsrichter anhängig sind, von denen er über eine ein Schiedsurteil gefällt hat. Bei einem solchen Schiedsurteil handele es sich nur dann um einen verfahrensbeendenden Schiedsspruch, wenn die Parteien mehrere Schiedsverträge geschlossen haben. Haben die Parteien hingegen für alle anhängigen Strei-

---

[96] SCHMIDLIN, SZ 91 (1974), 435, 440.

[97] ZIEGLER, Das private Schiedsgericht im antiken Rom, S. 93.

tigkeiten nur einen einzigen Schiedsvertrag geschlossen, sei der Schiedsrichter mithin zu einer einzigen Entscheidung über sämtliche dieser Streitigkeiten berufen, so habe ein Schiedsurteil über nur einen der mehreren Gegenstände keinen verfahrensbeendenden Charakter und könne daher abgeändert werden.

Für die Frage der Abänderbarkeit spielt es offenbar keine Rolle, welchen Inhalt – verfahrensleitend oder sachbezogen – ein Zwischenurteil (*interlocutio*) hat. Denn als Zwischenurteil wird jede im Verfahren erlassene richterliche Verfügung bezeichnet, sei es eine Zwischenentscheidung in der Sache, sei es eine bloß verfahrensrechtliche Anordnung[98].

X. Die *cessio bonorum*

Der Abschnitt über das Prozessrecht schließt mit einer Stelle aus dem Bereich der Zwangsvollstreckung:

D. 42,3, §§ 3 und 5 (Paulus libro 56. ad edictum): *§ 3 Is qui bonis cessit, ante rerum venditionem utique bonis suis non caret. quare si paratus fuerit se defendere, bona eius non veneunt. § 5 Quem paenitet bonis cessisse, potest defendendo se consequi, ne bona eius veneant.*

Paulus in seinem 56. Buch zum Edikt: *§ 3 Wer sein Vermögen abgetreten hat, bleibt bis zum Verkauf seiner Sachen deren Eigentümer. Wenn er bereit gewesen ist, sich zu verteidigen, wird sein Vermögen nicht verkauft. § 5 Wer es bereut, seinen Gläubigern sein Vermögen abgetreten zu haben, kann sich verteidigend erreichen, dass sein Vermögen nicht veräußert wird.*

Ein Schuldner, der ohne eigenes Verschulden zahlungsunfähig geworden ist, konnte die Härten der Personalexekution und den mit der Vermögensexekution verbundenen Ehrverlust dadurch von sich abwenden, dass er den Gläubigern sein Vermögen abtrat (*cessio bonorum*, eingeführt durch eine *lex Iulia*)[99]. Diese Vergünstigung musste beim Magistrat beantragt und von ihm bewilligt werden[100]. Anschließend erfolgte die Verwertung des Schuldnervermögens mittels

---

[98] KASER/HACKL, RZ, § 74 I 1.

[99] KASER, RP I, § 113 III; KASER/HACKL, RZ, § 61; KROPPENBERG, Insolvenzrecht, S. 309 ff.

[100] KASER/HACKL, RZ, § 61.

venditio bonorum[101], d. h. das Schuldnervermögen wird durch Versteigerung veräußert[102].

Der Schuldner hat aber die Möglichkeit, die *cessio bonorum* zu bereuen, d. h. rückgängig zu machen und die Verwertung seiner, nach wie vor in seinem Eigentum stehenden Güter zu verhindern. Die *venditio bonorum*, die wegen ihrer infamierenden Wirkung[103] eine sehr einschneidende Maßnahme darstellt, bleibt folglich *ultima ratio*, ist bis zuletzt aufschiebbar.

Die „Verteidigung" des Schuldners, um zu erreichen, dass sein an seine Gläubiger übertragenes Vermögen nicht veräußert wird, könnte darin bestehen, dass er ausführt, imstande zu sein, seine Gläubiger zu befriedigen[104]. Mit der „Verteidigung" des Schuldners könnte aber auch ein Stillhalteabkommen mit den Gläubigern gemeint sein. Auch für die Gläubiger kann es sinnvoll sein, dem Schuldner zu gestatten, seine Schuld ratenweise abzutragen, statt ihn durch eine *venditio bonorum* vermögenslos zu stellen. Deckt nämlich die Verwertung nicht sämtliche Verbindlichkeiten ab, ist die Wahrscheinlichkeit geringer, dass ein wirtschaftlich völlig entäußerter Schuldner in der Lage sein wird, die Restschuld zu tilgen. Hat der Schuldner aber in absehbarer Zeit die Mittel um seine Gläubiger zu befriedigen, so besteht für die Gläubiger keine Notwendigkeit mehr, das Schuldnervermögen zu behalten und zu verwerten.

---

[101] KASER/HACKL, RZ, § 61.
[102] KASER, RP I, § 113 III.
[103] KROPPENBERG, Insolvenzrecht, S. 294 ff.
[104] SCHILLING/OTTO/SINTENIS, Fn. 87 zu D. 42,3,3.

§ 14. Resümee und Schlussfolgerungen in Bezug auf die *paenitentia* im Prozessrecht

Der *paenitentia* in Bezug auf Prozesshandlungen und andere Handlungen, die sich auf einen Prozess beziehen, liegen dieselben Kriterien zugrunde wie in Bezug auf rechtsgeschäftliche Erklärungen und Zuwendungen. Wie dort ist bei der Zurücknahme von Prozesshandlungen entscheidend, ob diese Möglichkeit dem jeweiligen Fall immanent ist (wie die Möglichkeit, von einem *compromissum* abzugehen, wodurch eine stipulierte Strafe verfallen kann; § 13 I). Ansonsten kommt es darauf an, ob die Reue ein *venire contra factum proprium* darstellt, und ob der anderen Partei durch die Reue des Kontrahenten ein Nachteil erwächst.

Kein Nachteil erwächst dem Popularkläger, wenn er vor der zur *litis contestatio* führenden Antwort des Beklagten von dem privilegiert aktivlegitimierten Kläger „abgelöst" wird (§ 13 III). Keinen Nachteil hat ein Beklagter, wenn der Kläger die Klage zurücknimmt (§ 13 IV). Die nachträgliche Änderung der bei der *interrogatio in iure* gegebenen Antwort des Beklagten ist nur möglich, wenn dem Kläger dadurch ausdrücklich kein Nachteil entsteht (§ 13 V). Schließen die Gläubiger mit dem Schuldner ein Stillhalteabkommen, anstatt seine ihnen veräußerten Güter (die vom Schuldner bereute *cessio bonorum*) zu verwerten (§ 13 X), so erwächst ihnen kein Nachteil (*volenti non fit iniuria*).

Nachteilig ist es allerdings für den Kläger, wenn der Beklagte, der in dem dafür vorgesehenen Verfahrensabschnitt die Beantragung einer *exceptio* vergessen hat, diese später doch noch einfügen dürfte (§ 13 VI). Dies wäre wider die Regeln des Verfahrens, auf die die Parteien vertrauen und würde dem Kläger zum Nachteil gereichen. Zur *transactio*, einem Fall des Erlass*pactum*, kann auf die entsprechenden Ausführungen in § 4 verwiesen werden.

D. 9,4,4,3 passt schwer in dieses Bild. Nimmt man an, dass es sich um den (Ausnahme-[1]) Fall einer irrtumsbedingten *in integrum restitutio* handelt, muss man sich andererseits fragen, wie sich eine solche *in integrum restitutio* mit den Grundsätzen des Formularprozesses verträgt. Aus diesen Grundsätzen ergibt sich, dass die Wahl der falschen Formel ein freisprechendes Judikat zur Folge hat. Auf diese Ordnung vertraut der Beklagte und richtet danach seine prozessuale Strategie aus. Die plötzliche Konfrontation mit einer Klageänderung be-

[1] KASER, Kurzlehrbuch, § 86 II.

nachteiligt ihn genauso wie die plötzliche Konfrontation mit einer nachträglich eingebrachten *exceptio* dies würde. Diese Inkompatibilität mit den übrigen klassischen *paenitentia*-Stellen spricht für eine Interpolation von D. 9,4,4,3.

Für die Abänderbarkeit von Richtersprüchen gilt folgendes: Verfahrensbeendende Richterspüche sind nur unter der Voraussetzung abänderbar, dass der Kaiser aufgrund später aufgefundener Beweismittel eine Wiedereinsetzung bewilligt. Ansonsten können nur die verfahrensleitenden Anordnungen des Richters abgeändert werden.

§ 15. Gegenstand und Zielrichtung der Reue in den strafrechtlichen Quellen

Bei den zuvor betrachteten Rechtsgebieten, dem rechtsgeschäftlichen Bereich und dem Prozessrecht, geht es um die Frage der Bindung an ein eigenes Vorverhalten bzw. ob das eigene Handeln bereut werden kann (ob ein sog. „Reurecht" besteht). Im Strafrecht geht es bei der Reue hingegen darum, die sich aus dem deliktischen Verhalten ergebende Strafe, durch eine Schaden abwendende Tätigkeit von sich abzuwenden. Bei den *delicta privata* geht es um die Abwendung des privaten Bußanspruches, bei den *crimina publica* um die Ausübung oder Nichtausübung der staatlichen Strafgewalt.

Die besagte Schaden abwendende Tätigkeit wird in der modernen deutschen Strafrechtsdogmatik als Rücktritt vom Versuch oder als tätige Reue bezeichnet. Der Rücktritt vom Versuch, wenn der Täter bereits zur Ausführung der Tat angesetzt, den gesetzlichen Tatbestand aber noch nicht vollendet hat (§ 24 StGB), ist eine freiwillige Abstandnahme oder Verhinderung der Vollendung durch den Täter. Der Rücktritt vom Versuch stellt einen Strafaufhebungsgrund dar[1]. Bei der tätigen Reue geht es darum, dass die Strafbarkeit nach formell vollendeter Tat wieder aufgehoben wird oder doch aufgehoben werden kann (§ 83 a StGB).

Den Römern fehlt für den Versuch im allgemeinen der Begriff wie das technische Wort[2], hingegen war ihnen die Bestrafung einer verbrecherischen Absicht unabhängig vom Eintritt des tatbestandlichen Erfolges nicht unbekannt[3]. Die Befreiung von der Bußschuld aus furtum und iniuria wird im Bereich der Privatdelikte durch den sog. Sühnevergleich bewirkt[4]. Durch den Sühnevergleich wird der Bußanspruch ipso iure aufgehoben[5]. Bei den crimina publica tritt der Wegfall der Strafe nicht unmittelbar ein, sondern es bedarf noch eines Aktes der Begnadigung, auf den der Täter keinen rechtlichen Anspruch hat[6].

---

[1] TRÖNDLE/FISCHER, StGB, § 24 Rdn. 3.
[2] MÜNTZER, Freiwilliger Rücktritt und tätige Reue, S.14; WACKE, Pönalisierung des untauglichen Versuchs, S. 594.
[3] SPERANDIO, Dolus pro facto, S. 5.
[4] KASER, RP I, § 45 I.
[5] WALDSTEIN, in: FS f. Klecatsky, S. 1002.
[6] WALDSTEIN, Untersuchungen zum römischen Begnadigungsrecht, S. 208.

§ 16. Die *paenitentia* im Bereich der *delicta privata*

Folgende, die *delicta privata* betreffende Stellen gebrauchen den Ausdruck *paenitentia*:

I. Die bereute Flucht des Sklaven

D. 21,1,17,1 (Ulpian 1 ad ed. aedil. curul.): *Caelius autem fugitivum esse ait eum, qui ea mente discedat, ne ad dominum redeat, tametsi mutato consilio ad eum reveratur. nemo enim tali peccato, inquit, paenitentia sua nocens esse desinit.*

D. 21,1,17,1 (Ulpian in seinem ersten Buch zum Edikt der kurulischen Ädilen): *Caelius aber sagt, der sei ein Flüchtling, der in der Absicht fortgeht, nicht zu seinem Herrn zurückzukehren, auch wenn er nach geändertem Entschluss zurückkehrte. Niemand nämlich hört bei einem solchen Vergehen durch seine Reue auf, schädlich zu sein.*

Ein flüchtiger Sklave bereut seine Flucht und kehrt zu seinem Herrn zurück. Ulpian entscheidet den Fall dahingehend, dass die Reue des entflohenen Sklaven keine Auswirkungen habe, sondern er ein flüchtiger Sklave bleibe.

II. Der bereute Diebstahl

Gleichermaßen beurteilt Ulpian in seinem ersten Buch zum Edikt der kurulischen Ädilen den Diebstahl:

D. 47,2,66 (Ulpian 1 ad ed. aedil. curul.): *Qui ea mente alienum quid contrectavit, ut lucrifaceret, tametsi mutato consilio id domino postea reddidit, fur est. nemo enim tali peccato paenitentia sua nocens esse desinit.*

Ulpian in seinem ersten Buch zum Edikt der kurulischen Ädilen: *Wer einen Diebstahl begangen hat, um Gewinn zu machen, ist ein Dieb, auch wenn er seine Absicht verändert und es später dem Herrn zurückgegeben hat. Niemand nämlich hört bei einem solchen Vergehen durch seine Reue auf, schädlich zu sein.*

Ein Dieb der seine Tat bereut, gibt die gestohlene Sache dem Eigentümer zurück. Der deliktische Erfolg ist eingetreten, der Täter beseitigt nach vollendeter Tat den Schaden des Verletzten. Ulpian entscheidet den Fall dahingehend, dass die Reue des Täters keinerlei Auswirkungen habe, er durch die Rückgabe der Sache an den Bestohlenen nicht von dem Diebstahlsvorwurf befreit werde[1] (entsprechend dem Sprichwort „Wer einmal stiehlt, heißt allemal ein Dieb“[2]). Der letzte Satz der Stelle gleicht dem letzten Satz von D. 21,1,17,1.

Weil es sich bei den *aediles curules* um Organe der Marktgerichtsbarkeit handelt, und die von ihnen verkündeten Edikte ein Sonderrecht für die Käufe von Sklaven und Zugtieren sind, sind Zweifel an der Sachnähe zum Strafrecht und damit auch an der Relevanz für das Strafrecht angebracht. Offenbar betreffen beide Stellen, die LENEL unter *de redhibitione* rubriziert[3], vielmehr Probleme der Sachmängelhaftung. Demnach geht es mehr um die Frage einer Neigung zu Diebstahls- bzw. Fluchthandlungen, die einen Mangel des gekauften Sklaven und für den Käufer ein Risiko darstellen, nicht aber um die Aufhebung des Bußanspruches[4].

III. Die bereute Unterschlagung

Im Gegensatz zu den beiden zuvor erörterten Stellen kommt die tätige Reue im nachfolgenden Fall zum Tragen:

D. 41,3,4,10 (Paulus libro 54 ad edictum): *Si rem, quam apud te deposueram, lucri faciendi causa vendideris, deinde ex paenitentia redemeris et eodem statu habeas: sive ignorante me sive sciente ea gesta sint, videri in potestatem meam redisse secundum Proculi sententiam, quae et vera est.*

Paulus in seinem 54. Buch zum Edikt: *Wenn du eine Sache, die ich bei dir niedergelegt hatte, in gewinnsüchtiger Absicht verkauft hast, du sie danach aus Reue losgekauft und in demselben Zustand hast, wenn du dies ohne oder mit meinem Wissen gemacht hast, wird es nach Meinung des Proculus so gesehen, dass sie in meine Gewalt zurückgekehrt ist, was richtig ist.*

Der Verwahrer verkauft die bei ihm deponierte fremde Sache, die der Berechtigte in seinen Besitz gegeben hat, an einen Dritten. Dann bereut er den Verkauf und kauft die Sache von dem Dritten wieder zurück. Die Frage, ob die Sache bei einem Rückerwerb des nicht berechtigten Veräußerers in die Gewalt des ursprünglich Berechtigten zurückkehrt, bejaht Paulus unter Berufung auf

---

[1] KASER, SZ 100 (1983), 80, 98.
[2] WACKE, JA (Referendarausgabe) 1991, 107, 108.
[3] LENEL, Palingenesie II, Sp. 884 ff., 888.
[4] PERNICE, Labeo II, S. 116 Fn. 3; WALDSTEIN, in: FS f. Klecatsky, S. 1001 Fn. 21.

Proculus. Dabei spiele es keine Rolle, ob der Verkauf an den Dritten mit oder ohne Wissen des Berechtigten erfolgt ist.

Hat jemand eine Sache vom Nichteigentümer erworben, so kann er allerdings durch *usucapio* das Eigentum an der Sache erwerben. Dies gilt jedoch nicht für die *res furtivae*, die nach der *lex Atinia* nicht ersessen werden konnten[5]. Das *furtum* (= Diebstahl) umfasst auch ein nach heutigem Verständnis als Unterschlagung zu qualifizierendes Verhalten[6]. Auch derjenige, der eine geliehene Sache anders gebraucht als vereinbart, haftet wegen Diebstahls[7]. Ebenso begeht der einen Diebstahl, der eine bei ihm hinterlegte Sache benutzt[8]. Somit handelte es sich bei der verkauften Sache um eine *res furtiva*.

Die Frage, ob die zurückgekaufte Sache in die Gewalt (*potestas*) des ursprünglichen Eigentümers zurückkehrt, kann folglich nicht auf die Eigentumsverhältnisse zielen, die sich nicht verändern können, weil es sich um eine *res furtiva* handelt. Vielmehr bringt der von Paulus zitierte Proculus zum Ausdruck, dass durch den Rück-erwerb der Sache durch den Verwahrer der Mangel der Furtivität geheilt wird. Damit ist die Sache wieder ersitzungsfähig.

Die Rückkehr der Sache in die Gewalt des Berechtigten aufgrund Rückkaufes durch den Verwahrer bedeutet, der Verwahrer übt die tatsächliche Gewalt wieder für den Eigentümer aus, vermittelt dem Eigentümer den Besitz (Besitzkonstitut)[9]. Für die Rückkehr der Sache in die Gewalt des Eigentümers ist nicht ausschlaggebend, ob der Eigentümer von den besagten Vorgängen weiß oder nicht.

Der Rückerwerb durch den Verwahrer stellt einen Akt tätiger Reue dar. Fraglich ist, ob und ggf. wie sich diese tätige Reue in Bezug auf Sanktionen gegen den Dieb auswirkt.

Da das Edikt, auf das sich Paulus in unserer Stelle bezieht, eine Zusammenstellung sämtlicher *actiones* enthält, liegt die Annahme einer prozessualen Thematik der Stelle nahe. Dem Bestohlenen stand gegen den Dieb neben der *rei vindicatio* oder alternativ der *condictio furtiva*, beide gerichtet auf Herausgabe

---

[5] KASER, RP I, § 34 II 2.
[6] KASER, RP I, § 143 I.
[7] BRETONE, Geschichte des römischen Rechts, S. 207 unter Hinweis auf Gaius 3, 141; Paulus D. 18,1,1,1; D. 19,4,1 und eod. 2; Inst. 3,23,2; Diocl. C. 4,64,7 a. 294.
[8] BRETONE, Geschichte des römischen Rechts, S. 207 unter Hinweis auf D. 19,4,2.
[9] Bei den Römern entwickelte sich die Figur des mittelbaren Besitzes aus dem Verzicht auf den realen Traditionsakt, der durch Besitzkonstitut ersetzt wird, vgl. WACKE, Das Besitzkonstitut als Übergabesurrogat in Rechtsgeschichte und Rechtsdogmatik, S. 9 ff.

der Sache, die pönale *actio furti* zu[10]. Die Aktivlegitimation zur Erhebung der *actio furti* setzte ein Interesse des Klägers voraus[11]: Sie steht dem Eigentümer nur dann zu, wenn es in seinem Interesse liegt, dass das Objekt nicht verlorengeht[12]. Durch die tätige Reue in Form des Rückkaufes fällt dieses Interesse weg, und der reumütige Dieb ist keiner Klage des Bestohlenen ausgesetzt. Wir haben es sozusagen mit einer Erledigung vor Klageerhebung bzw. Restitution vor *litis contestatio* zu tun.

IV. Schlussfolgerungen

Fraglich ist, ob und welche Folgerungen sich in Bezug auf die Bedeutung der *paenitentia* im römischen Strafrecht aus diesen Stellen ziehen lassen.

Nach Ansicht von MOMMSEN ist die tätige Reue im römischen Strafrecht grundsätzlich nicht beachtlich, vielmehr fällt die Strafe nur in einzelnen gesetzlich geregelten Fällen, wie etwa der Münzfälschung, weg[13]. Aufgrund von D. 47,2,66 (oben II.) vertrat auch LEVY die Meinung, es habe einer ausdrücklichen Normierung bedurft, wenn der Prätor die Schadloshaltung des Verletzten mit strafabwendender Kraft habe ausstatten wollen[14]. Die Restitution habe keinerlei Einfluss, gleich ob sie vor oder nach *litis contestatio* erfolge[15]. Diese Auffassung wird ebenfalls von FREUDENBERGER[16] und MAYER-MALY[17] vertreten, die sich ebenso wie MOMMSEN auf Gaius D. 47,8,5[18] berufen[19].

---

[10] KASER, RP I, § 142 VI 3 a.
[11] Gaius 2,203-207.
[12] Gaius 2,203.
[13] MOMMSEN, Römisches Strafrecht, S. 1044.
[14] LEVY, SZ 36 (1915), 1, 43.
[15] LEVY, SZ 36 (1915), 1, 42.
[16] FREUDENBERGER, Das Verhalten der römischen Behörden gegen die Christen im 2. Jahrhundert, S. 62.
[17] MAYER-MALY, SDHI 22 (1956), 311, 315 Fn. 27.
[18] D. 47,8,5: *Non prodest ei, qui vi rapuit, ad evitandam poenam, si ante iudicium restituat rem quam rapuit: Es hilft dem gewalttätigen Räuber nicht zur Vermeidung der Strafe, wenn er die geraubte Sache vor Prozessbeginn zurückgibt.*
[19] MOMMSEN, Römisches Strafrecht, S. 1044 Fn. 3; MAYER-MALY, SDHI 22 (1956), 311, 315 Fn. 27; FREUDENBERGER, Das Verhalten der römischen Behörden gegen die Christen im 2. Jahrhundert, S. 62.

Demgegenüber ist MÜNTZER der Meinung, die Tatsache, dass die Reue bei einzelnen Delikten formell ausgeschlossen wurde, so wie bei D. 47,2,66, zeige, dass die *paenitentia* in ziemlich reichem Maße in Rom anerkannt gewesen sei[20].

Auch aus Gaius D. 47,8,5 kann nicht ohne weiteres auf die grundsätzliche Unbeachtlichkeit tätiger Reue im römischen Strafrecht geschlossen werden, wie MOMMSEN und FREUDENBERGER dies tun. Denn dem Raub kommt eine Sonderstellung zu. Das von dem weiten *furtum* unterschiedene Delikt des Raubes wurde als besonders schwerwiegend betrachtet, was auf den Einsatz von Gewalt als Mittel der Wegnahme zurückzuführen ist[21]. Wegen dieser Sonderstellung verbieten sich Verallgemeinerungen. Einer Verallgemeinerung von D. 47,8,5 für die tätige Reue im römischen Strafrecht steht im übrigen auch D. 41,3,4,10 entgegen. Ob allerdings letztere Stelle, die die *actio furti* und nicht etwa *delicta privata* generell betrifft, für die tätige Reue im römischen Strafrecht verallgemeinert werden kann, erscheint ebenso fraglich.

Generell gilt für die Beachtlichkeit tätiger Reue im Bereich der *delicta privata* jedenfalls folgendes: Was die Aufhebung des Bußanspruches betrifft, so ist allerdings vorstellbar, dass der Geschädigte bereit ist, mit dem Dieb, der seine Tat bereut und die gestohlene Sache zurückbringt, einen Sühnevergleich zu schließen[22], durch den der Bußanspruch *ipso iure* aufgehoben wird.

---

20 MÜNTZER, Freiwilliger Rücktritt und tätige Reue, S. 19.
21 Gaius 3,209.
22 WALDSTEIN, in: FS f. Klecatsky, S. 1002.

§ 17. Die *paenitentia* im Bereich der *crimina publica*

Für den Bereich der *crimina publica* ist nur folgende *paenitentia*-Stelle zu nennen:

D. 48,10,19 pr. (Paulus 5 sententiae) = PS. 5,25,1A: *Qui falsam monetam percusserint, si id totum formare noluerunt, suffragio iustae paenitentiae absolvuntur.*

D. 48,10,19 pr. (Paulus 5 sententiae) = PS. 5,25,1A: *Diejenigen, welche falsche Münzen geschlagen haben, werden, wenn sie dies nicht fertig prägen wollten, wegen Begünstigung der ehrlichen Reue freigesprochen.*

Hat jemand mit der Herstellung falscher Münzen begonnen, aber noch vor Fertigstellung der falschen Münzen aufgehört, hebt dieser freiwillige Rücktritt von dem Versuch des Verbrechens der Münzfälschung vor vollendeter Schädigung des Gemeinwesens die Strafe auf[1].

Mit dem Ausdruck *paenitentia* bezeichnet Paulus die freiwillige und rechtzeitige Abstandnahme von der Vollendung des Verbrechens durch Abwendung des deliktischen Erfolges oder Schadens[2]. Mit seiner Formulierung (*noluerunt*) stellt Paulus entscheidend auf den Täterwillen ab. Demnach wären die Täter im Falle einer unfreiwilligen Tataufgabe zu bestrafen. Vom Standpunkt des geltenden Rechts aus ist zu entscheiden, ob mit *paenitentia* Rücktritt oder tätige Reue gemeint ist. Bei D. 48,10,19 pr. handelt es sich nach Ansicht von MOMMSEN um einen Fall des freiwilligen Rücktritts vom strafbaren Versuch[3].

Ob allerdings in Rom eine allgemeingültige Rechtsregel für die *paenitentia* – als Rücktritt und als tätige Reue – aufgestellt war, oder ob es sich bloß um eine Bestimmung für singuläre Fälle handelte, wird kontrovers diskutiert[4]. Aus der nachklassischen Konstitution CTh 16,7,4 (= C.1,7,3,3), wonach denjenigen, die vom christlichen Glauben abfallen, das „Hilfsmittel der Reue, das bei anderen

---

[1] PERNICE, Labeo II, S. 116; MOMMSEN, Römisches Strafrecht, S. 98; MÜNTZER, Freiwilliger Rücktritt und tätige Reue, S. 15; MAYER-MALY, SDHI 22 (1956), 311, 315 Fn. 27; WALDSTEIN, Untersuchungen zum römischen Begnadigungsrecht, S. 207; WACKE, Pönalisierung des untauglichen Versuchs, S. 595 Fn. 12; SPERANDIO, Dolus pro facto, S. 39.

[2] MÜNTZER, Freiwilliger Rücktritt und tätige Reue, S. 14.

[3] MOMMSEN, Römisches Strafrecht, S. 98 Fn. 2, S. 670 Fn. 3; WALDSTEIN, Untersuchungen zum römischen Begnadigungsrecht, S. 207 Fn. 5.

[4] MOMMSEN, Römisches Strafrecht, S. 98; MÜNTZER, Freiwilliger Rücktritt und tätige Reue, S. 21.

Verbrechen nützlich zu sein pflegt", nicht zugute kommt[5], folgert WALDSTEIN, die Kaiser Valentinian, Theodosius und Arcadius seien ganz selbstverständlich von einer Beachtlichkeit der tätigen Reue bei anderen Verbrechen ausgegangen[6]. Aus der Formulierung *solet adesse* könne geschlossen werden, dass es sich nicht um einen neu geschaffenen Rechtszustand handele, weshalb man der Aussage auch für die frühere Zeit Bedeutung beimessen dürfe[7].

Es ist nicht zu leugnen, dass die Formulierung in CTh. 16,7,4 eine Regelhaftigkeit zu erkennen gibt. Keinesfalls kann daraus jedoch zwingend darauf geschlossen werden, dass sich in dieser Formulierung der klassische Rechtszustand widerspiegelt.

Die Tatsache, dass die Römer den Versuch am untauglichen Objekt allgemein straflos ließen und nur die vollendete Tat sanktionierten[8] (abgesehen von bestimmten einzelnen Vorbereitungshandlungen, die durch Spezialgesetze unter Strafe gestellt waren[9]), zeigt, dass die Willensrichtung des Täters für sich allein keine Bedeutung hatte, und es entscheidend auf objektive Kriterien ankam. Lediglich den Tatbestandsirrtum (§ 16 Abs. 1 StGB) berücksichtigten die Römer zugunsten des Täters, den sie einhellig straffrei ließen[10]. Der reuige Münzfälscher bleibt allerdings nicht lediglich mangels Vollendung des Tatbestandes, sondern auch wegen seiner durch die Reue zum Ausdruck gebrachten, belohnenswerten Gesinnung straffrei. Daraus ergibt sich im Umkehrschluss aber auch die Konsequenz, dass die nach Beendigung der Tat gezeigte, sogar tätige, Reue grundsätzlich keine Beachtung findet. Völlige Straffreiheit für ein vollendetes Delikt gab es nur in einem Sonderfall: Nach D. 49,16,3,9 sollten desertierte, aber nach gewisser Zeit zurückgekehrte Rekruten beim ersten Male verschont und erst im Wiederholungsfalle bestraft werden, damit sie die Furcht vor Strafe nicht von freiwilliger Rückkehr abhält[11]. So erklärt sich auch, dass im Bereich

---

[5] CTh 16,7,4: *Lapsis etenim et errantibus subvenitur, perditis vero. hoc est sanctum baptisma profanantibus, nullo remedio paenitentiae, quae solet aliis criminibus prodesse* (C.1,7,3,3: *adesse*), *succurritur.<A 391 D. ID. Mai concordiae tatiano et symmacho conss.> Wird nämlich Fehlern und Irrtümern abgeholfen, so sind sie wirklich verloren. Hierzu ist das heilige Taufbecken nicht geweiht, kein Hilfsmittel der Reue, das bei anderen Verbrechen nützlich zu sein pflegt, wird helfen.*

[6] WALDSTEIN, in: FS f. Klecatsky, S. 1008.

[7] WALDSTEIN, in: FS f. Klecatsky, S. 1008.

[8] WACKE, Pönalisierung des untauglichen Versuchs, S. 595.

[9] WACKE, Pönalisierung des untauglichen Versuchs, S. 594.

[10] WACKE, Pönalisierung des untauglichen Versuchs, S. 599.

[11] WACKE, JA (Referendarausgabe) 1991, 107, 108.

des Strafrechts so gut wie keine *paenitentia*-Stellen vorhanden sind: Nimmt jemand aus Reue von der Ausführung einer noch im Versuchsstadium befindlichen Tat Abstand, so liegt keine strafbare Handlung vor, denn eine allgemeine Versuchsstrafbarkeit kannten die Römer nicht. Einer dem § 24 StGB entsprechenden gesetzlichen Regelung bedurfte es somit nicht, vielmehr war die „Belohnung" eines Verhaltens, das nach geltendem Recht als Rücktritt vom (strafbaren) Versuch eingestuft wird, systemimmanent. Einer ausdrücklichen Erwähnung des „Rücktritts vom Versuch" bzw. der *paenitentia* im Versuchsstadium bedurfte es daher nicht.

In den zahlreichen zivilrechtlichen *paenitentia*-Stellen, einschließlich der die *delicta privata* betreffenden, knüpft die *paenitentia* an eine bereits ausgeführte Handlung (Erklärung, Zuwendung, Prozesshandlung) an, deren Rückgängigmachung der Handelnde erstrebt und je nach Fall erreicht oder nicht erreicht. Dieses Streben des Handelnden stellt ein subjektives Element dar, die Willkür des Handelnden. Da auf subjektive Kriterien für sich allein im strafrechtlichen Bereich nicht abgestellt wird, findet der Ausdruck *paenitentia* dort nahezu keine Erwähnung. Das Argument MÜNTZERS, der Ausschluss der *paenitentia* in einzelnen Fällen (D. 47,2,66) zeige, dass die *paenitentia* (in Form der tätigen Reue nach Beendigung der Tat) im römischen Strafrecht verankert gewesen sei[12], ist dadurch wiederlegt. Durch seine gleichzeitige Bezugnahme auf D. 2,4,11, wo die Möglichkeit tätiger Reue für den dortigen Fall bejaht wird, relativiert MÜNTZER seine Argumentation selbst.

In diesem Zusammenhang dürfen die Christenbriefe des Plinius und des Kaisers Traian nicht unerwähnt bleiben. Darin bestätigt der *princeps*, dass das vom Beschuldigten dargebrachte Opfer Beweis seiner Unschuld war und zugleich tätige Reue, welche die Strafbarkeit einer bisher vielleicht bestehenden Zugehörigkeit zum Christentum behob (*venia ex paenitentia*)[13]. WALDSTEIN sieht in den Christenbriefen den Beleg dafür, dass die *venia* aufgrund von *paenitentia* für das römische Strafrecht etwas Bekanntes gewesen sei[14]. Demgegenüber geht MAYER-MALY davon aus, bei den Christenprozessen habe eine Ausnahmesituation bestanden, so dass sich Rückschlüsse auf andere Bereiche des Strafrechts verbieten. Die Einmaligkeit der Interessenlage bei den Christenprozessen ergebe

[12] MÜNTZER, Freiwilliger Rücktritt und tätige Reue, S. 19.
[13] MAYER-MALY, SDHI 22 (1956), 311, 327; WALDSTEIN, Römisches Begnadigungsrecht, S. 102; WALDSTEIN, in: FS f. Klecatsky, S. 1005.
[14] WALDSTEIN, in: FS f. Klecatsky, S. 1005.

sich aus der Staatsgefährlichkeit des Christentums. Da nichts eine Religionsgemeinschaft so schwäche wie der Abfall von ihr, habe der Abfall von der Religionsgemeinschaft der Vollstreckung der Strafe vorgezogen werden müssen[15].

Bei den Christenprozessen besteht insofern eine Besonderheit, als dass es sich bei dem Straftatbestand um die „falsche" Gesinnung handelt und um ein Dauerdelikt. Wenn die Gesinnung als ein subjektiver Umstand im römischen Strafrecht für sich genommen eigentlich keine Rolle spielt, so ist sie doch bei einem Gesinnungsverbrechen gleichzeitig der objektive Tatbestand. Auch ist bei dem Gesinnungsverbrechen und Dauerdelikt die „Handlung" nicht in derselben Weise abgeschlossen, wie etwa wenn eine falsche Münze hergestellt und in den Verkehr gebracht ist, der Vorgang des Fälschens seinen Abschluss gefunden hat. Das Dauerdelikt, das schon durch die Begründung des rechtswidrigen Zustandes vollendet ist, ist erst mit dessen Wiederaufhebung beendet[16]. Jedenfalls insoweit ist die Interessenlage bei den Gesinnungsverbrechen eine andere, so dass es sich verbietet, dort angewandte Grundsätze ohne weiteres auf das gesamte römische Strafrecht zu übertragen.

Im Zusammenhang mit den Christenbriefen, wo der Ausdruck *paenitentia* eine bedeutende Rolle spielt, ist nochmals festzustellen, dass sich *paenitentia* auf ein subjektives Element bezieht, einen Sinneswandel.

---

[15] MAYER-MALY, SDHI 22 (1956), 311, 328.
[16] TRÖNDLE/FISCHER, StGB, Vor § 52 Rdn. 41.

§ 18. Schlussfolgerungen in Bezug auf die *paenitentia* im strafrechtlichen Bereich

Im römischen Strafrecht waren objektive Kriterien für die Frage der Strafbarkeit entscheidend. Es kam darauf an, ob der objektive Tatbestand vollendet war. Daraus folgt, dass die *paenitentia*, ob als Rücktritt vom strafbaren Versuch oder als tätige Reue nach Tatbestandsvollendung, im römischen Strafrecht grundsätzlich keine strafbefreiende Wirkung hatte. Weil den Römern für den Versuch im allgemeinen der Begriff wie das technische Wort fehlte[1], hatte die Reue in Form eines Rücktritts vom Versuch ihre Bedeutung im außerrechtlichen Bereich, vergleichbar einem Rücktritt vom nicht strafbaren Versuch (etwa dem Versuch einer üblen Nachrede gemäß § 186 StGB) im geltenden Recht. Das Nichterscheinen der *paenitentia* in den Quellen ist also mitnichten ein Zeichen dafür, dass die *paenitentia* im römischen Strafrecht verankert war. Im Gegenteil ist daran ihre prinzipielle Bedeutungslosigkeit in diesem Rechtsbereich zu erkennen. Ihr Erscheinen ist eine Ausnahme.

[1] WACKE, Pönalisierung des untauglichen Versuchs, S. 594.

Vierter Abschnitt. Zusammenfassung der Ergebnisse

§ 19. Gesamtergebnis

Die zu den in den Abschnitten 1-3 behandelten Rechtsgebieten – Rechtsgeschäfte, Prozessrecht, Strafrecht – gewonnenen Erkenntnisse weisen folgende Gemeinsamkeiten auf. Jeder Mensch kann jederzeit etwas zu bereuen, d. h. seinen Willen zu ändern und dies in irgendeiner Form zu artikulieren. Ändert eine Person ihren Willen in Bezug auf ihre eigenen rechtlich relevanten Handlungen (wie z. B. Willenserklärung, Prozesshandlung, Straftat), stellt sich immer die Frage, ob, inwieweit und unter welchen Voraussetzungen die nach außen manifestierte Willensänderung Wirkungen entfaltet.

Dabei ist entscheidend, ob die bereute Handlung ihrerseits bereits Wirkungen ausgelöst hat. Beispielsweise kann der *paterfamilias* das dem Haussohn erteilte *iussum* zur Erbschaftsannahme solange widerrufen, wie der Haussohn die Erbschaft noch nicht angetreten hat (§ 8 I 1). Bis zur Antretung der Erbschaft hat das *iussum* keinerlei Auswirkungen. Gleiches gilt für das *agere nolle* des privilegiert aktivlegitimierten Grabrechtsinhabers im Falle der *actio de sepulchro violato*: Solange der Popularkläger den Streit noch nicht befestigt hat, kann der Grabrechtsinhaber seinen Entschluss, nicht klagen zu wollen, widerrufen (§ 13 III). Bis zur Streitbefestigung durch den Popularkläger hat das *agere nolle* keine Auswirkungen. Ein Straftäter, der bereits Handlungen zur Verwirklichung eines Straftatbestandes vorgenommen hat, kann durch tätige Reue (Verhinderung der Vollendung) solange strafbefreiende Wirkung erzielen, wie der Straftatbestand noch nicht vollendet, ein Schaden nicht eingetreten ist (§§ 17, 18).

Hat die bereute Handlung bereits Rechtswirkungen ausgelöst, ist eine Willensänderung aber nicht in jedem Fall ausgeschlossen. In diesem Fall ist maßgebend, ob ein anderer durch die Willensänderung einen (rechtlichen) Nachteil erleidet. Hat die Willensänderung keinen Nachteil für andere Personen, steht einem Widerruf oder einer Rückforderung nichts im Wege.

Kondiziert der Mandant eines Freilassungsmandats *ex paenitentia* den hingegebenen Geldbetrag oder den dafür erworbenen Sklaven, hat dies keine nachteiligen Auswirkungen für den Mandatar (§ 4 I 2). Ebenso verhält es sich, wenn ein Freilassungsfiduziant den übertragenen Sklaven aus Reue zurückfordert. Der Fiduziar hat dadurch keinen Nachteil (§ 5 I 2). Auch die Rückforderung einer unwirksamen Zuwendung stellt für den Empfänger keinen rechtlichen Nachteil dar (§ 9 I, Schenkung unter Ehegatten).

Anders verhält es sich, wenn der Geber Geld für Reisevorbereitungen aus Reue kondizieren könnte, obwohl es bereits für Reisevorbereitungen ausgegeben worden ist (§ 5 II 2). Einen Nachteil hätte auch der Kläger, wenn der Beklagte seinen Einredeverzicht widerrufen könnte (§ 13 VI).

Auch Rechtshandlungen, deren Bindungswirkung institutionalisiert ist, wie etwa bei der Stipulation (§ 4 II), können nicht widerrufen werden. Die Nichteinhaltung eines nach *ius strictum* bindenden Versprechens wäre ein rechtlicher Nachteil.

Aus den gewonnen Erkenntnissen lässt sich demnach für die *paenitentia* in den klassischen römischen Rechtsquellen folgende Regel herleiten:

Eine zum Ausdruck gebrachte Willensänderung in Bezug auf ein eigenes, rechtlich erhebliches Verhalten, kommt nur zum Tragen, wenn das bereute eigene Verhalten

entweder

1. noch keine Rechtswirkungen hatte

oder

2. zwar Rechtswirkungen hatte, die durch die *paenitentia* wieder beseitigt werden, dies aber für andere Personen keinen rechtlichen Nachteil hat.

Die Häufigkeit, mit der der Ausdruck *paenitentia* bzw. *paenitere* von den verschiedenen Juristen gebraucht wurde, aber auch der vergleichbare Sinn gebietet den Schluss, dass der Ausdruck als *terminus technicus* verwendet worden ist. Diese Schlussfolgerung wird auch durch die mehrfach vorhandene Wendung *paenitentia acta* (vgl. dazu oben § 4 I 2 a. E.) sowie vergleichbare Formulierungen gestützt.

Fünfter Abschnitt. Modernrechtliche Ausprägungen eines „Reurechts" in Bezug auf Rechtsgeschäfte

§ 20. Die aktuelle Rechtslage und -entwicklung

Die jüngsten Entwicklungen des Bürgerlichen Rechts, bei denen es sich um Auswirkungen des EG-Richtlinienrechts handelt[1], haben Widerrufsrechte in Bezug auf Verträge hervorgebracht, die den im BGB geltenden Grundsatz *pacta sunt servanda* einschränken[2]. Durch diese Entwicklungen gewinnt das Thema dieser Arbeit an Aktualität.

Bei seinem In-Kraft-Treten war dem BGB die Möglichkeit fremd, sich von einer wirksam zustandegekommenen Vereinbarung nach freiem Belieben, ohne besonderen Grund einseitig zu lösen. Die seinerzeit bestehenden Möglichkeiten einer einseitigen Lösung vom Vertrag – Anfechtung und Rücktritt – sind bis heute an bestimmte Voraussetzungen geknüpft.

Das Gesetz über den Widerruf von Haustürgeschäften und ähnlichen Geschäften vom 16.01.1986 (HaustürWG) schuf für Verträge, die unter bestimmten Umständen abgeschlossen worden sind, die Möglichkeit des einseitigen Widerrufs durch den Kunden. Nach § 1 HaustürWG i. d. F. vom 16.01.1986 hing die Wirksamkeit des abgeschlossenen Vertrages davon ab, dass der Kunde sein Widerrufsrecht innerhalb der dafür vorgesehenen Frist nicht ausübt hat. Mit der Schaffung des Verbraucherkreditgesetzes vom 17.12.1990 (VerbrKrG) wurde die Möglichkeit des einseitigen Widerrufs durch einen der Vertragspartner auf die in § 1 VerbrKrG i. d. F. vom 17.12.1990 genannten Fälle ausgeweitet. Das in § 7 VerbrKrG i. d. F. vom 17.12.1990 festgelegte Widerrufsrecht wurde dem des § 1 HaustürWG i. d. F. vom 16.01.1986 nachgebildet. Weitere Widerrufsrechte führte der Gesetzgeber schließlich durch das Teilzeit-Wohnrechte-Gesetz vom 20.12.1996 (TzWrG) und das Fernabsatzgesetz vom 27.06.2000 (FernAbsG) ein.

Durch das am 01.01.2002 in Kraft getretene Gesetz zur Modernisierung des Schuldrechts sind die Vorschriften der vorgenannten Gesetze in modifizierter Form in das BGB eingefügt worden (§§ 312 ff., 355 ff., 481 ff., 488 ff.). Das

---

[1] MICKLITZ, ZEuP 1998, 253, 258; ROTH, JZ 1999, 529 ff.
[2] MICKLITZ, ZEuP 1998, 253, 265; CANARIS, AcP 200 (2000), 273, 343.

Widerrufsrecht ist ein Gestaltungsrecht[3], das nunmehr so ausgestaltet ist, dass der Widerruf einen wirksam geschlossenen Vertrag unwirksam macht (§ 355 Abs. 1 BGB).

Sämtlichen Fällen in denen eine Vertragspartei ein Widerrufsrecht hat, ist gemeinsam, dass es sich um Verträge zwischen einem Unternehmer und einem Verbraucher i. S. d. §§ 13, 14 BGB handelt. Das Widerrufsrecht steht nur dem Verbraucher zu. Zweck der Widerrufsrechte ist der Schutz des Verbrauchers. Die einschlägigen EG-Richtlinien stellen nicht auf die bloße Beteiligung eines Verbrauchers ab, sondern knüpfen an das Aufeinandertreffen von professionellem und nichtprofessionellem Handeln als Ausdruck einer Ungleichgewichtslage an[4]. Im Fall eines Haustürgeschäfts soll der Verbraucher vor Überrumpelung geschützt werden[5], im Fall eines Verbraucherkreditvertrags vor der Komplexität eines solchen Vertrages[6] und im Fall eines Fernabsatzgeschäftes vor der erschwerten Beurteilbarkeit der Brauchbarkeit einer Leistung[7].

Die genannten Widerrufsrechte stellen ein Verbraucher-Sonderprivatrecht dar[8] bzw. ein Konglomerat von Vorschriften, die nur zwischen professionellen und nicht professionellen Teilnehmern am Rechtsverkehr Anwendung finden[9].

---

[3] RING, in: Dauner-Lieb/Heidel/Lepa/Ring, Anwaltkommentar Schuldrecht, § 355 Rdn. 2.
[4] ROTH, JZ 1999, 529, 532.
[5] CANARIS, AcP 200 (2000), 273, 346; RING, in: Dauner-Lieb /Heidel/Lepa/Ring, Anwaltkommentar Schuldrecht, § 312 Rdn. 1; ROTH, JZ 2000, 1013.
[6] ROTH, JZ 1999, 529, 532; CANARIS, AcP 200 (2000), 273, 348 ff.
[7] ROTH, JZ 2000, 1013 f.
[8] ROTH, JZ 2000, 1013, 1014; RING, in: Dauner-Lieb/Heidel /Lepa/Ring, Das neue Schuldrecht, § 12 Rdn. 1.
[9] CANARIS, AcP 200 (2000), 273, 360.

§ 21. Das Verhältnis der Verbraucher-Widerrufsrechte zum Prinzip der Vertragstreue

I. Literaturmeinungen zur aktuellen Rechtslage

Nach Ansicht von MICKLITZ wird europäisches Privatrecht in Form des Vertragsrechts von einem Modell kompetitiven Vertragsrechts geleitet, das die nationale Rechtsgeschäftslehre herausfordere[1]. Bestandteile kompetitiven Vertragsrechts seien Vertragslösungsrechte, Information und Transparenz, Neuverteilung der Verantwortung und effektive Rechtsdurchsetzung[2]. Es lasse sich eine Verschiebung der Verantwortung auf den Hersteller oder Dienstleistungserbringer feststellen[3]. Kompetitives Vertragsrecht fördere die Ausbildung einer genuinen Gerechtigkeitslogik[4].

Demgegenüber sieht CANARIS die Gerechtigkeit eines Vertrages als auf dem Satz *volenti non fit iniuria* beruhend an. Dieser Satz trage der Autonomie des Menschen als Person, als eines zu selbständigen moralischen Entscheidungen fähigen Subjekts, Rechnung und wurzele damit letztlich in jener Qualität des Menschen, die Kant als seine Würde zu bezeichnen pflegte[5]. Ein kompetitives Vertragsrecht sei nichts anderes als die Propagierung eines allgemeinen Reurechts, dessen Einführung die Prinzipien der Vertragstreue und der Selbstverantwortung für das gegebene Wort weitgehend außer Kraft setze[6]. Allerdings räumt CANARIS ein, richtig eingesetzt bilde das Widerrufsrecht eine durchaus begrüßenswerte Bereicherung des Instrumentariums zum Schutz der tatsächlichen Entscheidungsfreiheit. Ein Widerrufsrecht stelle ein wesentlich effizienteres Schutzinstrument dar als etwa der Rückgriff auf § 138 BGB, zumal es mit der Belehrung des Widerrufsberechtigten verbunden sei, was bei den sonstigen Rechtsbehelfen nicht gewährleistet sei bzw. werden könne[7].

Nach Meinung von ROTH gehört die Vertragstreue als Bindung an das gegebene Wort zu den traditionellen Prinzipien der Vertragsgerechtigkeit. Eine

---

[1] MICKLITZ, ZEuP 1998, 253, 275.
[2] MICKLITZ, ZEuP 1998, 253, 265.
[3] MICKLITZ, ZEuP 1998, 253, 266.
[4] MICKLITZ, ZEuP 1998, 253, 267.
[5] CANARIS, AcP 200 (2000), 273, 284.
[6] CANARIS, AcP 200 (2000), 273, 344 f.
[7] CANARIS, AcP 200 (2000), 273, 345.

künftige Verdichtung des Richtlinienrechts zu einem Modell des kompetitiven Vertragsrechts würfe die Frage der Verfassungswidrigkeit auf, soweit die Bedenken gegen den Vertrag selbst nicht aus einer vom Gegner geschaffenen Situation stammten, wie etwa bei der Situation von der die Haustürgeschäftewiderrufs-Richtlinie ausgehe. Der Grundsatz *pacta sunt servanda* sei im Hinblick auf die Vertragsfreiheit die andere Seite der Medaille und müsse daher gleichermaßen verfassungsrechtlich gewährleistet sein[8].

II. Vergleich der aktuellen Rechtslage mit dem römischen Recht

Im römischen Recht folgte die Pflicht zur Einhaltung von Verabredungen, die nicht zum geschlossenen Kreis von formlos kraft Einigung der Parteien verbindlichen Schuldverträgen zählten, aus der *bona fides*[9]. Der Ausdruck *fides* ist u. a. mit Glaube, Vertrauen, Treue, Ehrlichkeit, Zuverlässigkeit, Sicherheit, Vertrauen zu übersetzen[10] und bedeutet in Bezug auf die Bindung an gegebene Leistungszusagen so viel wie „mündliche Garantiezusage, Verlässlichkeit“[11]. Ursprünglich handelte es sich bei der *fides* um eine außerrechtliche Norm. Hatte jemand aus der römischen Nobilität etwas auf seine *fides* genommen, konnte man der Einhaltung dieser Zusage ebenso sicher sein, wie bei einer rechtlichen Bindung. Grundlage dieser Verlässlichkeit war die innerrömische Sozialmoral[12]. Um die mitunter recht bedeutsamen *fides*-Zusagen (z. B. Treuhandabreden, wie Sicherungsübereignung) nicht auf Dauer der nie für alle Mitglieder einer Gemeinschaft gleich wirksamen Sozialmoral zu überlassen, erfolgte die Rezeption der *bona fides* in das Recht. Bei einem Verhalten des Treunehmers, das der Zusage widersprach, gewährte der Prätor dem Treugeber eine Klage, die abstellte auf *ut inter bonos bene agier oportet et sine fraudatione*[13].

Dass die Einhaltung einer gegebenen Zusage ein Wert ist, der auch dem modernen Recht nicht fremd ist, dokumentiert die Verankerung der Vertragstreue im BGB. Das Aufkommen eines Verbraucher-Sonderprivatrechts mit – der Vertragstreue scheinbar zuwiderlaufenden – Widerrufsrechten in Bezug auf einen

[8] ROTH, JZ 1999, 529, 534.
[9] WIELING, AcP 187 (1987), 95, 96.
[10] Langenscheidts Großes Schulwörterbuch.
[11] BRETONE, Geschichte des römischen Rechts, S. 99; LIEBS, Römisches Recht, S. 264.
[12] LIEBS, Römisches Recht, S. 264.
[13] LIEBS, Römisches Recht, S. 265.

geschlossenen Vertrag, ist eine sich aus der wirtschaftlichen und technischen Entwicklung ergebende Konsequenz[14]. Die dem BGB unausgesprochen zugrundeliegende Vorstellung, dass der Vertrag von den Parteien gemeinsam in rechtsgeschäftlicher Privatautonomie bestimmt wird und ergänzend das ausgewogene Gesetzesrecht gilt, entsprach schon bei seinem In-Kraft-Treten nicht mehr der Realität[15]. Die wirtschaftliche und technische Entwicklung hat Massenproduktion und -konsum von standardisierten Waren und Dienstleistungen hervorgebracht. Sie führte zur Aufstellung und gleichzeitigen Anwendung von AGB, die weitgehend das dispositive Gesetzesrecht verdrängen[16]. Ein neueres Phänomen sind auch finanzierte Geschäfte und ihre immer größere Ausbreitung. Die mit zunehmendem Wohlstand neben den Grundbedürfnissen immer mehr in den Vordergrund tretenden Kultur- und Luxusbedürfnisse werden so zur „Schuldenfalle". Komplizierte AGB und komplizierte Technik von Produkten sind eine nur noch diffuse Entscheidungsgrundlage für einen Vertragsabschluss mit einem anonymen oder jedenfalls unpersönlichen, kaum einschätzbaren Vertragspartner. Noch dazu erfolgt die Entscheidung vielleicht noch hin- und hergerissen zwischen der reißerischen Werbung der zahlreichen Wettbewerber in einem hart umkämpften Markt. Grundsätzlich charakteristisch für die Geschäfte zwischen Unternehmern und Verbrauchern, professionellen und nicht professionellen Vertragspartnern, ist zudem ein Ungleichgewicht in wirtschaftlicher Hinsicht wie auch hinsichtlich der jeweils vorhandenen Sachkunde in Bezug auf das jeweilige Geschäft.

Vor diesem Hintergrund erscheinen die Verbraucher-Widerrufsrechte keineswegs als Widerspruch zu den traditionellen Prinzipien der Vertragsgerechtigkeit, Vertragstreue und Selbstverantwortung für das gegebene Wort. Sie sind im Gegenteil konsequentes Ergebnis der vorbeschriebenen wirtschaftlichen, technischen und gesellschaftlichen Entwicklungen. Ein Einstehenmüssen für das gegebene Wort kann unbestritten nicht von jemandem verlangt werden, der Willensmängel etwa aufgrund von Überrumpelung hatte.

---

[14] Auch das römische Recht war von wirtschaftlichen Entwicklungen beeinflusst, wie etwa die ca. im 3. Jh. v. Chr. erfolgte Neuerung zeigt, dass Abreden, die den Güterumschlag und andere wirtschaftliche Aktivitäten vorsehen, auch ohne Bindung an Formalitäten rechtswirksam werden; vgl. LIEBS, Römisches Recht, S. 247 ff., 264.

[15] HEINRICHS, in: Palandt, BGB, Überblick v § 305, Rdn. 4.

[16] HEINRICHS, in: Palandt, BGB, Überblick v § 305, Rdn. 4.

Ein direkter Vergleich mit dem römischen Recht ist aufgrund der sehr unterschiedlichen Lebenswirklichkeit kaum möglich. Allerdings ist die für das römisch-rechtliche „Reurecht“ gefundene Voraussetzung, dass die vollzogene Willensänderung für den anderen Teil nicht von Nachteil sein darf, auch in Bezug auf die Verbraucher-Widerrufsrechte festzustellen. Durch die Verbraucher-Widerrufsrechte wird – effektiver als etwa die §§ 119, 123 oder 138 BGB dies vermögen[17] – die Entstehung eines Nachteils für den Verbraucher aufgrund von Überrumpelung, Komplexität eines Vertrages oder erschwerter Beurteilbarkeit der Brauchbarkeit einer Leistung vermieden. In der Ausübung des Widerrufsrechtes durch den Verbraucher kann unter dem Gesichtspunkt der Vertragsgerechtigkeit daher kein Nachteil für den Unternehmer gesehen werden.

---

[17] CANARIS, AcP 200 (2000), 273, 345.

Andrea Christiane Karl

Castitas temporum meorum

Die Partnerwahl der Frau im römischen Recht von der späten Republik bis zum Ausgang des 4. Jahrhunderts n. Chr.

Frankfurt am Main, Berlin, Bern, Bruxelles, New York, Oxford, Wien, 2004.
376 S.
Europäische Hochschulschriften: Reihe 2, Rechtswissenschaft. Bd. 3905
ISBN 3-631-51947-8 · br. € 56.50*

Gegenstand der Arbeit ist, inwieweit die römische Frau, sei sie Freigeborene, Freigelassene oder Sklavin, bei der Wahl eines Partners rechtlich frei war. Dabei werden im ersten Kapitel Ehe und Verlobung, im zweiten Ehebruch und andere nichteheliche Beziehungen behandelt; das dritte Kapitel umfasst die Scheidung, die Trennung vom nichtehelichen Partner und die Partnerlosigkeit. Flüchtige und homosexuelle Beziehungen werden ebenso untersucht wie die Vestalin. Innerhalb der einzelnen Beziehungsformen geht die Verfasserin chronologisch vor und stellt anhand einschlägiger Quellen fest, welche rechtlichen Bestimmungen in den Jahrhunderten von der späten Republik bis nach Konstantin die Partnerwahl der Frau betrafen und inwiefern sich diese Vorschriften änderten.

Aus dem Inhalt: Die Wahl eines Ehemannes · Die Verlobung · Die Ehe · Die Wahl eines nichtehelichen Partners · Der Ehebruch · Die nichtehelichen Beziehungen · Die Ablehnung einer Partnerschaft · Die einseitige Ehescheidung durch die Frau · Die Trennung vom nichtehelichen Partner · Die Partnerlosigkeit

Frankfurt am Main · Berlin · Bern · Bruxelles · New York · Oxford · Wien
Auslieferung: Verlag Peter Lang AG
Moosstr. 1, CH-2542 Pieterlen
Telefax 00 41 (0) 32 / 376 17 27

*inklusive der in Deutschland gültigen Mehrwertsteuer
Preisänderungen vorbehalten

Homepage http://www.peterlang.de

FSC
www.fsc.org
MIX
Papier | Fördert gute Waldnutzung
FSC® C083411

Kolibri 360 GmbH
Ferdinand-Jühlke-Straße 7
99095 Erfurt, Deutschland
produktsicherheit@kolibri360.de

Druck:
CPI Druckdienstleistungen GmbH
im Auftrag der
Kolibri 360 GmbH
Ferdinand-Jühlke-Str. 7
99095 Erfurt